中国兴边富民发展报告（2021）

——兴边富民行动20年

China's Development Report on Vitalizing Border Areas and Enriching the People (2021)

–20th Anniversary of the Action

黄泰岩　张丽君　姜　伟　王　庶　等著

中国财经出版传媒集团

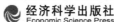
经济科学出版社
Economic Science Press

图书在版编目（CIP）数据

中国兴边富民发展报告.2021：兴边富民行动20年/
黄泰岩等著.—北京：经济科学出版社，2021.6
ISBN 978-7-5218-2620-3

Ⅰ.①中⋯ Ⅱ.①黄⋯ Ⅲ.①边疆地区－经济建设－
研究报告－中国 Ⅳ.①F127

中国版本图书馆 CIP 数据核字（2021）第 112051 号

责任编辑：陈赫男
责任校对：齐　杰
责任印制：范　艳　张佳裕

中国兴边富民发展报告（2021）
——兴边富民行动 20 年

黄泰岩　张丽君　姜　伟　王　庶　等著
经济科学出版社出版、发行　新华书店经销
社址：北京市海淀区阜成路甲 28 号　邮编：100142
总编部电话：010-88191217　发行部电话：010-88191522
网址：www.esp.com.cn
电子邮箱：esp@esp.com.cn
天猫网店：经济科学出版社旗舰店
网址：http://jjkxcbs.tmall.com
北京季蜂印刷有限公司印装
710×1000　16 开　16.5 印张　340000 字
2021 年 6 月第 1 版　2021 年 6 月第 1 次印刷
ISBN 978-7-5218-2620-3　定价：67.00 元
（图书出现印装问题，本社负责调换。电话：010-88191510）
（版权所有　侵权必究　打击盗版　举报热线：010-88191661
QQ：2242791300　营销中心电话：010-88191537
电子邮箱：dbts@esp.com.cn）

前　言

我国陆地边界线东起辽宁省丹东市的鸭绿江口，西至广西壮族自治区防城港市的北部湾畔，总长度约 2.2 万公里，与 14 个国家接壤，边疆 9 个省区 140 个陆地边境县（市、区、旗）近 200 万平方公里的土地上生存着近 2400 万各族人民。[①] 为振兴边境、富裕边民，1999 年以来，国家民委联合国家发改委、财政部等倡议发起了以"富民、兴边、强国、睦邻"为宗旨的"兴边富民行动"，并于 2000 年 2 月 24 日在人民大会堂召开新闻发布会宣布正式启动。

在中国共产党的坚强领导下，在各有关部委、边境地区各级政府和广大各族人民的共同努力下，边境地区经济社会发展驶进历史发展的快车道，尤其是中国特色社会主义进入新时代以来，"一带一路"倡议加快推进、脱贫攻坚取得全面胜利、"铸牢中华民族共同体意识"和"人类命运共同体"建设深入推进，边境地区迎来了难得的历史发展机遇，从而推动兴边富民行动取得了巨大的历史成就。

站在新时代的历史起点上，党和国家对兴边富民行动做出了新的规划和要求。2020 年 8 月，习近平总书记在中央第七次西藏工作座谈会上指出，必须坚持依法治藏、富民兴藏、长期建藏、凝聚人心、夯实基础的重要原则;[②] 2020 年 9 月，在第三次中央新疆工作座谈会上强调，当前和今后一个时期，做好新疆工作，要完整准确贯彻新时代党的治疆方略，牢牢扭住新疆工作总目标，依法治疆、团结稳疆、文化润疆、富民兴疆、长期建疆。[③]《中华人民共和国国民经济和社会发展第十四个五年规划和 2035 年远景目标纲要》中要求，推进兴边富民、稳边固边，大力改善边境地区生产生活条件，完善沿边城镇体系，支持边境口岸建设，加快抵边村镇和抵边通道建设。推动边境贸易创新发展。加大对重点边境地区发展精准支持力度。因此，在"十四五"开局之年和开启我国社会主义现代

---

① 《中国民族统计年鉴 2019》，2018 年陆地边境县年底总人口为 2374.67 万人。
② 《习近平：全面贯彻新时代党的治藏方略 建设团结富裕文明和谐美丽的社会主义现代化新西藏》，中国西藏网，http://www.tibet.cn/cn/zt2020/xzzth/news/202008/t20200829_6844731.html。
③ 《习近平在第三次中央新疆工作座谈会上强调，坚持依法治疆团结稳疆文化润疆富民兴疆长期建疆，努力建设新时代中国特色社会主义新疆》，载于《人民日报》2020 年 9 月 27 日。

化建设新征程的起步之年，回顾我国实施兴边富民行动 20 年的发展历程，总结经验，揭示规律，发现问题，对于更好地开展兴边富民行动具有重要意义。这也是我们组织编写本书的宗旨和目的。

本书以《兴边富民行动"十一五"规划》《兴边富民行动规划（2011—2015年）》《兴边富民行动"十三五"规划》等政策的基本原则、发展目标、主要任务和重点工程为框架，整理了《中国民族统计年鉴》中 1999～2018 年我国边疆 9 省区及 140 个陆地边境县（市、区、旗）经济社会基本情况，收集整理 2007年、2013 年、2018 年边疆 9 省区和 140 个陆地边境县（市、区、旗）及毗邻县的国民经济和社会发展统计公报数据，并结合各章节作者的实地调研微观数据和案例，从兴边富民行动 20 年总体进展和经济发展、基础设施建设、城镇化建设、民生保障、产业发展、对外开放、生态文明建设、文化建设 8 个方面，总结 2000年实施兴边富民行动以来边境地区的发展历程、主要成绩、基本经验，分析新时代兴边富民行动的机遇与挑战，并进一步提出民族地区同步实现现代化的战略思考。

"十三五"期间，兴边富民行动实施范围为我国陆地边境地区，包括内蒙古、辽宁、吉林、黑龙江、广西、云南、西藏、甘肃、新疆 9 个省区的 140 个陆地边境县（市、区、旗）和新疆生产建设兵团的 58 个边境团场（以下统称"边境县"）。参照"十二五"期间的做法，海南省 6 个民族自治县继续比照享受兴边富民行动相关政策。由于数据限制，本书的研究对象包括 140 个陆地边境县（市、区、旗），不包含边境团场和海南省 6 个民族自治县。为简便起见，文中使用的"边境县""边境 140 个县"是指"140 个陆地边境县（市、区、旗）"；在表述边疆 9 省区时，采用简称：内蒙古、辽宁、吉林、黑龙江、广西、云南、西藏、甘肃、新疆；边境地区根据前后文，是指边境县或边疆 9 省区；边境地区根据需要有时也称边疆地区。特此说明。

本书是中国兴边富民战略研究院、中央民族大学经济学院、中国少数民族经济研究会的年度研究成果。

中国兴边富民战略研究院（China Institute for Vitalizing Border Areas and Enriching the People，VBEP）由国家民委经济发展司、教育科技司和中央民族大学三方共同创建，是国家民委批准设立的高端智库，成立于 2019 年 4 月。研究院坚持"总院—分院—基地"三位一体的发展模式，在边疆 9 省区设置分院、研究基地和固定观察点。研究院重点打造的"中国兴边富民数据库"，涵盖 140 个边境县经济情况的县域面板数据和基于边境县抽样调查的微观家庭数据；"贫困家庭数据库"，涵盖 174876 个贫困家庭 2016～2018 年家庭状况的大样本面板数据库；"民族村庄经济情况资料库"，涵盖 95 个村庄经济社会发展状况资料；"中国少数民族特需商品资料库"，涵盖边销茶、民族药、民族服饰、民族乐器、民族工艺美术品等 11 大类少数民族特需商品的生产工艺、产业发展状况等内容，包括 132 万字的文字材料、3 万张照片材料、5000 多分钟的视频材料。研究院 2020 年 12 月获批国家民委人文社会科学重点研究基地，并入选《全球智库报告 2020》"2020 最佳新智库"。

本书撰写的分工为：第一章，王飞、施永昌、郭清煜；第二章，姜伟、舒燕飞；第三章，龙贺兴、彭凯；第四章，舒燕飞；第五章，王庶；第六章，帅昭文、李鸿瑜；第七章，马博、张欣竹、毛云艺；第八章，于潇；第九章，张丽君、苏蓝鑫、马潇骁；第十章，王飞、张丽君、许晨；第十一章，黄泰岩、詹筱媛。白钰、李梦婕做了数据收集整理、编撰、统稿的基础工作。黄泰岩、张丽君对本书进行最终修改、定稿。

本书得到了国家社会科学基金社科学术社团主题学术活动"兴边富民行动'十三五'规划绩效评估及'十四五'规划的政策建议"（20STA055）、国家民委经济发展司委托项目"兴边富民行动'十三五'规划评估"（2020QT013）、国家民委中青年英才培养计划立项项目（2020000219）、中央民族大学"铸牢中华民族共同体意识"研究专项"兴边富民行动：铸牢中华民族共同体意识的经济着力点"（2020MDZL01）、中央民族大学校级课题（2020MDJC18、2021QNPY43）、国家社会科学基金一般项目（19BJL048）、中国博士后科学基金面上项目（2018M640156）的资助。

本书的编写得到了国家民委、边境地区相关各级政府部门、有关专家学者和城乡居民的大力支持，中央民族大学经济学院的部分学生参加了实地调研，中国财经出版传媒集团吕萍副总经理、经济科学出版社李洪波社长、于海汛分社长等为本书的出版付出了辛勤劳动，在此一并表示衷心感谢！

由于我们的水平有限，以及数据搜集的不足，本书在内容安排、结构体系、评价指标等方面肯定存在许多不当或疏漏之处，还望读者朋友们给予批评指正，帮助我们不断提高本书的质量。

黄泰岩

2021 年 5 月于中央民族大学

目　　录

第一章

兴边富民行动 20 年总体进展

　　我国兴边富民行动是由国家民委联合国家发展改革委、财政部等部门倡议发起的一项边境建设工程。自 1999 年提出以来，国务院分别于 2007 年、2011 年和 2017 年颁布了三个兴边富民行动五年规划。20 年来，我国兴边富民行动不断深入推进，边境地区经济社会发展取得了天翻地覆的成就。在兴边富民行动提出 20 年之际，在我国即将制订"十四五"兴边富民行动规划之际，梳理兴边富民行动发展历程，总结兴边富民行动成就和经验，对于进一步扎实推进兴边富民行动具有重大理论和现实意义。

一、我国边境地区概况[①]

　　我国陆地边界线东起辽宁省丹东市的鸭绿江口，西至广西壮族自治区防城港市的北部湾畔，总长度约 2.2 万公里，其中 1.9 万公里在民族地区。其间或纵横或穿越着长白山、大兴安岭、蒙古高原、阿尔泰山、天山、帕米尔高原、喀喇昆仑山、喜马拉雅山、横断山和云贵高原等十几座山脉和高原。在这些山脉和高原之间，横卧着巨大的草原、荒漠和森林，还有蜿蜒曲折流淌的鸭绿江、图们江、乌苏里江、黑龙江、额尔古纳河、额尔齐斯河、伊犁河、雅鲁藏布江、怒江、澜沧江、元江等大小数十条界和出境河流。边境线的另一侧，是与我国接壤的朝鲜、俄罗斯、蒙古国、哈萨克斯坦、吉尔吉斯斯坦、塔吉克斯坦、阿富汗、印度、巴基斯坦、尼泊尔、不丹、缅甸、老挝、越南 14 个国家。沿边境线分布着我国 9 个省（自治区）的 140 个县、旗、市、市辖区，其中民族自治地方县 111

[①] 　本节主要数据来自《中国民族统计年鉴 2019》和各地区 2019 年统计年鉴；各省份主要概况整理自《兴边富民行动绩效评估》及《内蒙古年鉴》等各省区年鉴。

个，居住着 2300 多万勤劳勇敢、守土戍边的各族人民，其中近半数是少数民族。①

黑龙江省地处我国东北边陲，以黑龙江、乌苏里江为界与俄罗斯毗邻，国境线长 2981.1 公里。黑龙江边境地区总面积 13.7 万平方公里，分布有 8 个边境地市、18 个边境县、1393 个边境村②，截至 2018 年末，边境县人口约有 290 万人。此外，黑龙江省是一个多民族散杂居省份，居住着汉族、朝鲜族、回族、蒙古族、达斡尔族、锡伯族、鄂伦春族、赫哲族、鄂温克族、柯尔克孜族等，全省现有少数民族 53 个，全省 18 个边境县（市、区）中有民族乡（镇）17 个，少数民族聚居村 138 个，其中含少数民族 30 个、少数民族人口约 16 万人。

吉林省地处我国东北边陲，与俄罗斯和朝鲜接壤，全省边境线长 1438.7 公里，其中民族地区边境里程 1029 公里，占全省边境线总长的 70.60%。全省共有 10 个边境县（市、区），其中有 6 个县（市）在民族地区，边境线上有 36 个乡（镇）、368 个村。吉林省是多民族边疆省份，居住着汉族、朝鲜族、满族、蒙古族、回族、锡伯族等，截至 2018 年末，吉林省边境县人口约有 191 万人，其中少数民族人口约占 24.73%。

辽宁省地处我国东北边陲，与朝鲜接壤，全省陆路边境线长 303 公里，海岸线长 94 公里，边境地区总面积约 9512 平方公里。中国最大的边境城市丹东市就坐落在鸭绿江边，辽宁省的 5 个边境县（市、区）全部位于丹东市。丹东市是多民族的聚居地，全市现有汉族、满族、蒙古族、回族、朝鲜族、锡伯族等 40 个少数民族，是全国最大的满族聚居区，截至 2018 年末，辽宁省边境县人口约有 173 万人，其中少数民族人口约占 25.39%。

内蒙古自治区地处我国北部边陲，毗邻蒙古国和俄罗斯，边境线长 4221 公里，分布着 7 个盟市，20 个边境旗（市）。边境地区总面积 61.9 万平方公里，占全区总面积的 52.3%。边境地区是内蒙古少数民族主要聚居区之一，截至 2018 年底有少数民族人口 60.5 万人，约占边境县人口的 32.79%。现有对外开放口岸 18 个，主要分布在边境 14 个旗（市），其中空运口岸 4 个，陆路铁路口岸 2 个，陆路公路口岸 12 个；对俄罗斯口岸 4 个，对蒙古国 10 个。

甘肃省地处我国西北部，位于河西走廊西端的肃北蒙古族自治县，是省内唯一的边境县，其北部与蒙古国接壤。肃北县总面积为 6.67 万平方公里，占甘肃省总面积的 15.6%，是甘肃省国土面积最大的一个县。肃北县地广人稀，2018 年底总人口为 1.2 万人，人口密度仅为 0.18 人/平方公里。肃北县是一个以蒙古

---

① 《兴边富民行动向纵深推进》，国家民委网站，https://www.neac.gov.cn/seac/c100474/201710/1083760.shtml.

② 《黑龙江力抓边境地区基层党组织建设》，中国共产党新闻网，http://dangjian.people.com.cn/n1/2019/1014/c117092-31399159.html.

族为主体的少数民族自治县，少数民族人口约占总人口的 41.41%。

新疆维吾尔自治区地处我国西北边陲，总面积 166 万平方公里，约占全国总面积的 1/6，与蒙古国、俄罗斯、哈萨克斯坦、吉尔吉斯斯坦、塔吉克斯坦、阿富汗、巴基斯坦、印度 8 个国家接壤，陆地边境线总长 5600 多公里，约占全国陆地边境线的 1/4，是我国面积最大、陆地边境线最长、交界邻国最多的一个省区。全区有 10 个边境地州、35 个边境县，边境地区总面积约为 64.67 万平方公里，占全区国土总面积的 38.85%。新疆是一个多民族聚居地区，有 47 个民族，2018 年底边境县总人口约有 540 万人，少数民族人口占比达 70.89%。

西藏自治区地处我国西南边陲，与尼泊尔、不丹、印度、缅甸 4 个国家接壤，边境线长 4000 多公里，约占我国陆地边境线总长度的 1/5。西藏有 18 个边境县，164 个边境乡（镇），980 个边境行政村，通外山口 384 个，总人口为41.15 万人，占全区总人口的 12.00%，分布在日喀则、山南、林芝、阿里 4 个地市。边境县土地面积为 34.35 万平方公里，占全区土地总面积的 28.16%，居住着藏族、汉族、珞巴族、门巴族等民族，少数民族人口约为 35.8 万人。

云南省地处我国西南边陲，与缅甸、老挝、越南 3 个国家山水相连，是我国通往东南亚、南亚地区的主要陆上通道。云南边境线长 4061 公里，沿线有 8 个州、市，25 个县，其中有 5 个民族自治州、22 个民族自治县或民族自治地方。云南边境地区是少数民族聚居地区，边境县中傣族、佤族、拉祜族、布朗族、基诺族、阿昌族等少数民族人口为 412 万人，占云南边境地区总人口的 60.23%，其中有 16 个民族跨境而居。边境县国土面积为 9.25 万平方公里，占云南省总面积的 23.50%。云南省建有对外开放口岸 19 个，其中空运口岸 4 个，陆路铁路口岸 1 个，陆路公路口岸 12 个，水运（河港）口岸 2 个。[①]

广西壮族自治区地处我国南部边陲，是西南地区便捷的出海通道，同时也是我国与东盟之间唯一既有陆地接壤，又有海上通道的省区。广西陆地边境线长1020 公里，沿线有 3 个边境市、8 个边境县（市、区），南临北部湾，西与越南3 个省 17 个县毗邻。边境县总面积为 1.8 万平方公里，占全区总面积的 7.5%。8 个边境县聚居着壮族、汉族、瑶族、苗族等 12 个民族，少数民族人口为 218 万人，占边境地区总人口的 80.59%。截至 2018 年，广西共有 20 个对外开放口岸，其中空运口岸 3 个，陆路公路口岸 8 个，陆路铁路口岸 1 个，水运（海港）口岸5 个，水运（河港）口岸 3 个。[②]

我国陆地边境县（旗、市、区）分布情况，如表 1-1 所示。

---

①② 《中国口岸年鉴 2019》。

表 1 – 1 我国陆地边境县（旗、市、区）分布情况

地区	边境市	边境县分布				
内蒙古	兴安盟	科尔沁右翼前旗	阿尔山市			
	锡林郭勒盟	东乌珠穆沁旗	苏尼特左旗	苏尼特右旗	阿巴嘎旗	二连浩特市
	包头市	达尔罕茂明安联合旗				
	阿拉善盟	阿拉善左旗	阿拉善右旗	额济纳旗		
	乌兰察布市	四子王旗				
	呼伦贝尔市	额尔古纳市	陈巴尔虎旗	新巴尔虎左旗	新巴尔虎右旗	满洲里市
		扎赉诺尔区				
	巴彦淖尔市	乌拉特中旗	乌拉特后旗			
辽宁	丹东市	振安区	元宝区	振兴区	东港市	宽甸县
吉林	白山市	浑江区	临江市	抚松县	长白朝鲜族自治县	
	延边朝鲜族自治州	图们市	龙井市	珲春市	和龙市	安图县
	通化市	集安市				
黑龙江	牡丹江市	东宁市	穆棱市	绥芬河市		
	鸡西市	密山市	虎林市	鸡东县		
	双鸭山市	饶河县				
	鹤岗市	萝北县	绥滨县			
	黑河市	爱辉区	逊克县	孙吴县		
	伊春市	嘉荫县				
	大兴安岭地区	呼玛县	塔河县	漠河县		
	佳木斯市	同江市	抚远市			
广西	百色市	靖西市	那坡县			
	防城港市	防城区	东兴市			
	崇左市	凭祥市	大新县	宁明县	龙州县	

续表

地区	边境市	边境县分布				
云南	保山市	龙陵县	腾冲市			
	普洱市	江城县	孟连县	澜沧县	西盟县	
	临沧市	镇康县	沧源县	耿马县		
	文山壮族苗族自治州	麻栗坡县	马关县	富宁县		
	红河哈尼族彝族自治州	绿春县	金平县	河口县		
	西双版纳傣族自治州	景洪市	勐海县	勐腊县		
	德宏傣族景颇族自治州	芒市	瑞丽市	盈江县	陇川县	
	怒江傈僳族自治州	泸水市	福贡县	贡山县		
西藏	山南市	洛扎县	错那县	浪子卡县		
	日喀则市	吉隆县	聂拉木县	岗巴县	萨嘎县	亚东县
		仲巴县	定结县	康马县	定日县	
	林芝市	墨脱县	察隅县			
	阿里地区	噶尔县	普兰县	日土县	札达县	
甘肃	酒泉市	肃北蒙古族自治县				
新疆	和田地区	和田县	皮山县			
	喀什地区	塔什库尔干塔吉克自治县	叶城县			
	阿克苏地区	乌什县	温宿县			
	克孜勒苏柯尔克孜自治州	阿图什市	阿合奇县	乌恰县	阿克陶县	
	伊犁哈萨克自治州	昭苏县	霍城县	察布查尔锡伯自治县	霍尔果斯市	
	阿勒泰地区	清河县	吉木乃县	福海县	布尔津县	阿勒泰市
		哈巴河县	富蕴县			
	塔城地区	托里县	裕民县	和布克赛尔蒙古自治县	额敏县	塔城市

续表

地区	边境市	边境县分布			
新疆	哈密市	哈密市	伊吾县	巴里坤哈萨克自治县	
	博尔塔拉蒙古自治州	博乐市	温泉县	阿拉山口市	
	昌吉回族自治州	奇台县	木垒哈萨克自治县		
	师市合一	可克达拉市			

资料来源：《中国民族统计年鉴 2017》。

二、兴边富民行动的基本内涵

边疆地区一直是我国生态和文化多样性资源最丰富的地区，是我国淡水、森林、草原、化工能源等战略资源的主要产地。我国边界的 90% 都位于边疆少数民族地区，因此边疆地区也是我国对外文化交流最活跃的地区。边疆各民族为中华民族的形成和发展做出了不可磨灭的贡献，也为边疆地区的开发与振兴，奠定了坚实的基础。

（一）兴边富民行动的提出

为解决边疆地区的经济、社会、民族、人口等问题，国务院于 1979 年在全国边防工作会议上提出《边疆建设规划（草案）》[①]。这标志着兴边富民行动的雏形已经形成。1998 年，国家根据国内外的发展形势，由国家民委在已有边疆工作的基础上，进一步提出兴边富民行动计划，将边疆建设问题上升到了国家战略的高度。1999 年，党中央和国务院提出了"西部大开发"战略，为边疆地区的经济社会发展提供了历史机遇。1999 年召开的中央民族工作会议全面部署跨世纪民族工作的任务，为继续做好民族工作、开创新局面指明了前进方向和奋斗目标。1999 年底，国家民委发布了国家关于推行兴边富民政策的重要文件，对兴边富民行动的重要意义和执行方式等内容进行了详细阐述，将兴边富民行动推向实施阶段。

2000 年，兴边富民行动正式启动。该项行动由国家民委与国家发展改革委、

[①] 《边疆建设规划（草案）》提出，力争在 8 年内安排边疆建设资金 400 亿元。

财政部等部门联合倡议发起，是一项边境建设工程，实施范围是我国 140 个陆地边疆县（旗、市、市辖区）和新疆生产建设兵团 58 个边疆团场①。"兴边""富民"是兴边富民行动的出发点和归宿，"行动"表明这是有计划、有组织进行的阶段性工作。兴边富民行动的宗旨就是振兴边境、富裕边民。

（二）兴边富民行动的进程

兴边富民行动的实施，是伴随着西部大开发战略开展的，在政府部门的关心重视和社会各界的支持下，边境地区经济社会发展水平明显提升。

国家按照试点先行、重点突破、总结经验、逐步推广的策略，2000 年在边境地区 9 个县市进行试点实施，由中央财政每年划拨专项资金支持试点县；2001 年，试点地区扩大到 17 个边境县；② 2004 年，行动进入重点推广的阶段，试点范围扩大到 37 个边境县，占边境县总数的近 30%。同时为了总结经验，2000 ～ 2005 年，国家在边疆省区内先后召开了四次兴边富民行动现场会。

2004 年 1 月，国家民委与财政部发布了《国家民委　财政部关于继续推进兴边富民行动的意见》，该意见提出要进一步提高对继续推进兴边富民行动重要意义的认识，明确行动指导思想和目标任务，在总结试点经验的基础上确定全国兴边富民行动的重点县，加大对兴边富民行动重点县的政策和资金支持力度等。2006 年，兴边富民行动进入整体推进阶段，在总结经验和巩固提高的基础上，由点到面，确保规划项目的实施，改变边疆地区经济和社会基础设施条件严重滞后的局面。

2007 年，国务院办公厅印发了《兴边富民行动"十一五"规划》，标志着兴边富民行动已经不是一个部门的行动，而是我国的一项基本国策。同年，交通部为边疆地区的基础设施建设提供近 25 亿元资金；教育部也对边疆地区两免一补提供专项资金；农业部为边疆地区农业基础建设提供专项资金；商务部则计划新建 10 万个连锁化农家店，覆盖 75% 以上的县市。③

2008 年，兴边富民行动所扶持的边境县进一步扩大，重点县市增加到 120 个，国家财政为其安排启动资金近 4 亿元，继续加大对边疆地区的建设扶持。④ 国家民委办公厅、财政部办公厅于 2008 年 6 月发布了《关于做好 2008 年兴边富

---

① 兴边富民行动提出之初，只有 135 个边境县，后来随着中俄边界划定，增加为 136 个边境县，"十二五"期间，由于行政区域调整，增加到 140 个边境县。

② 王飞：《兴边富民行动绩效评估》，中国经济出版社 2016 年版，第 12 页。

③ 《人民日报：商务部"万村千乡市场工程"惠及亿万农民》，商务部网站，http://news.cctv.com/china/20070409/100168.shtml。

④ 王飞：《兴边富民行动绩效评估》，中国经济出版社 2016 年版，第 4 页。

民行动工作的通知》，通知提出要加强各部门之间协调沟通，进一步提高相关部门推进兴边富民行动的积极性和主动性，确保边境县兴边富民行动项目纳入相关部门的有关专项规划、年度计划并在其中单列，优先安排。同时认真编制兴边富民补助资金项目规划和年度计划，切实加强兴边富民补助资金的管理和监督。

2009 年，试点的范围和地区拓展到我国所有的 136 个边境县和新疆生产建设兵团 58 个边境团场，此后，兴边富民行动涵盖了我国全部陆地边境地区。2011 年，国务院办公厅印发了《兴边富民行动规划（2011—2015 年)》，兴边富民行动已从一个民族性政策彻底转变为我国五年规划中的一个重要组成部分。其中 2011 年、2012 年两年，全国兴边富民行动专项资金达 24.2 亿元，超过前 10 年的总和。

党的十八大以后，党中央高度重视沿边地区发展。习近平总书记先后考察了内蒙古、新疆和云南等边疆省区，就振兴边疆经济、建设稳固边疆、加强民族团结、推进对外开放做出了一系列重要指示。2014 年 9 月召开的中央民族工作会议明确提出，"做好民族工作，是关系祖国统一和边疆巩固的大事"，"要发挥中央、发达地区和民族地区三个积极性，对边疆地区、贫困地区生态保护区实施差别化的区域政策"，"加强边疆建设，重点抓好基础设施建设和对外开放"等。

2017 年，国务院办公厅印发《兴边富民行动"十三五"规划》。本次规划提出"以沿边境乡镇为重点梯次推进"，并首次提出"将边境市作为规划联动区，增强对边境地区建设发展的支撑保障能力，形成边境地区夯实前沿、以边带面、从线到片的空间格局"。该规划强化政策举措差别化，并针对边境地区面临的主要困难和问题，重点围绕"边"字安排了一系列工程项目。

在 20 年的政策实施中，兴边富民行动在党中央的大力支持下，由各级政府组织和领导，经过试点探索、重点推进、全面推进三个阶段，成功引导并带动各项资金流入边疆地区的建设中，涉及基础设施、农业生产、生态建设、文化教育等经济社会发展的各方面，达到了以边境带动边疆，以边民惠及民族，以重点带动全面的实际效果。

三、兴边富民行动的政策措施

（一）国家层面的政策措施

国家相关规划和指导意见大致可以分为三类：一是兴边富民行动的专项规划；二是支持沿边地区居民改善生产生活条件的各项政策；三是支持沿边地区加

快开发开放的相关政策。

1. 兴边富民行动的专项规划

国务院办公厅于 2007 年颁布了第一个兴边富民行动五年规划，即《兴边富民行动"十一五"规划》。该规划的总体目标是重点解决边境地区发展和边民生产生活面临的特殊困难和问题，不断增强边境地区自我发展能力，促进经济加快发展、社会事业明显进步、人民生活水平较大提高，使大多数边境县和兵团边境团场经济社会发展总体上达到所在省、自治区和新疆生产建设兵团中等以上水平。

国务院办公厅于 2011 年 6 月颁布了《兴边富民行动规划（2011—2015年）》。明确了"十二五"期间的指导思想、基本原则、发展目标、主要任务和政策措施。该规划明确提出，兴边富民行动发展目标是：基础设施进一步完善，边民生活质量明显提高，社会事业长足进步，民族团结、边防巩固、睦邻友好，沿边开发开放水平显著提升，特色优势产业较快发展。

国务院办公厅于 2017 年 6 月颁布了《兴边富民行动"十三五"规划》，在规划中明确了"十三五"期间的指导思想、六项基本原则、七个发展目标、六项主要任务和七项政策措施。与"十二五"时期相比，新增四个原则，分别是：边民为本，改善民生；改革创新，活边富民；军民融合，共建共享；促进团结，固边睦邻。该规划提出了兴边富民行动"十三五"期间的七大发展目标，在基础设施、经济发展、对外开放、民生保障、边防安全边疆稳固等几方面制定了更高的发展目标，而且在"十二五"目标基础上新增了生态良好绿色发展目标。

2. 支持沿边地区居民改善生产生活条件的各项政策

国务院 2000 年发布了《国务院关于实施西部大开发若干政策措施的通知》，通知强调要"继续推进兴边富民行动"。国务院于 2008 年 10 月印发了《国务院关于促进边境地区经济贸易发展问题的批复》，批复提出，采取专项转移支付替代边境小额贸易"双减半"政策，扩大人民币结算办理出口退税试点，实施边境经济合作区基础设施贷款财政贴息政策，设立保税功能的跨境经济合作区，支持边境口岸建设等。

国务院办公厅于 2012 年 7 月发布了《少数民族事业"十二五"规划》，该规划提出，深入推进兴边富民行动，大力扶持人口较少民族发展，集中力量加快边境地区和人口较少民族聚居地区经济社会全面发展。进一步做好少数民族特色村寨保护与发展工作，改善特色村寨的人居环境，培育特色产业，促进少数民族文化传承，创建民族和谐村寨。

国务院于 2016 年 11 月印发了《"十三五"脱贫攻坚规划》，该规划提出大力推进兴边富民行动，使边民能够安心生产生活。国务院办公厅于 2016 年 12 月发布了《"十三五"促进民族地区和人口较少民族发展规划》，明确提出要全面改善边民生产生活条件，大力推进边境地区社会保障体系建设，促进边民就业创业，优先发展边境地区教育卫生文化科技事业，全面提升边境地区公共服务能力。

中共中央办公厅、国务院办公厅于 2017 年联合印发了《关于加大边民支持力度促进守边固边的指导意见》。该意见指出，大幅度提高一线边民补助标准，全面解决边民住房安全，切实加强边境村镇道路建设，加快解决边民饮水安全，全面提升边境通信条件，大力改善边境地区农村人居环境。

3. 支持沿边地区加快开发开放的相关政策

中共中央、国务院于 2010 年 6 月联合印发了《关于深入实施西部大开发战略的若干意见》，该意见指出，设在西部地区的企业从事国家重点扶持的公共基础设施项目的，其投资经营所得，以及符合条件的环境保护、节能节水项目所得，可依法享受企业所得税"三免三减半"优惠。

国务院办公厅于 2015 年 12 月印发了《关于支持沿边重点地区开发开放若干政策措施的意见》。该意见明确列出八大任务：深入推进兴边富民行动，实现稳边安边兴边；改革体制机制，促进要素流动便利化；调整贸易结构，大力推进贸易方式转变；实施差异化扶持政策，促进特色优势产业发展；提升旅游开放水平，促进边境旅游繁荣发展；加强基础设施建设；加大财税等支持力度；鼓励金融创新与开放，提升金融服务水平。

中共中央办公厅、国务院办公厅于 2020 年 5 月联合印发了《中共中央　国务院关于新时代推进西部大开发形成新格局的指导意见》，该意见指出，要以共建"一带一路"为引领，加大西部开放力度。

（二）国务院各部委的相关政策措施

1. 发展边境地区文化旅游教育的政策措施

2000 年 2 月，文化部、国家民委印发了《关于进一步加强少数民族文化工作的意见》，该意见指出各地要进一步把本地重点文化工程建设与全国重点文化工程建设有机地结合起来，把搞好万里边疆文化长廊建设与推动兴边富民行动有机地结合起来。

2017 年 4 月，文化部印发了《文化部"十三五"时期文化科技创新规划》，提出要发挥文化科教在精准扶贫和兴边富民中的作用。2017 年 5 月，文化部印发了《关于加强边境地区文化建设的指导意见》，该意见指出要落实国家扶贫攻坚和兴边富民战略，发挥文化在稳边、固边、兴边方面的重要作用。2017 年 7 月，文化部印发了《文化部"十三五"时期公共数字文化建设规划》，规划了边疆万里数字文化长廊建设项目。

2018 年 4 月，文化和旅游部等 10 部门印发了《内蒙古满洲里边境旅游试验区建设实施方案》和《广西防城港边境旅游试验区建设实施方案》，两个方案提出经过 3 年左右时间，到 2020 年，边境旅游试验区实现由旅游通道向旅游目的地转变，基本建成中俄蒙、中越文旅交融合作的窗口，国际化的旅游城市，边疆民族地区和谐进步的示范区。

国家体育总局、国家民委于 2018 年 1 月印发了《关于进一步加强少数民族传统体育工作的指导意见》，指出把少数民族传统体育作为推动民族地区经济社会发展的重要力量，纳入少数民族地区乡村振兴战略，充分利用国家扶贫政策和兴边富民政策，加强少数民族传统体育资源开发和产业扶持力度，推进少数民族传统体育与旅游、文化等融合发展，助力打赢边疆民族地区和少数民族群众脱贫攻坚战。

2. 促进边境地区开发开放的政策措施

财政部、国家税务总局于 2010 年 3 月发布了《财政部　国家税务总局关于边境地区一般贸易和边境小额贸易出口货物以人民币结算准予退（免）税试点的通知》，通知规定："凡在内蒙古、辽宁、吉林、黑龙江、广西、新疆、西藏、云南登记注册的出口企业，以一般贸易或边境小额贸易方式从陆地指定口岸出口到接壤国家的货物，并采取银行转账人民币结算方式的，可享受应退税额全额出口退税政策。"

财政部、海关总署和国家税务总局于 2011 年 7 月联合发布了《财政部海关总署国家税务总局关于深入实施西部大开发战略有关税收政策问题的通知》，规定对西部地区内资鼓励类产业、外商投资鼓励类产业及优势产业的项目在投资总额内进口的自用设备，在政策规定范围内免征关税；自 2011 年 1 月 1 日至 2020 年 12 月 31 日，对设在西部地区，属于鼓励类产业的企业减按 15% 的税率征收企业所得税。

财政部于 2012 年 4 月发布了《边境地区转移支付资金管理办法》，指出中央财政在年度预算中安排边境地区转移支付资金，其中用于支持边境贸易发展和边境小额贸易企业能力建设的转移支付资金实行与口岸过货量等因素挂钩的适度增长机制。

2016 年 11 月，海关总署印发了《国家口岸发展"十三五"规划》，明确将黑龙江、吉林、辽宁和内蒙古东部建设成面向东北亚的开放枢纽；将新疆、甘肃培育为面向中亚、西亚、南亚以及中东欧国家的商贸物流中心；将广西建设为面向东盟的国际大通道；将云南建设为"一带一路"西南开放桥头堡。

2019年8月，国家发改委印发了《西部陆海新通道总体规划》。西部陆海新通道将成为一条与"一带一路"连接的"经济走廊"，与西部自由贸易试验区实现协同发展，边境地区将实现更高水平的对外开放。

3. 促进边境地区基础设施建设的政策措施

2016年11月，交通运输部和国家民委印发了《关于贯彻〈民族区域自治法〉推进民族地区交通运输健康发展的意见》，明确指出支持民族地区渡口改造、渡改桥、国边防公路及内河水运等方面的基础设施建设，配合兴边富民行动，着力推动"对外开放路"，重点支持边境县公路建设，提升口岸交通枢纽功能，促进沿边民族地区与内地协调发展。

2020年4月，国家发改委印发了《2020年新型城镇化建设和城乡融合发展重点任务》，提出要推进边境地区新型城镇化建设，推进兴边富民行动，改善边境一线城镇基础设施和公共服务，建设沿边抵边公路，实施守边工程。

4. 对边境地区财政金融扶持的政策措施

财政部于2009年2月印发了《国家级边境经济合作区基础设施项目贷款财政贴息资金管理办法》，提出财政部对内蒙古、广西、云南、新疆、黑龙江、吉林、辽宁等地国家级边境经济合作区的基础设施项目贷款给予财政贴息政策。

交通运输部与中国农业发展银行于2017年联合发布了《中国农业发展银行关于合力推进交通扶贫脱贫攻坚工作的通知》，提出对少数民族县、边境县的不同区域交通发展需求，精准运用农发行信贷资金和农发重点基金，发挥信贷产品"组合拳"优势，把政策性信贷基金用到最需要帮扶的地方。

5. 其他扶持边境地区发展的相关政策措施

国土资源部于2010年9月出台了《关于贯彻落实〈中共中央国务院关于深入实施西部大开发战略的若干意见〉的意见》，提出土地利用年度计划指标安排向西部地区倾斜，增加年度新增建设用地指标和占用荒山、沙地、戈壁等未利用地指标，优先安排产业园区建设用地指标；优先安排基础产业、基础设施和公共设施用地；保障承接产业转移的必要用地，鼓励合理使用未利用地。

2011年9月，国务院扶贫办与国家发改委联合发布了《滇西边境片区区域发展与扶贫攻坚规划》，规划提出大力实施兴边富民工程，巩固边境一线，实施边境扶贫，做到"留得下、守得住、能致富"；着力改善边境地区交通和边境重点地区信息等基础设施条件，重点推进口岸、边民互市贸易点、边境旅游点等建设。

2012 年 2 月，国家发改委印发了《西部大开发"十二五"规划》，提出推动沿边地区开发开放，深入实施"兴边富民"行动计划，改善基础设施和生态环境条件，支持边境贸易和民族特需品发展。

2020 年 2 月，国家民委、全国总工会、共青团中央与全国妇联联合发布了《关于进一步做好新形势下民族团结进步创建工作的指导意见》。该意见指出，优化转移支付和对口支援工作机制，实施好促进民族地区和人口较少民族发展、兴边富民行动等规划；推进基本公共服务均等化，确保少数民族和民族地区同全国一道实现全面小康和现代化，让改革发展成果更多、更公平地惠及各族人民。

四、兴边富民行动的总体成效

兴边富民行动历经 20 年发展，对边境县经济社会发展起到了极大的推动作用。边境县在兴边富民行动引领下，经济实力显著提升，基础设施全面强化，民生保障水平不断提高，减贫事业成果斐然，沿边开放水平显著提高，生态文明发展水平持续提升，社会安定边疆稳固。

（一）经济实力显著提升

兴边富民行动 20 年来，边境地区经济实力显著提高（见附表 1-1）。截至 2018 年末，我国陆地边境地区生产总值达到 9264 亿元，与 2000 年相比，按可比价格计算增长了 6.9 倍，2000～2018 年年均增速达 11.3%，高于同期全国平均增速 9.0%（按可比价格计算）。边境地区三次产业结构由 2000 年的 34.5∶29.2∶36.3，发展到 2018 年的 20.7∶35.8∶43.5，第一产业占比明显下降，第二、第三产业占比显著提升。目前，特色旅游业已经成为边境地区经济发展的支柱产业，截止到 2018 年，边境地州旅游收入占地区生产总值比重达到 34.3%，远远高于全国平均比重 5.8%（见图 1-1）。[①]

---

① 因边境县旅游收入数据缺失严重，这里使用的是边境地州旅游收入数据。

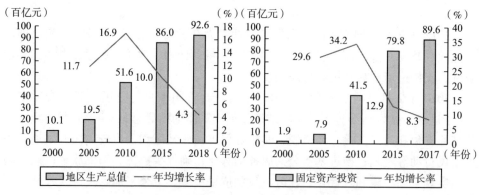

图1-1 边境县地区生产总值与固定资产投资

注：年均增长率是指"十五""十一五""十二五"和"十三五"期间的年均增长率，按可比价格计算。

资料来源：《中国民族统计年鉴》和各省区历年统计年鉴。

截至2017年，边境县全社会固定资产投资额为8959亿元，是2000年的34.2倍，2000～2017年年均增速为23.1%（均按可比价格计算），高于同期全国固定资产投资平均增速16.6%（按可比价格计算）；2018年我国边境县地方财政一般预算收入为566亿元，为2000年的7.9倍，年均增速为12.2%（均按可比价格计算），接近同期全国地方财政收入年均增速12.4%（按可比价格计算）。2018年边境地区全社会消费品零售总额为3092亿元，是2000年的7倍，年均增速为11.4%（均按可比价格计算），高于同期全国消费品零售总额平均增速9.6%（按可比价格计算）（见图1-2）。

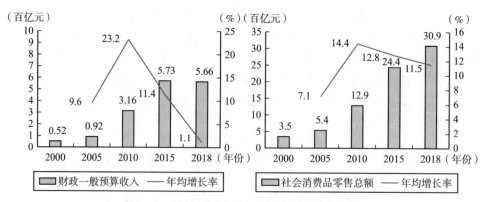

图1-2 边境县财政收入与消费品量零售总额

注：年均增长率是指"十五""十一五""十二五"和"十三五"期间的年均增长率，按可比价格计算。

资料来源：《中国民族统计年鉴》和各省区历年统计年鉴。

（二）基础设施全面强化

兴边富民行动实施以来，边境地区交通、能源、通信、水利等基础设施全面强化，对经济社会发展支撑功能进一步增强。

1. 交通基础设施持续改善

兴边富民行动20年来，国家各级政府始终将交通基础设施建设作为基础设施建设的重点，取得的主要成就包括：进一步完善边境地区国家高速公路和普通国道布局，编制了集中连片特困地区交通建设扶贫规划，并尽量将边境县纳入其中，进一步加大对贫困地区交通发展的扶持力度。此外，交通运输部及各地方政府还切实加强农村公路建设，在全面完成乡镇通沥青路的基础上，积极推进以建制村通沥青路为重点的通畅工程建设。国家还安排专项资金投入人口较少民族及边境地区的国省道、口岸公路、边防公路、水运设施等基础设施建设。截至2019年末，边境县高速公路、铁路（含高铁）和机场通达率分别达到62.14%、51.43%和13.57%。

2. 能源基础设施不断完善

通过兴边富民行动，边境地区中自然条件恶劣的抵边乡镇、村寨存在的供电半径长、电力供应不稳、电压较低等问题得到了较好的缓解和帮扶。如新疆从2018年开始，推进抵边村电网工程建设，工程总投资7.53亿元，覆盖27个县，259个抵边村，其中2020年投资1.05亿元，涉及17个县，106个抵边村。工程建成后，大幅度提高了边境地区供电可靠性，惠及2.2万户、8.74万农牧民。[1]

3. 通信基础设施建设稳步提升

工业和信息化部加快边境地区城市光纤宽带接入，完善农村综合信息服务体系，加快推进信息进村入户，实现行政村通宽带、20户以上自然村和重要交通沿线通信信号覆盖、边境地区农村广播电视和信息网络全覆盖。实施"宽带中国"战略和"宽带中国"专项行动，积极推进边境民族地区通信设施建设和信息化水平的提升。

4. 水利基础设施不断完善

在兴边富民行动中，边境地区各级政府积极编制边境地区水利规划，在农村

---

[1] 《新疆259个抵边村寨农网改造升级工程全部投运》，中国政府网，http://www.gov.cn/xinwen/2020-06/30/content_5522991.htm。

饮用水安全、水土保持生态建设和有效灌溉面积建设等方面加强投入，推动边境县水利基础设施不断完善。截至 2018 年末，边境县有效灌溉面积达 2956.74 千公顷，约占全国有效灌溉面积的 4.33%，较 2015 年增长了 54.32 千公顷。①

（三）民生保障水平不断提高

兴边富民行动 20 年来，边境地区教育事业、社会福利事业、医疗卫生事业、文化事业等各项民生保障水平快速提升，人民生活水平不断改善。

1. 教育事业取得长足发展

在兴边富民行动推动下，边境县教育事业硬件条件明显提升。如图 1 - 3 所示，截止到 2018 年，我国边境县每十万人有小学 19.7 所，比全国平均水平多 8.1 所小学；每百名小学生拥有专任教师 7 人，比全国平均水平多 1.1 名专任教师；每十万人有普通中学 4.9 所，比全国平均水平多 0.2 所普通中学；每百名中学生拥有专任教师 8.8 人，比全国平均水平多 1 名专任教师。

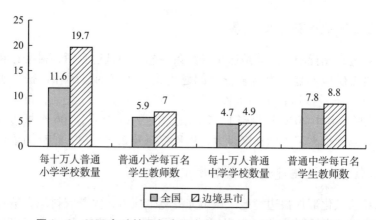

图 1 - 3　2018 年边境县与全国中学和小学人均数量和师生比

资料来源：《中国民族统计年鉴》。

2. 社会福利事业稳定发展

民政部门不断加强对边境地区福利事业的投入。截止到 2018 年，边境县每万人福利机构床位数约为 21.4 张，较 2015 年每万人床位数增长了 6.1 张。② 针对老年人福利方面，"十三五"规划以来，民政部将内蒙古、黑龙江、吉林等省

①② 根据历年《中国民族统计年鉴》数据整理得到。

区纳入福利彩票公益金重点支持范围，截至 2018 年末，共安排资金 41 亿元支持老年人福利类项目，主要用于新建和改扩建以服务生活困难和失能失智老年人为主的城镇老年社会福利机构、城镇社区养老服务设施等。

3. 医疗卫生事业大幅提升

国家卫健委等部门不断出台倾斜性政策措施，大力支持边境地区卫生事业发展。截止到 2018 年，边境县每万人卫生机构床位数约为 45.5 张，较 2010 年每万人增长 14.8 张，较 2000 年每万人增长 20.66 张。2018 年边境县每万人卫生技术人员数约为 48.4 人，较 2015 年每万人增长 6.4 人，较 2010 年每万人增长 15.5 人。截至 2018 年，边境县每万人卫生院、卫生室数量约为 45.5 个，较"十二五"规划末期增长 9.7 个。[①]

4. 文化固边工程持续推进

边境地区积极配合文化和旅游部、国家民委、国家发展改革委和财政部等部门，积极推进文化固边工程。截止到 2018 年末，边境县有文化馆 143 座、图书馆 139 座、博物馆 126 座，每百万人拥有文化馆/图书馆/博物馆 17.2 个，大幅领先于全国平均水平每百万人 8.2 个。截止到 2019 年末，边境县共获批历史文化名城 2 个，历史文化名镇 7 个，历史文化名村 5 个[②]，占全部名城、名镇和名村的比例分别为 1.5%、2.2% 和 1.0%。截止到 2019 年末，边境县共获批特色村寨 204 个，占比约 12.4%；特色小镇 18 个，占比约 4.5%。[③④]

5. 脱贫攻坚成果斐然

兴边富民行动实施，特别是"精准扶贫"方略提出以来，在国家及地方各级政府的大力支持下，在社会各界倾力帮扶下，边境地区因地制宜，重点采用了发展生产脱贫一批、易地搬迁脱贫一批、生态补偿脱贫一批、发展教育脱贫一批、社会保障兜底一批、发展边贸脱贫一批"六个一批"精准扶贫方式，扶贫成效卓著。截止到 2018 年末，边境县农村居民人均可支配收入达到 12075 元，是 2000

---

① 根据历年《中国民族统计年鉴》数据整理得到。

② 截止到 2019 年，住房和城乡建设部共发布七批历史文化名镇名村名单，这里涵盖全部七批名单。

③ 《国家民委关于命名首批中国少数民族特色村寨的通知》，民委网站，https：//www.neac.gov.cn/seac/xxgk/201410/1072809.shtml；《国家民委关于命名第二批中国少数民族特色村寨的通知》，民委网站，https：//www.neac.gov.cn/seac/xxgk/201703/1072709.shtml；《国家民委关于做好第三批中国少数民族特色村寨命名相关工作的通知》，民委网站，https：//www.neac.gov.cn/seac/xxgk/202001/1139478.shtml。

④ 《住房城乡建设部关于公布第一批中国特色小镇名单的通知》，住房和城乡建设部网站，http：//www.mohurd.gov.cn/wjfb/201610/t20161014_229170.html；《住房城乡建设部关于公布第二批全国特色小镇名单的通知》，住房和城乡建设部网站，http：//www.mohurd.gov.cn/wjfb/201708/t20170828_233078.html。

年的 3.5 倍，2000~2018 年年均增长率为 8.4%（均按可比价格计算），略高于同期全国农村居民人均可支配收入年均增速 8.2%（按可比价格计算），与全国平均水平的相对差距进一步缩小（见图 1-4）。

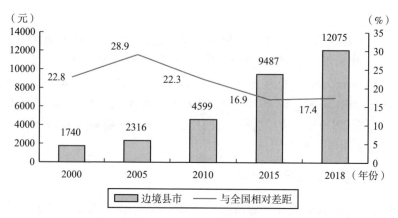

图 1-4　边境县农村居民人均可支配收入及与全国水平差距

注：2010 年及之前的数据统计口径为农村居民人均纯收入。
资料来源：《中国民族统计年鉴》和各省区历年统计年鉴。

发展生产脱贫一批，就是要引导和支持所有具有劳动能力的人依靠自己的双手摆脱贫困，以经济发展消除绝对贫困。以内蒙古边境县为例，"十三五"期间，20 个边境旗市区实施各类产业项目 2391 个，带动 3.17 万户、7.57 万建档立卡贫困人口进入产业链条，通过发展产业增收致富。截至 2020 年上半年，内蒙古 10 个贫困旗市全部脱贫摘帽，20 个边境旗市区贫困发生率由建档立卡之初的 11.80% 下降到了 0.13%。[①]

易地搬迁脱贫一批，就是通过将居住条件恶劣的贫困群众，在自愿原则下，有序搬迁到适宜生产和生活的区域，帮助贫困群众实现脱贫。以西藏为例，截至 2019 年末，西藏建成易地扶贫搬迁安置区 934 个，完成搬迁 25.2 万人，数以十万计的贫困群众搬进了宽敞明亮的新家。

生态补偿脱贫一批，是指生态受益地区向生态产品提供地区给予包括资金、项目、人才各方面的补偿，从而提高生态产品提供地区的积极性，减少污染破坏，同时拓宽农牧民收入的来源渠道。以新疆为例，新疆健全生态补偿机制，加大对边疆生态屏障地区的转移支付，并在边疆贫困地区增设生态管理员，加强对生态保护的管理和巡察。通过一系列举措，截止到 2018 年，南疆四地州 188.95

---

① 《内蒙古边境地区脱贫攻坚取得新进展》，内蒙古民委网站，http://mw.nmg.gov.cn/zwgk/zdxxgk/ywxx/202103/t20210316_1172277.html。

万人脱贫、1707 个村退出、4 个贫困县摘帽，贫困发生率由 2013 年底的 29.1%
下降至 2018 年底的 10.9%。①

发展教育脱贫一批，是通过在贫困人口中普及教育，使贫困群众接受必要的
教育，切掉贫困的代际传递，摆脱贫困陷阱。以云南省为例，云南边境县实施学
前教育扶贫、推普攻坚、义务教育依法控辍保学、中等职业教育落实优惠政策、
普通高中教育保障贫困学生完成学业和高等教育实施分类资助等措施②，促进了
边境地区教育事业的发展，提升了扶贫效果。

社会保障兜底一批，是对贫困人口中完全或部分丧失劳动能力的人，由社会
保障来兜底，统筹协调农村扶贫标准和农村低保标准，加大其他形式的社会救助
力度。以黑龙江省为例，2019 年末黑龙江城市低保标准由每月 556 元/人提高到
573 元/人，农村低保标准由每年 3900 元/人提高到 4017 元/人，实现城乡低保保
障水平十三连增；边民补助标准从每年 1250 元/人，增加到 2500 元/人，并对边
境地区农村低保对象按城市低保财政补助水平给予补助。③

发展边贸脱贫一批，是发挥边境地区特有的区位优势，利用沿边开发的政策
优势，依托陆路口岸、边民互市贸易点，积极发展跨境贸易，带动贫困群众脱
贫。广西有 8 个边境县，其中 5 个是国家扶贫工作重点县或滇桂黔石漠化片区
县。截至 2015 年底，上述边境县有贫困村 385 个，贫困人口 40.3 万人，贫困发
生率为 14.8%。2015 年参与边民互市贸易（在海关系统备案）的人数只有 1.11
万人，在边贸脱贫带动下，到 2018 年 8 月已激增至 11.3 万人，增长了 10 倍，
2017 年通过参与边民互市贸易直接脱贫人口达 1.3 万余人。④

（四）沿边开放水平显著提高

兴边富民行动实施 20 年来，边境地区在商务部和海关总署帮扶下，充分发
挥毗邻周边国家的区位优势，不断提升开放水平。尤其在"一带一路"倡议提出
后，边境地区不断加强与周边地区的跨境经济合作和开放交流，促使沿边开放进
入新时期。

商务部积极支持边境地区开展对外贸易，支持边境地区边境经济合作区和跨
境经济合作区建设，支持边境省区"走出去"，支持边境地区市场体系建设。截

---

① 《尽锐出战坚决打赢脱贫攻坚战》，搜狐网，https：//m. sohu. com/a/318140577_118570。

② 杨舒涵：《边境少数民族地区教育脱贫攻坚政策实践与效能研究》，载《教育文化论坛》2020 年
第 1 期。

③ 杨雪楠：《兜底保障再提标、兴边富民见成效 2019 年黑龙江的民生暖心答卷》，人民网，http：//
m. people. cn/n4/2020/0108/c1435 - 13574378. html。

④ 调研时根据地方政府提供资料整理得到。

至 2019 年末，边境县共建设完成 17 个国家级边境经济合作区，3 个跨境经济合作区，极大地提升了沿边开放水平，推动了边境县对外经济的发展。2017 年，边境县边境经济合作区工业总产值约为 766.91 亿元，进出口总额约为 1053.6 亿元，税收收入约为 61.25 亿元，固定资产投资约为 350.81 亿元。[①]

海关总署全面加强与边疆省区的合作力度，大力支持边境地区陆路口岸建设，充分发挥开发开放的辐射带动作用。截止到 2018 年末，边境县口岸年过货量约为 28787.55 万吨，2001～2018 年间年均增速达 6.85%；口岸年通过人次约 6383.12 万人，2001～2018 年间年均增速达 7.08%。[②]

（五）生态文明建设水平持续提升

兴边富民行动实施 20 年来，国务院及中央主要单位，尤其是生态环境部高度重视兴边富民行动环境保护政策的落实，边境地区生态文明发展水平持续提升。截止到 2016 年末，边境地州森林覆盖率约为 25.85%，超过同期全国平均森林覆盖率的 21.36%，并有半数以上的边境省区森林覆盖率超过 60%，树立了建设生态环境的典范。此外，边境地区经济发展效率紧追全国平均水平，截止到 2018 年末，边境地州单位 GDP 用电量约为 0.13 千瓦时/元，略高于全国平均水平 0.08 千瓦时/元。[③]

（六）社会安定边疆稳固

习近平总书记提出的"治国先治边"与"加快边疆发展"战略，充分体现了党中央对边境地区发展的高度重视。[④] 边疆作为国家疆域的边缘，直接与周边国家相邻，边疆安全稳固关系整个国家的社会稳固、长治久安。兴边富民行动实施 20 年来，我国边疆地区治理水平明显提升，民族团结事业得到长久发展。

在落实兴边富民行动过程中，各部门积极采取措施，在民族团结工作上取得了明显成效。边境各省区在贯彻民族团结政策时深入开展民族团结进步创建活动，通过采取重点抓好一批民族团结进步示范村，发挥典型带动作用的方法，加强了民族理论、民族政策、民族基本知识和民族法律法规宣传教育，及时妥善处

---

① 商务部：《边境经济合作区、跨境经济合作区发展报告 2018》，商务部网站，http：//tradeinser-vices. mofcom. gov. cn/article/yanjiu/hangyezk/201908/88775. html。

② 《中国口岸统计年鉴》。

③ 整理自《中国城市统计年鉴》、各地区统计年鉴和统计公报。因边境县数据缺失严重，这里使用的是边境地州数据。

④ 罗惠翾：《边境地区铸牢中华民族共同体意识的几个关键问题》，载《西北民族研究》2020 年第 2 期。

理影响民族团结的问题，并依法打击了民族分裂犯罪活动，形成维护民族团结的社会氛围。"十三五"时期，边境县共有 42 个集体获得民族团结进步模范集体称号，约占全国民族团结进步模范集体总数的 6.32%；共有 66 人获得民族团结进步模范个人称号，约占民族团结进步模范个人总数的 8.13%；共有 65 家单位被评选为民族团结示范区（单位），占比约为 8.5%。①

五、兴边富民行动的成效评估

政策综合成效定量评估是根据特定的评估目标和被评估对象的特殊性，建立适宜的评价指标体系，并用数学模型计算出被评估对象的各项指标得分及总得分。常用的定量综合评价方法包括主观评价法、层次分析法、模糊综合评价法、数据包络分析（DEA）法、人工神经网络评价法等。本书将综合运用这些方法评估兴边富民行动的综合成效。

（一）兴边富民行动成效评估指标体系

兴边富民行动的总体目标是解决边境地区经济社会健康发展，解决边民生产生活面临的特殊困难，提高人民生活水平，不断增强边境地区自我发展能力，维护社会稳定、民族团结。可见兴边富民行动目标是多重的，包含有经济、社会、环境、民族等多方面的内容，因此兴边富民行动绩效评估涉及多指标的综合指标体系。

1. 评估指标选取方法

本书在设定兴边富民行动绩效的指标体系时，总体思路如下：

首先确定兴边富民行动一级指标。国家已经连续发布了三个兴边富民行动五年规划，在本章第三节已经就这三个五年规划提出的兴边富民行动发展目标进行了梳理。根据这些目标，我们确定了 8 个兴边富民行动一级目标，分别是经济实力、产业发展、基础设施、城镇化、民生保障、对外开放、生态环境和文化发展。② 围绕这 8 个目标，本书建构了兴边富民行动成效的 8 个一级指标，如表 1－2 所示。

---

① 作者根据相关资料整理。只计算边境县所属或派驻边境县的模范集体、模范个人和示范单位数，不含边境地州直属单位及其个人。

② 根据兴边富民行动规划，社会安定和民族团结也是重要的兴边富民行动目标，但考虑到数据的可获得性与可比性，本书在构建指标体系并进行评估时，未考虑该目标。

表 1 - 2 兴边富民行动成效评估一级指标

一级指标	二级指标	权重（%）
经济实力	人均地区生产总值、全社会固定资产投资、社会消费品零售总额、主要产品产量等	12.1
产业发展	三次产业结构、特色产业（农牧业、制造业、旅游业）增加值	14.2
基础设施	公路、铁路、机场等基础设施	16.5
城镇化	常住人口城镇化率、土地城镇化率	9.3
民生保障	教育、医疗、就业、社会保障等	15.6
对外开放	进出口额、开放便利化水平等	9.7
生态环境	退耕还林工程建设、野生动植物保护、涉林产业发展等	11.0
文化发展	文化事业发展水平（包括博物馆、文化馆、图书馆、广播人口覆盖率、电视人口覆盖率、非物质文化遗产等）	11.6
合计		100.0

其次，对每个一级指标（子目标）再细化分解，如经济实力一级指标可以细分为经济总量指标、主要产品产量、收入水平这三个二级指标，每个二级指标又可以进一步细分为三级指标，直到每一个指标都可以直接用一个或多个具体指标来表达为止。每个一级指标下设的二级、三级等指标详见本书后面各章。

其中，经济实力反映的是边境地区经济总量增长以及主要产品产量增长情况，衡量的是边境县经济发展的总体实力。产业发展衡量的是边境地区产业结构调整、升级情况、特色产业发展情况。基础设施反映的是边境地区道路交通基础设施建设情况。城镇化衡量的是边境地区常住人口城镇化水平、土地城镇化水平。民生保障衡量的是边境地区教育、医疗、就业等民生事业以及社会保障制度发展情况。对外开放反映的是边境地区利用区位优势，加快沿边开发的情况。生态环境衡量的是边境地区生态文明建设力度和生态环境保护力度。文化发展衡量的是边境地区文化事业和文化产业发展水平和繁荣程度。

2. 评价指标权重

得到评估综合指标体系后，我们邀请了 10 位专家对该指标体系中的一级指标进行主观评价。这 10 位专家分别来自国家发展改革委宏观经济研究院、中国国际工程咨询公司、中国人民大学、中国社会科学院民族研究所、中央民族大学等研究民族经济的权威机构。他们所赋予的主观权重代表了他们的知识、经验和主观判断，具有一定的权威性和科学性。将 10 位专家的主观权重进行简单平均后得到了表 1-2 所示的权重结构。

每个一级指标下的二级指标权重结构由笔者根据每个一级指标的特殊性，或采用主观评价法、或采用模糊评价法、或采用熵权法等方法得到，详细情况请参见本书第 2～9 章。

（二）兴边富民行动成效评价——分边疆省区

表 1－3 和表 1－4 列出了分省区兴边富民行动一级指标的评估结果（详情请参阅本书第 2～第 9 章），每个一级指标下各省区得分已经进行了标准化处理，为了保证总得分的稳健性，本章考虑了两种标准化处理方法，第一种处理方式是：

$$Z_i = \frac{X_i - X_{min}}{X_{max} - X_{min}} \times 100$$

其中，X_i 表示某省区得分，X_{max} 和 X_{min} 分别表示所有省区得分中的最大值和最小值。该处理方法将所有的得分都转化为 [0，100] 内的得分，最大值转化为 100 分，最小值转化为 0 分。处理后的 9 个边疆省区一级指标得分如表 1－3 所示，根据表 1－2 给出的权重结构，可以计算得到 9 个边疆省区的总得分，见表 1－3 的最后一列。

表 1－3　　　　　　　兴边富民行动成效分边疆省区评估结果 1

省区及平均	经济实力	产业发展	基础设施	城镇化	民生保障	对外开放	生态文明	文化发展	总得分
内蒙古	50.0	31.0	9.7	100.0	0.0	27.6	18.9	68.2	34.0
辽宁	0.0	12.2	100.0	44.5	33.9	100.0	7.3	57.7	44.9
吉林	37.0	32.0	45.9	71.9	59.7	22.9	0.6	5.2	35.5
黑龙江	74.7	58.4	20.8	60.4	32.2	25.4	27.3	0.0	36.9
广西	64.2	41.1	43.7	32.6	72.4	59.9	100.0	20.1	54.3
云南	91.8	100.0	22.9	64.2	100.0	27.8	33.8	100.0	68.7
西藏	86.7	58.9	3.4	0.0	85.7	—	32.8	41.1	
甘肃	91.4	0.0	0.0	73.3	49.8	24.2	15.5	41.4	34.5
新疆	100.0	97.9	10.0	97.8	5.4	23.9	0.0	79.3	49.1
平均	66.2	47.9	28.5	60.5	48.8	34.6	25.4	45.0	44.3

注：因主要数据缺失，计算生态文明一级指标时，西藏未计入。

第二种处理方式是计算标准分数：

$$Z_j = \frac{X_j - \overline{X}}{\sigma_X}$$

其中，X_i 表示某省区得分，$\bar{X}$ 和 σ_X 分别表示所有省区得分的平均值和标准差。该处理方法将所有的得分都转化为均值为 0，标准差为 1 的序列。标准分数大于 0 表示在均值以上，小于 0 表示低于均值，距离 0 越远，表示偏离均值越大。9 个边疆省区一级指标标准化得分如表 1-4 所示，最后一列为根据表 1-2 的权重结构得到的 9 省区兴边富民行动的总得分。

表 1-4　　　　　　　　兴边富民行动成效分边疆省区评估结果 2

省区	经济实力	产业发展	基础设施	城镇化	民生保障	对外开放	生态文明	文化发展	总得分
内蒙古	-0.50	-0.49	-0.60	1.25	-1.42	-0.24	-0.20	0.68	-0.30
辽宁	-2.04	-1.03	2.28	-0.51	-0.43	2.27	-0.56	0.37	0.07
吉林	-0.90	-0.46	0.56	0.36	0.32	-0.41	-0.76	-1.17	-0.26
黑龙江	0.26	0.30	-0.25	0.00	-0.48	-0.32	0.06	-1.32	-0.22
广西	-0.06	-0.20	0.48	-0.89	0.69	0.87	2.30	-0.73	0.32
云南	0.79	1.50	-0.18	0.12	1.49	-0.24	0.26	1.61	0.72
西藏	0.63	0.32	-0.80	-1.92	1.08	-1.20	—	-0.36	-0.20
甘肃	0.78	-1.38	-0.91	0.41	0.03	-0.36	-0.31	-0.10	-0.29
新疆	1.04	1.44	-0.59	1.18	-1.27	-0.37	-0.78	1.01	0.14

注：因主要数据缺失，计算生态文明一级指标时，西藏未计入。

两种处理方法最终得分越高的，兴边富民行动成效越显著。从表 1-3 和表 1-4 中可以看出，无论是哪种指标得分处理方法，边疆 9 省区兴边富民行动总得分的位次是不变的。总得分前三名的省区分别是云南、广西和新疆。从一级指标得分不难发现，云南的产业发展、民生保障和文化发展三个一级指标均位列第一，经济实力指标位列第二，因此兴边富民行动总得分明显高于其他边疆省区。而广西的生态文明建设位列第一，民生保障、对外开放和经济实力指标也居于前列，总得分居第二位。而新疆的经济实力指标位居第一，产业发展和城镇化发展指标均居第二位，但生态文明、民生保障和基础设施指标表现不足，因此位居第三。

（三）兴边富民成效评价——分边境县

根据各兴边富民一级指标的评估结果（参阅本书第 2 ~ 第 9 章），使用如下公式对每个边境县的每个一级指标得分进行标准化处理：

$$Z_{ij} = \frac{X_{ij} - X_{jmin}}{X_{jmax} - X_{jmin}} \times 100$$

其中，X_{ij} 表示 i 县的第 j 个一级指标，X_{jmin} 和 X_{jmax} 分别表示第 j 个一级指标在 140 个边境县中的最大值和最小值。通过该方法，将每个边境县的每个一级指标得分处理为值域在 [0，100] 间的一个数值，以此代表该县在某个一级指标得分的相对位置。由于无法获取县级数据等原因，生态环境一级指标不参与兴边富民成效得分县级排序。部分边境县由于数据缺失，不参与排序。

另外，根据表 1 - 2 中通过专家打分形成的兴边富民成效评估一级指标权重，将经济实力、产业发展、基础设施、城镇化、民生保障、对外开放、文化发展这七个一级指标标准化后的县级兴边富民成效得分进行加总，得到每个边境县的兴边富民成效总得分，并进行排序，排序前 50 的边境县如表 1 - 5 所示。

表 1 - 5　　　　　　　兴边富民行动成效评价分边境县排序

省区	县/市/区/旗	排序
云南	景洪市	1
内蒙古	阿拉善左旗	2
广西	凭祥市	3
吉林	抚松县	4
广西	防城区	5
黑龙江	绥芬河市	6
内蒙古	满洲里市	7
云南	瑞丽市	8
云南	芒市	9
内蒙古	额济纳旗	10
新疆	博乐市	11
广西	东兴市	12
吉林	珲春市	13
黑龙江	抚远市	14
内蒙古	陈巴尔虎旗	15
内蒙古	新巴尔虎右旗	16
新疆	塔城市	17
吉林	安图县	18
新疆	阿勒泰市	19
内蒙古	乌拉特后旗	20
内蒙古	乌拉特中旗	21

省区	县/市/区/旗	排序
吉林	图们市	22
内蒙古	苏尼特左旗	23
新疆	阿克陶县	24
广西	龙州县	25
广西	宁明县	26
新疆	乌恰县	27
新疆	温宿县	28
新疆	富蕴县	29
黑龙江	虎林市	30
新疆	青河县	31
广西	大新县	32
内蒙古	阿尔山市	33
云南	江城哈尼族彝族自治县	34
内蒙古	苏尼特右旗	35
新疆	霍城县	36
新疆	阿合奇县	37
新疆	察布查尔锡伯自治县	38
新疆	吉木乃县	39
辽宁	宽甸满族自治县	40
云南	孟连傣族拉祜族佤族自治县	41
新疆	哈巴河县	42
吉林	和龙市	43
内蒙古	新巴尔虎左旗	44
新疆	阿图什市	45
吉林	龙井市	46
新疆	额敏县	47
内蒙古	科尔沁右翼前旗	48
内蒙古	额尔古纳市	49
新疆	福海县	50

附表 1 - 1 　　　　　　　　全国边境地区经济社会发展情况

经济社会指标	2000 年			2010 年			2018 年		
	边境县	全国	边境地区占全国比重（%）	边境县	全国	边境地区占全国比重（%）	边境县	全国	边境地区占全国比重（%）
人口（万人）	2168	126583	1.7	2316	134091	1.7	2375	139538	1.7
GDP（亿元）	1010	100280	1.0	5159	412119	1.3	9264	900310	1.0
第一产业生产总值（亿元）	349	14717	2.4	1091	38431	2.8	1922	64734	3.0
第二产业生产总值（亿元）	295	45665	0.6	2256	191630	1.2	3315	366001	0.9
第三产业生产总值（亿元）	366	39898	0.9	1812	182059	1.0	4028	469575	0.9
全社会固定资产投资（亿元）	191	32918	0.6	4153	156998	2.6	8959	641238	1.4
地方财政收入（亿元）	52	13395	0.4	573	83101	0.7	566	183360	0.3
社会消费品零售总额（亿元）	348	34153	1.0	1287	156998	0.8	3092	380987	0.8
人均 GDP（元/人）	4659	7942	58.7	22274	30808	72.3	39006	64644	60.3
人均投资（元/人）	881	2600	33.9	17932	18770	95.5	37723	46272	81.5
人均财政（元/人）	240	1058	22.7	2474	6197	39.9	2383	13140	18.1
人均消费品零售额（元/人）	1605	2698	59.5	5557	11708	47.5	13019	27303	47.7
农村居民人均纯收入（元）	1740	2253	77.2	4599	5919	77.7	12075	14617	82.6

注：1. 所有经济数据均按当年价格计算，不含新疆生产建设兵团数据。

2. 农村居民人均纯收入计算公式是：$\sum$［边境地区各县市乡村人口数 × 各县市农（牧）民人均纯收入］／$\sum$ 各县市乡村人口数。

3. 因数据缺失，2000 年边境县社会消费品零售总额不含西藏边境县；2018 年社会固定资产投资总额和人均投资均为 2017 年数据。

4. 农村居民人均收入的 2018 年统计口径为人均可支配收入。

资料来源：历年《中国民族统计年鉴》。

第二章

兴边富民行动 20 年边境地区经济发展

值此兴边富民行动 20 年之际，评估边境地区经济实力变化、总结 20 年兴边富民行动对边境地区经济增长的贡献，对制定兴边富民行动"十四五"规划，继续推动兴边富民行动具有重要意义。本章以《中国民族统计年鉴》、各边境县《国民经济发展统计公报》《中国统计年鉴》、各省统计年鉴数据为基础，构建边境地区经济实力指标，分析兴边富民行动 20 年边疆 9 省区、边境县经济实力变化，为进一步促进边境地区经济发展、继续推动兴边富民行动提供经验分析和数据支撑。

一、边境地区经济发展历程

（一）边境地区经济发展政策

自 1999 年提出兴边富民行动以来，国务院先后颁布的《兴边富民行动"十一五"规划》《兴边富民行动规划（2011—2015 年）》《兴边富民行动"十三五"规划》均以促进边境地区经济发展、提高边民生活水平为重点，具体内容如表 2 - 1 所示。

表 2 - 1　　　　　兴边富民行动三次规划中关于经济发展的内容对比

文件	发展目标	主要任务和政策措施
《兴边富民行动"十一五"规划》	1. 促进经济加快发展 2. 使大多数边境县和兵团边境团场经济社会发展总体上达到所在省、自治区和新疆生产建设兵团中等以上水平	1. 突出解决边民的贫困问题，拓宽增收渠道 2. 加大对边境地区的资金投入，实施特殊的贫困边民扶持政策

续表

文件	发展目标	主要任务和政策措施
《兴边富民行动规划（2011—2015 年)》	1. 边民生活质量明显提高。贫困人口明显减少，城乡居民收入大幅提高 2. 经济结构调整步伐加快，产业布局趋于合理，特色优势产业初步形成，县域经济得到较快发展，自我发展能力进一步提高	1. 促进特色优势产业发展 2. 加大对边境地区的资金投入 3. 实行特殊的贫困边民扶持政策，实施农村扶贫开发和最低生活保障工程
《兴边富民行动"十三五"规划》	1. 综合经济实力显著增强。边境地区生产总值、城乡居民人均收入年均增速高于全国平均水平。人民生活显著改善，新型城镇化持续推进，科技创新能力明显增强，生态环境质量持续好转 2. 特色优势产业较快发展。边境地区产业结构进一步调整，产业布局更趋合理，特色优势产业体系更加健全。自我发展能力进一步增强	1. 精准推进边境贫困人口居边脱贫 2. 推进边境地区特色优势农业、特色加工制造业、特色服务业、产业园区发展，推动产业兴边工程

资料来源：《兴边富民行动"十一五"规划》《兴边富民行动规划（2011—2015 年)》《兴边富民行动"十三五"规划》。

从表 2 - 1 中可以看出，兴边富民行动规划具有以下特点：一是解决边境地区贫困问题，实现边境地区脱贫一直是兴边富民行动的重要任务。《兴边富民行动"十一五"规划》提出要"突出解决边民的贫困问题，拓宽增收渠道"；《兴边富民行动规划（2011—2015 年)》提出要"实行特殊的贫困边民扶持政策，实施农村扶贫开发和最低生活保障工程"；《兴边富民行动"十三五"规划》提出要"精准推进边境贫困人口居边脱贫"。边境地区经济发展环境较差，经济实力严重不足，导致居民普遍面临贫困问题。因此，兴边富民行动致力于提高边民生活水平、实现边民脱贫。二是加大对边境地区资金投入，发展边境地区特色产业是促进边境地区经济发展的重要措施。《兴边富民行动"十一五"规划》《兴边富民行动规划（2011—2015 年)》均提出要"加大对边境地区资金投入"。《兴边富民行动"十三五"规划》进一步从农业、加工制造业、服务业、产业园区四个角度提出产业兴边工程，进一步细化了通过发展边境地区特色产业达到兴边富民效果的政策措施。

（二）边境地区经济发展水平

兴边富民行动实施 20 年来，我国边境地区经济总量持续增长，经济实力进一步提高。进出口贸易不断增长，边境贸易优势初显。居民收入水平不断提高，与全国平均水平的差距逐年缩小。固定资产投资不断增长，增速高于全国平均水平。

1. 边境地区经济增长速度快于全国平均水平

1999～2018 年，我国名义国内生产总值（GDP）从 1999 年的 89366.5 亿元上升至 2018 年的 914327.1 亿元，平均增速为 13.11%。同期，边境地区名义 GDP 从 1999 年的 882.91 亿元上升至 2018 年的 9264.15 亿元，平均增速为 13.56%，高于全国增速 0.45 个百分点。边境地区经济增速高于全国平均水平，使边境地区 GDP 占全国的比重略微上升。边境地区 GDP 占全国的比重从 0.99% 上升至 1.01%。[①]

图 2－1 列出了 1999～2018 年边境地区 GDP 与增速的变化趋势。从图 2－1 中可以看出，相对于全国 GDP 增速，边境地区 GDP 增速大致可以分为三个阶段：一是 2002 年之前，边境地区 GDP 增速基本低于全国平均水平；二是 2003～2012 年，边境地区 GDP 增速基本高于全国平均水平，边境地区与内陆地区的差距逐渐缩小。边境地区 GDP 占全国 GDP 的比重也由 2003 年的 0.89% 上涨至 2012 年的 1.40%；三是 2013 年以后，边境地区 GDP 增速低于全国平均水平，且呈现增速差距不断扩大的趋势。2013 年边境地区 GDP 增速低于全国平均增速 1.45 个百分点。2015 年边境地区 GDP 出现负增长，与全国平均增速差距扩大至 7.45 个百分点。到 2018 年增速差距达到 8.60 个百分点。边境地区 GDP 占全国 GDP 的比重也由 2013 年的 1.38% 下降至 2018 年的 1.01%。整体而言，我国边境地区 GDP 基本呈现持续增长态势，但近期增速下降趋势明显，与全国平均增速的差距有所扩大。

表 2－2 列出了不同省份边境地区 2006 年和 2018 年地区生产总值水平和平均增速。数据显示，不同省份的边境地区经济发展水平存在差异。2006～2018 年，边境地区 GDP 平均增速与全国平均基本相同，黑龙江、广西、云南、西藏、甘肃、新疆边境地区的平均增速高于全国平均水平，而内蒙古、辽宁、吉林边境地区的平均增速低于全国平均水平，其中辽宁和吉林两省边境地区增速最低。

2018 年，只有西藏和新疆两地边境地区经济增长速度高于全国平均水平。内蒙古、辽宁、吉林、黑龙江、广西、云南、甘肃边境地区经济增长速度均低于全国平均水平，其中吉林、黑龙江、广西的边境地区甚至出现负增长。2018 年增速最低的是吉林边境地区，为 - 20.17%。

---

① 根据国家统计局网站、《中国民族统计年鉴》数据计算所得。

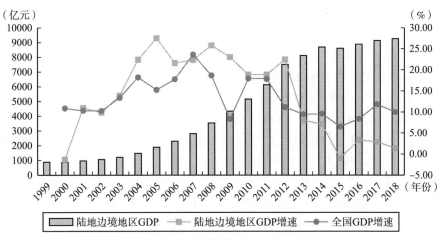

图 2 - 1 1999~2018 年边境地区 GDP 变化

资料来源：历年《中国民族统计年鉴》。

表 2 - 2   **2006~2018 年边境地区及全国 GDP 增长情况**

	2006 年 GDP（亿元）	2018 年 GDP（亿元）	2006~2018 年平均增速（%）	2018 年增速（%）
内蒙古	428.58	1537.01	12.47	3.67
辽宁	285.50	565.061	7.87	2.89
吉林	283.72	780.134	9.60	-20.17
黑龙江	329.01	1360.41	13.39	-3.19
广西	161.70	908.618	15.84	-5.46
云南	358.82	1877.4	14.89	6.94
西藏	22.81	106.663	14.31	11.40
甘肃	4.86	14.1059	14.16	2.55
新疆	418.86	2114.75	14.69	11.43
边境地区平均	2293.86	9264.15	12.74	1.38
全国	219029	914327	12.76	9.98

资料来源：历年《中国民族统计年鉴》《中国统计年鉴》。

2. 边境地区人均 GDP 增速高于全国平均水平

1999~2018 年，我国名义人均 GDP 由 7229 元上升至 66006 元，平均增速为 12.43%。同期，边境地区名义人均 GDP 从 1999 年的 4360.03 元上升至 2018 年的 39012.35 元，平均增速为 12.60%，高于全国增速 0.17 个百分点，边境地区

人均 GDP 增速高于全国平均水平。图 2 - 2 列出了 2000 ~ 2018 年边境地区人均
GDP 与增速的变化趋势。从图 2 - 2 中可以看出，相对于全国平均水平，边境地
区人均 GDP 增速大致可以分为两个阶段：一是 2000 ~ 2012 年，边境地区人均
GDP 增速与全国平均水平变化趋势基本相同，且有些年份高于全国平均水平，使
全国人均 GDP 与边境地区人均 GDP 之比由 1999 年的 1.66 下降至 2012 年的
1.23；二是 2013 年之后，边境地区人均 GDP 增速低于全国平均水平，且增速差
距逐年扩大。2013 年边境地区人均 GDP 增速为 9.50%，与全国平均水平 9.56%
相似。之后边境地区人均 GDP 增速显著下滑，2018 年边境地区人均 GDP 增速为
1.29%，同期全国人均 GDP 增速为 9.98%，相差 8.69 个百分点，导致全国人均
GDP 与边境地区人均 GDP 之比由 2013 年的 1.23 上升至 2018 年的 1.69。值得一
提的是，2015 年之后边境地区人均 GDP 增速下滑趋势得到有效缓解，表明《兴
边富民行动"十三五"规划》实施效果显著。

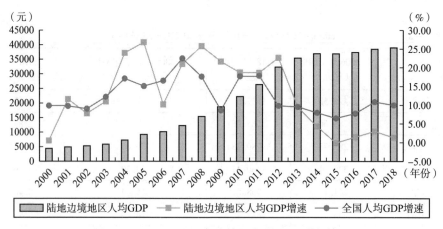

图 2 - 2　2000 ~ 2018 年边境县人均 GDP 增长情况

资料来源：历年《中国民族统计年鉴》《中国统计年鉴》。

表 2 - 3 列出了不同省份边境地区 2006 年和 2018 年人均 GDP 水平和平均增
速。从表 2 - 3 中可以看出，边境地区人均 GDP 水平长年低于全国平均水平，且
与全国平均水平的差距逐渐拉大。2006 年，边境地区人均 GDP 为 10126.6 元，
全国人均 GDP 为 16738.0 元，是边境县的 1.65 倍。2018 年，边境地区人均 GDP
提高至 39012.4 元，全国人均 GDP 提高至 66006.0 元，两者差距扩大至 1.69 倍。
数据显示，不同省份的边境地区人均 GDP 增长情况存在差异。2006 ~ 2018 年，边
境地区人均 GDP 平均增速略高于全国平均增速，黑龙江、广西、云南、新疆边境
地区的平均增速高于全国平均水平，而内蒙古、辽宁、吉林、西藏边境地区的平
均增速低于全国平均水平，其中辽宁和吉林两省边境地区人均 GDP 增速最低。

表 2 - 3		2006 ~ 2018 年边境地区及全国人均 GDP 增长情况		
	2006 年（元）	2018 年（元）	2006 ~ 2018 年平均增速（%）	2018 年增速（%）
内蒙古	24995.9	80475.2	11.22	2.43
辽宁	15445.8	32699.5	8.80	6.70
吉林	13242.5	40619.1	10.62	-19.43
黑龙江	10540.8	47643.8	14.10	1.03
广西	6636.3	40374.2	16.69	-5.74
云南	5840.2	26833.8	13.64	6.27
西藏	7343.9	27200.7	11.72	12.94
甘肃				
新疆	8508.9	38250.4	13.60	13.77
边境地区平均	10126.6	39012.4	12.30	1.29
全国	16738.0	66006.0	12.22	9.98

资料来源：历年《中国民族统计年鉴》《中国统计年鉴》。

2018 年只有西藏和新疆两区边境地区人均 GDP 增长速度高于全国平均水平，其余省份边境地区人均 GDP 增速低于全国平均水平，吉林、广西的边境地区甚至出现负增长。2018 年增速最低的是吉林的边境地区，为 -19.43%。

3. 边境地区产业结构不断升级

表 2-4 列出了不同省份边境地区的产业结构变动情况。整体而言，我国边境地区产业结构呈现出不断升级趋势。具体而言，2006 ~ 2018 年，边境地区第一产业比重由 25.5% 下降到 20.7%，但远高于全国 7.0% 的水平；第二产业比重均为 35.8%，没有发生变化，表明边境地区工业化难度较大；第三产业比重由 38.7% 上升至 43.5%，表明第三产业发展速度较快，发展具有相对优势。边境地区第二、第三产业比重均低于全国 41.8%、53.3% 的水平。由此可以看出，边境地区产业结构升级趋势与全国变动存在差异。数据显示，2006 ~ 2018 年，我国第一产业和第二产业比重分别从 10.6% 和 47.6% 下降至 7.0% 和 39.7%，第三产业比重从 41.8% 上升至 53.3%，呈现第一产业和第二产业比重下降，第三产业比重上升的趋势，同期我国边境地区产业结构则呈现出第一产业比重下降，第三产业比重上升，第二产业比重不变的趋势。产生这一现象可能的原因是边境地区自身条件适合发展第一产业以及贸易、旅游等第三产业。

表2-4 2006~2018年边境地区及全国产业结构变化情况

	2006年				2018年			
	第一产业（亿元）	第二产业（亿元）	第三产业（亿元）	比例（%）	第一产业（亿元）	第二产业（亿元）	第三产业（亿元）	比例（%）
内蒙古	67.53	217.41	143.64	15.8:50.7:33.5	190.22	744.72	602.16	12.4:48.5:39.2
辽宁	43.75	137.37	104.38	15.3:48.1:36.6	104.85	165.76	294.46	18.6:29.3:52.1
吉林	44.79	127.85	111.08	15.8:45.1:39.2	67.29	305.28	407.55	8.6:39.1:52.2
黑龙江	121.61	61.42	145.97	37.0:18.7:44.4	526.49	254.79	579.13	38.7:18.7:42.6
广西	52.82	51.17	57.72	32.7:31.6:35.7	172.48	376.34	359.80	19.0:41.4:39.6
云南	115.71	105.32	137.79	32.2:29.4:38.4	439.76	599.23	838.40	23.4:31.9:44.7
西藏	6.75	5.78	10.28	29.6:25.4:45.1	16.51	43.99	46.17	15.5:41.2:43.3
甘肃	0.26	3.45	1.14	5.4:71.1:23.5	0.64	5.84	7.63	4.5:41.4:54.1
新疆	131.79	111.79	175.27	31.5:26.7:41.8	403.45	818.84	892.45	19.1:38.7:42.2
边境地区平均	585.00	821.57	887.29	25.5:35.8:38.7	1921.68	3314.79	4027.75	20.7:35.8:43.5
全国	23317.00	104359.20	91762.20	10.6:47.6:41.8	64745.20	364835.20	489700.80	7.0:39.7:53.3

资料来源：历年《中国民族统计年鉴》《中国统计年鉴》。

根据边境地区产业结构比例，可将边境地区分为三类：第一类是与全国产业结构升级过程基本保持一致的地区。2006～2018年，内蒙古、吉林边境地区产业结构与全国产业结构相似，呈现第一产业和第二产业比重下降，第三产业比重上升的趋势。甘肃边境地区2006年第二产业比重达到71.1%，到2018年第二产业比重下降至41.4%。第二类是产业结构表面上经历"逆工业化"过程的地区。辽宁边境地区2006～2018年第二产业比重下降，第一产业和第三产业比重上升。黑龙江边境地区同期第二产业比重维持在18.7%，第一产业比重上升，第三产业比重下降。第三类是具有工业化特点的地区。西藏边境地区产业结构在2006～2018年第一产业比重下降，第二产业比重大幅度上升。广西、云南和新疆边境地区在此期间第一产业比重下降，第二、第三产业比重上升。受发展条件的差异，不同省份边境地区呈现产业结构的差异化变化特征，单纯考察产业结构不能充分衡量边境地区的发展问题，还需要深入考察不同边境地区的区位特点和发展定位。

4. 边境地区居民收入水平与全国平均水平的差距逐年缩小

图2-3列出了2006～2017年边境地区与全国平均劳动报酬、农村人均收入的变化情况。图2-3中的柱状图显示，无论是平均劳动报酬还是农村人均收入，边境地区在大部分时间内均低于全国平均水平。2006～2017年，边境地区平均劳动报酬和农村人均收入从23801元和2504元增长至66830元和11323元，同期全国城镇就业人员平均劳动报酬和农村人均收入从20856元和3731元增长至74318元和13432元。

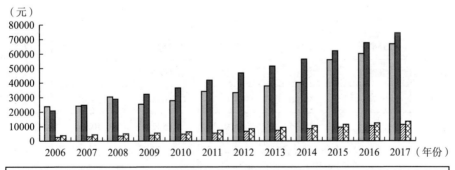

图2-3　2006～2017年期间边境地区平均劳动报酬、农村人均收入与全国对比
资料来源：历年《中国民族统计年鉴》《中国统计年鉴》。

尽管边境地区居民收入低于全国水平，但两者差距逐渐缩小。全国农村人均收入与边境地区差距由 2006 年的 1.49 下降至 2017 年的 1.19。尽管全国平均劳动报酬与陆地边境地区平均劳动报酬差距由 2006 年的 0.88 扩大至 2014 年的 1.40，但之后差距缩小至 1.20 左右。[①]

表 2-5 列出了 2006 年和 2017 年不同省份边境县平均劳动报酬和农村人均收入水平和平均增速，可以看出：第一，2006~2017 年期间边境县平均劳动报酬增速低于全国平均水平，而农村人均收入增速高于全国平均水平。表明兴边富民行动有效提高了边境地区农村居民收入水平。第二，分省份平均劳动报酬方面，西藏、内蒙古、辽宁和云南边境地区平均劳动报酬增速高于全国平均水平，其中西藏边境地区平均劳动报酬大幅提高。第三，分省份农村人均收入方面，除辽宁边境地区农村人均收入增速低于全国平均水平，其他省份的边境地区农村人均收入均高于全国平均水平，再次证明兴边富民行动对边境地区农村居民收入显著且广泛的提升作用。

表 2-5 　　2006 年和 2017 年边境地区及全国平均劳动报酬和农村人均收入变化

边境地区及全国	2006 年平均劳动报酬（元）	2017 年平均劳动报酬（元）	平均增速（%）	2006 年农村人均收入（元）	2017 年农村人均收入（元）	平均增速（%）
内蒙古	27707	83822	16.51	3223	17038	16.90
辽宁	13741	42757	13.88	4690	14851	11.33
吉林	22809	55525	11.91	3208	11359	12.35
黑龙江	22900	48839	9.30	3405	14616	14.42
广西	29122	44219	9.91	2472	10764	14.45
云南	18676	64540	12.33	1624	9457	17.57
西藏	20097	76104	57.52	2197	9273	14.10
甘肃	20743	56736	10.04	5635	23297	14.27
新疆	27985	85015	11.97	2542	10704	14.30
陆地边境	23801	66830	10.77	2504	11323	14.77
全国	20856	74318	12.29	3731	13432	12.40

资料来源：历年《中国民族统计年鉴》《中国统计年鉴》。

① 根据历年《中国民族统计年鉴》《中国统计年鉴》数据计算所得。

5. 边境地区农业生产效率出现分化

我国边境地区第一产业如果采用现代化经营手段，提高农业生产效率，也会成为拉动当地经济发展的动力。数据显示，提高我国边境地区农业生产效率具有较大潜力。边境地区农业发展受限于自身生态环境，导致农业生产效率出现分化，多数农业生产效率低于全国平均水平。图 2-4 列出了 2006~2018 年边境地区和全国粮食单位面积产量（吨/公顷），计算方式为粮食总产量与有效灌溉面积之比。如图 2-4 所示，边境地区粮食单位面积产量基本低于全国平均水平。2006~2018 年，全国平均粮食单位面积产量为 9.52 吨/公顷，边境地区平均粮食单位面积产量为 8.20 吨/公顷，低于全国平均水平。

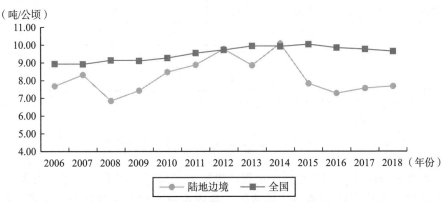

图 2-4 2006~2018 年边境地区与全国粮食单位面积产量变化

资料来源：历年《中国民族统计年鉴》《中国统计年鉴》。

表 2-6 列出了 2006 年和"十三五"期间不同省份边境地区粮食单位面积产量。数据显示，2006~2018 年期间，我国边境地区粮食单位面积产量从 2006 年的 7.68 吨下降至 2018 年的 7.67 吨，同期全国粮食单位面积产量从 2006 年的 8.93 吨上升至 2018 年的 9.64 吨。分地区而言，辽宁、吉林、黑龙江、云南、广西边境地区由于自身农业发展的优势，粮食单位面积产量常年高于全国平均水平。辽宁、吉林边境地区粮食单位面积产量呈现不断上升趋势，表明本地区农业生产效率的提升。黑龙江边境地区粮食单位面积产量则呈现波动下降趋势。与东北三省不同，云南边境地区粮食单位面积产量基本维持在 10~11 吨，变化幅度较小。除以上省份的边境地区之外，其他省份边境地区受限于自身农业发展条件，粮食单位面积产量低于全国平均水平，农业生产效率较低。

表 2-6　　　　　2006～2018 年期间边境地区及全国粮食单位面积产量变化

边境地区及全国	2006 年（吨）	2015 年（吨）	2016 年（吨）	2017 年（吨）	2018 年（吨）	2006～2018 年平均（吨）
内蒙古	7.13	12.09	6.29	5.70	8.13	8.79
辽宁	10.47	11.81	12.34	14.03	16.55	11.48
吉林	12.65	22.78	23.22	28.67	40.76	18.07
黑龙江	17.75	13.94	13.30	13.89	14.42	15.42
广西	12.11	8.77	9.93	8.51	9.09	9.66
云南	10.33	11.17	11.00	10.10	9.91	10.51
西藏	4.39	2.59	3.43	2.10	4.57	4.11
甘肃	5.53	8.33	5.63	8.47	5.47	8.21
新疆	3.64	4.32	4.36	4.91	4.15	4.69
边境地区	7.68	7.82	7.27	7.56	7.67	8.20
全国	8.93	10.03	9.84	9.76	9.64	9.52

资料来源：历年《中国民族统计年鉴》《中国统计年鉴》。

6. 边境地区固定资产投资增速高于全国平均水平

2006～2017 年，边境地区固定资产投资增速高于全国平均水平。表 2-7 列出了 2006～2017 年不同省份边境地区人均固定资产投资和全社会固定资产投资总量的变化情况。整体而言，2006～2017 年，边境地区固定资产投资总额呈现不断增长趋势，由 1207.20 亿元上升至 8959.28 亿元，同期我国全社会固定资产投资由 109998.2 亿元上升至 641238.4 亿元。边境地区固定资产投资占全社会固定资产投资的比重由 2006 年的 1.10% 上升至 2017 年的 1.40%，说明边境地区固定资产投资的增速高于全国平均水平。在兴边富民行动推动下，我国全社会固定资产投资向边境地区倾斜。从人均角度看，2006～2017 年边境地区人均固定资产总额均低于全国平均水平，差距从 2006 年的 3039 元上升至 2017 年的 8370 元，但同期边境地区人均固定资产投资增速为 20.21%，高于全国平均水平。

表 2-7　　　　　2006～2017 年边境地区及全国固定资产投资变化

	2006 年（亿元）	2015 年（亿元）	2016 年（亿元）	2017 年（亿元）	2006～2017 年平均增速（%）
内蒙古	18890	81680	88099	78697	15.83
辽宁	5608	20932	8206	8744	11.70

续表

	2006 年（亿元）	2015 年（亿元）	2016 年（亿元）	2017 年（亿元）	2006~2017 年平均增速（%）
吉林	8917	44668	48890	39358	17.50
黑龙江	2684	23852	24438	25919	25.34
广西	2817	30403	30855	36205	28.95
云南	4024	23064	27401	32930	21.26
西藏	5090	24614	31720	42274	25.14
甘肃	38214	550000	583058	253737	26.81
新疆	3431	38241	38589	45042	27.70
边境地区（人均）	5329	33866	35393	37760	20.21
全国（人均）	8368	40884	43861	46130	17.04
边境地区（全社会）	1207.2	7977.4	8407.92	8959.28	20.72
全国（全社会）	109998.2	561999.8	606465.7	641238.4	17.64
边境地区/全国（%）	1.10	1.42	1.39	1.40	

资料来源：历年《中国民族统计年鉴》《中国统计年鉴》。

分地区而言，除内蒙古、辽宁边境地区人均固定资产投资增速低于全国平均水平外，其他省份的边境地区人均固定资产投资增速均高于全国平均水平。固定资产投资增加，有效促进了边境地区产业发展与经济增长。下一步兴边富民行动的重点应该继续扩大对边境地区的投资力度，为边境地区经济发展和要素集聚特别是人员流入提供平台和基础。

7. 边境地区社会消费品零售总额增速高于全国平均水平

表 2-8 列出了 2012~2017 年不同省份边境地区社会消费品零售总额增速变化情况。数据显示，2012~2017 年期间，边境地区社会消费品零售总额增速基本高于全国平均水平，主要集中在内蒙古、广西、云南三个省份的边境地区，其中内蒙古和云南的边境地区社会消费品零售总额增速常年高于全国平均水平。

表 2-8　　　　2012～2017 年边境地区及全国社会消费品零售总额增速情况　　单位：%

边境地区及全国	2012 年	2013 年	2014 年	2015 年	2016 年	2017 年
内蒙古	15.14	6.33	11.68	11.56	21.93	20.08
辽宁	15.53	13.65	11.24	5.03	7.33	6.28
吉林	17.87	14.25	14.25	8.70	10.15	5.78
黑龙江	16.28	14.25	9.17	1.99	24.74	8.93
广西	20.35	8.73	13.45	10.19	-3.25	27.23
云南	19.55	13.74	13.63	10.09	11.44	12.10
西藏	2.01	14.08	-9.53	44.93	-0.21	5.41
甘肃	17.54	12.69	11.92	-28.40	70.25	7.28
新疆	14.61	14.00	17.96	11.86	5.04	5.15
边境地区	16.72	12.26	12.85	8.65	11.88	11.17
全国	14.54	13.25	11.96	10.68	10.43	10.21

资料来源：历年《中国民族统计年鉴》《中国统计年鉴》。

从变化趋势方面看，边境地区社会消费品零售总额呈现三类变化趋势：第一类是增速先下降后上升。内蒙古、广西、云南的边境地区社会消费品零售总额增速呈现先下降后上升的变化趋势。内蒙古边境地区社会消费品零售总额增速由2012 年的 15.14% 下降至 2013 年的 6.33%，之后波动上升至 2017 年的 20.08%。广西边境地区 2012 年社会消费品零售总额增速为 20.35%，是当年边境地区增速最快的省份，2013 年增速大幅下降至 8.73%，2014 年和 2015 年上涨至 10% 以上，2016 年出现负增长，2017 年增速猛增至 27.23%。云南边境地区社会消费品零售总额增速由 2012 年的 19.55% 持续下降至 2015 年的 10.09%，之后缓慢上升至 2017 年的 12.10%。第二类是增速不断下降。这一现象主要集中于辽宁、吉林、黑龙江、新疆边境地区，四个省份的边境地区社会消费品零售总额 2012 年均高于全国平均水平，至 2017 年均低于全国平均水平。数据显示。辽宁边境地区 2012 年社会消费品零售总额增速为 15.53%，之后不断下降至 2017 年 6.28%。吉林边境地区 2012 年社会消费品零售总额增速为 17.87%，之后不断下降至2017 年的 5.78%。黑龙江边境地区 2012 年社会消费品零售总额增速为 16.28%，之后波动下降至 2017 年的 8.93%。新疆边境地区 2012 年社会消费品零售总额增速为 14.61%，之后波动下降至 2017 年的 5.15%。第三类是增速大幅波动。西藏、甘肃边境地区社会消费品零售总额增速呈大幅波动趋势。甘肃边境地区社会消费品零售总额增速 2015 年为 -28.40%，2016 年大幅上升至 70.25%，2017 年回落至 7.28%。西藏边境地区社会消费品零售总额增速 2014 年为 -9.53%，

2015 年大幅上升至 44.93%，2016 年又下降至 −0.21%。增速的大幅波动与社会消费品零售总额总量较低有关。甘肃和西藏边境地区社会消费品零售总额总量最低。西藏边境地区 2011 年社会消费品零售总额为 9.47 亿元，2017 年上升至 15.2 亿元。甘肃边境地区 2011 年社会消费品零售总额为 1.14 亿元，2017 年上升至 2.21 亿元，虽然实现翻番，但仍为边境地区最低水平。

二、边境地区经济发展绩效评价

（一）评价指标选取

基于边疆 9 省区和边境县公布的数据，本章设定了省级边境地区经济发展评价指标体系和县级边境地区经济发展评价指标体系。

1. 省级边境地区经济发展评价指标体系

省级边境地区经济实力指标包括产业结构指数增幅、人均地区生产总值增长率、农村人均纯收入增长率、平均劳动报酬增长率、全社会固定资产投资增长率、社会消费品零售总额增长率、粮食生产增长率、油料生产增长率、肉类生产增长率 9 个指标（各指标权重见表 2−9）。

表 2−9　　　　　　　　省级边境地区经济实力指标体系

一级指标	二级指标	权重（%）
省级边境地区经济发展评价指标	产业结构指数增幅	15
	人均地区生产总值增长率	15
	农村人均纯收入增长率	10
	平均劳动报酬增长率	10
	全社会固定资产投资增长率	10
	社会消费品零售总额增长率	10
	粮食生产增长率	10
	油类生产增长率	10
	肉类生产增长率	10

除产业结构指数增幅外，其他指标直接利用《中国民族统计年鉴》中的数据进行计算。产业结构指数综合利用第一产业、第二产业和第三产业增加值比重进行计算，根据陈家贵等的著作《中国工业化进程报告：1995～2005年中国省域工业化水平评价与研究》，当第一产业增加值比重低于10%、第二产业增加值比重低于第三产业增加值比重时，产业结构指标赋值为100；当第一产业增加值比重高于第二产业增加值比重时，赋值为0。其他情况的计算方式如下：

（1）当第一产业增加值比重超过20%，且低于第二产业增加值比重时，计算方式如下：

$$产业结构 = 33 \times (A - 33\%)/(20\% - 33\%)$$

（2）当第一产业增加值比重低于20%，第二产业增加值比重高于第三产业增加值比重时，计算方式为：

$$产业结构 = 33 + 33 \times (A - 20\%)/(10\% - 20\%)$$

（3）当第一产业增加值比重低于10%，第二产业增加值比重高于第三产业增加值比重时，计算方式为：

$$产业结构 = 66 + 33 \times S/(S + I)$$

以上公式中，A为第一产业增加值比重，I为第二产业增加值比重，S为第三产业增加值比重。

各指标取2006～2018年的平均值，并通过式（2-1）进行标准化，指标值域为 [0，100]：

$$\frac{C_i - \min_i}{\max_i - \min_i} \times 100 \qquad (2-1)$$

其中，C_i 为某省边境地区指标计算值，$\min_i$ 为相同指标最小值，$\max_i$ 为相同指标最大值。

2. 县级边境地区经济发展评价指标体系

由于县级数据相对缺乏，县级边境地区经济发展评价指标体系包括人均地区生产总值增长率、农村人均纯收入增长率、全社会固定资产投资增长率、社会消费品零售总额增长率、地方财政收入增长率、地方财政支出增长率、是否为贫困县7个指标（各指标权重见表2-10）。各指标取2006～2018年的平均值，并同样利用式（2-1）进行标准化。其中是否为贫困县的指标计算方法为：若本县为贫困县，则指标为0；若本县为非贫困县，则指标为100分。

表 2 – 10   边境县经济实力指标体系

一级指标	二级指标	权重（%）
县级边境地区经济发展评价指标	人均地区生产总值增长率	15
	农村人均纯收入增长率	15
	全社会固定资产投资增长率	15
	社会消费品零售总额增长率	15
	地方财政收入增长率	15
	地方财政支出增长率	15
	是否为贫困县	10

（二）数据来源

本章数据来源包括两种：一是《中国民族统计年鉴》。县级人均地区生产总值、农村居民人均纯收入、全社会固定资产投资、社会消费品零售总额、地方财政收入、地方财政支出数据均来自历年《中国民族统计年鉴》。省级边境地区指标为县级数据加总。二是国务院扶贫开发领导小组办公室（以下简称"国务院扶贫办"）和各省公布的脱贫县数据。国务院扶贫办在2014年公布了全国832个贫困县名单，结合各省份每年公布的脱贫县名单，对边境县进行打分。边境县2014年之前的贫困状况与2014年相同。

（三）指数合成

省级边境地区经济发展评价指标体系如表2–9所示，其中产业结构指数增幅、人均地区生产总值增长率权重为15%，农村人均纯收入增长率、平均劳动报酬增长率、全社会固定资产投资增长率、社会消费品零售总额增长率、粮食生产增长率、油料生产增长率、肉类生产增长率权重为10%。通过将以上指标进行加权求和，得出不同省份边境地区经济发展指数。

县级边境地区经济发展评价指标体系如表2–10所示，其中人均地区生产总值增长率、农村人均纯收入增长率、全社会固定资产投资增长率、社会消费品零售总额增长率、地方财政收入增长率、地方财政支出增长率权重均为15%，是否为贫困县权重为10%。通过将以上指标进行加权求和，得出陆地边境县经济发展指数。

三、边境地区经济发展排名及结果分析

（一）省级边境地区经济发展排名及结果分析

兴边富民行动实施 20 年，省级边境地区综合排名如表 2 - 11 所示。在本书研究时间范围内，新疆边境地区经济发展指数为 64.12，排名第一；云南边境地区经济发展指数为 61.40，排名第二；甘肃边境地区经济发展指数为 61.26，排名第三；西藏边境地区经济发展指数为 59.71，排名第四；黑龙江边境地区经济发展指数为 55.72，排名第五；广西边境地区经济发展指数为 52.21，排名第六；内蒙古边境地区经济发展指数为 47.52，排名第七；吉林边境地区经济发展指数为 43.20，排名第八；辽宁边境地区经济发展指数为 30.90，排名第九。

表 2 - 11　　　　　　　　省级边境地区经济发展指数排名

排名	省份	指数	排名	省份	指数
1	新疆	64.12	6	广西	52.21
2	云南	61.40	7	内蒙古	47.52
3	甘肃	61.26	8	吉林	43.20
4	西藏	59.71	9	辽宁	30.90
5	黑龙江	55.72			

兴边富民行动实施 20 年，新疆边境地区经济发展指数排名第一，得益于以下几个方面：一是粮食生产增长率排名第一。据《中国民族统计年鉴》数据显示，2007～2018 年，新疆边境地区粮食生产增长率为 8.32%，表明新疆粮食生产是新疆经济发展的重要推动力。二是较高的全社会固定资产投资增长率。2007～2018 年，新疆边境地区全社会固定资产投资增长率为 28.92%，排名第二。固定资产投资的快速增长既有利于改善新疆陆地边境地区经济发展条件，也有利于拉动当地投资需求，为新疆边境地区经济发展提供动力。三是新疆边境地区其他方面表现较好。产业结构指数增幅排名第四，人均地区生产总值增长率排名第五，农村人均纯收入增长率排名第五，油料生产增长率排名第四。

云南边境地区经济发展指数排名第二，得益于以下几个方面：一是农民人均纯收入增长率排名第一。数据显示，2007～2018 年期间，云南边境地区农村人均纯收入增长率为 16.89%。云南边境地区农村人均纯收入增长并非来自粮食、油料产量增长（2007～2018 年，云南边境地区粮食生产、油料生产增长率均排名第六），而是借助云南独有的自然条件优势，推动茶叶、鲜切花生产。数据显示，2017～2019 年，云南省茶叶和鲜切花产量平均增长率为 5.45% 和 11.78%，远超过同期粮食和油料产量增长率。二是云南边境地区肉类产量增长率排名第二。

甘肃边境地区经济发展指数排名第三。肃北蒙古族自治县是甘肃省仅有的边境县，具有丰富的自然资源。依靠自身丰富的自然资源，肃北蒙古族自治县以第二产业为主导，自身经济实力雄厚。2006 年，肃北蒙古族自治县三次产业占比分别为 5.4∶71.1∶23.5，表现出明显的资源密集型产业结构特征。之后，肃北蒙古族自治县积极发展第三产业，产业结构日趋合理化，2018 年产业结构为 4.5∶41.4∶54.1。此外，肃北蒙古族自治县油料生产和肉类生产增长率均排名第一，但由于居民收入水平增长缓慢，限制了当地消费提升，导致经济发展指数排名较低。2007～2018 年，肃北蒙古族自治县农村人均纯收入增长率为 13.68%，排名第六；平均劳动报酬增长率为 9.33%，排名第七；社会消费品零售总额增长率为 6.10%，排名最低。

西藏边境地区平均劳动报酬增长率为 17.96%（排名第一），产业结构指数增幅排名第二，全社会固定资产投资增长率排名第三，社会消费品零售总额增长率排名第二，但由于较低的人均地区生产总值增长率（排名第六）、农村人均纯收入增长率（排名第七）、粮食生产增长率（排名第八）、油料生产增长率（排名第九），导致西藏边境地区经济发展指数排名第四。

黑龙江边境地区具有较高的人均地区生产总值增长率（排名第二），农业发展水平较高，带动农业产量提升（粮食生产增长率排名第二、油料生产增长率排名第二）和农村人均纯收入水平提高（农村人均纯收入增长率排名第四），2018 年黑龙江边境地区的贫困县全部实现脱贫。但是，也由于农业的主体地位，导致其第二产业和第三产业发展受限，第二产业和第三产业比重较低。2006 年，黑龙江边境地区产业结构为 37.0∶18.7∶44.4，2018 年为 38.7∶18.7∶42.6，第二产业比重基本不变，第一产业比重上升，第三产业比重下降。由于第一产业比重较高，黑龙江边境地区产业结构指数增幅得分较低（排名第八），平均劳动报酬增长率得分较低（排名第八）。总之，黑龙江边境地区自身的产业结构特征即为经济发展提供动力，但也限制了其他方面经济实力的进一步增长，导致其经济发展指数排名稳定在第五名。

广西边境地区具有较高的人均地区生产总值增长率（排名第一）、全社会固定资产投资增长率（排名第一）、产业结构指数增幅（排名第三）、农村人均纯收入（排名第三）和社会消费品零售总额增长率（排名第三），但由于较低的平均劳动报酬增长率（排名第九）、粮食生产增长率（排名第九）、油料生产增长率（排名第七）、肉类生产增长率（排名第八），导致广西边境地区经济发展指数排名较低。

内蒙古边境地区经济发展指数排名第七。2006 年，内蒙古边境地区三次产业结构为 15.8∶50.7∶33.5，2018 年为 12.4∶48.5∶38.2，产业结构指数增幅排名第七。造成这一现象的原因或许是内蒙古出于保护生态环境的目的，调整自身发展动力和产业结构，推动第三产业发展。这导致较低的人均地区生产总值增长率（排名第七）和全社会固定资产投资增长率（排名第八），但并未导致平均劳动报酬增长率下降（排名第五），当地社会消费品零售总额增长率较高（排名第一）。此外，内蒙古边境地区农业发展良好，粮食生产增长率排名第三，拉动了农村人均纯收入显著提升（排名第二）。

吉林边境地区经济发展指数排名第八。除产业结构指数增幅较高（排名第一），引致平均劳动报酬快速增长（排名第三）。但由于其他指标排名较低，导致吉林边境地区经济发展指数排名相对较低。

辽宁边境地区经济发展指数排在最后一位。除粮食、油料、肉类生产情况较好（三者增长率排名分别为第七、第三、第三），平均劳动报酬增长率较高（排名第二）。但由于产业结构指数增幅排名第九、人均地区生产总值增长率排名第九、农村人均纯收入增长率排名第九、全社会固定资产投资增长率排名第九、社会消费品零售总额增长率排名第七，最终导致辽宁边境地区经济发展指数排名第九，为全部省级边境地区最低。

（二）边境县经济发展水平排名及结果分析

由于篇幅限制，本章仅公布边境县经济发展排名前 50 的结果，如表 2 – 12 所示。2006～2017 年期间，新疆有 13 个边境县进入前 50 名，排名第一，结果与省级边境地区排名相同，证明本章经济发展指标测算结果具有一致性。

表 2 – 12 边境县经济发展水平排名前 50

排名	省份	边境县	总得分
1	西藏	洛扎县	49.50
2	西藏	康马县	44.12
3	黑龙江	东宁市	41.81
4	新疆	巴里坤哈萨克自治县	40.59
5	广西	靖西市	40.55
6	西藏	岗巴县	40.34

续表

排名	省份	边境县	总得分
7	内蒙古	苏尼特左旗	39.88
8	黑龙江	漠河市	39.37
9	西藏	札达县	38.83
10	新疆	伊吾县	37.56
11	内蒙古	乌拉特后旗	37.29
12	内蒙古	二连浩特市	34.51
13	新疆	木垒哈萨克自治县	34.10
14	西藏	噶尔县	33.77
15	西藏	墨脱县	33.74
16	新疆	裕民县	33.38
17	西藏	萨嘎县	33.19
18	新疆	温宿县	32.20
19	云南	瑞丽市	32.11
20	新疆	奇台县	31.83
21	云南	河口瑶族自治县	31.32
22	黑龙江	孙吴县	31.31
23	西藏	错那县	31.13
24	黑龙江	饶河县	31.02
25	内蒙古	阿巴嘎旗	31.00
26	广西	东兴市	30.75
27	新疆	伊州区	30.47
28	吉林	珲春市	30.37
29	西藏	亚东县	30.19
30	广西	龙州县	30.00
31	云南	勐海县	29.96
32	黑龙江	抚远市	29.41
33	黑龙江	绥滨县	29.29
34	黑龙江	爱辉区	29.27
35	广西	凭祥市	29.20
36	新疆	察布查尔锡伯自治县	29.16

排名	省份	边境县	总得分
37	云南	腾冲市	29.15
38	广西	防城区	29.08
39	内蒙古	乌拉特中旗	28.74
40	新疆	青河县	28.34
41	内蒙古	新巴尔虎左旗	28.33
42	辽宁	元宝区	28.29
43	新疆	福海县	27.96
44	内蒙古	东乌珠穆沁旗	27.78
45	新疆	霍城县	27.56
46	新疆	昭苏县	27.40
47	新疆	托里县	27.28
48	云南	景洪市	27.22
49	内蒙古	阿拉善左旗	27.17
50	新疆	阿勒泰市	27.14

四、边境地区经济发展动力与效率分析

在分析兴边富民行动实施 20 年省级边境地区和边境县经济发展排名的基础上，本节基于边境县数据，从经济发展动力和效率两个角度对影响边境地区经济发展的因素进行分析。具体思路如下：第一，基于 2007 年、2013 年、2018 年边境县的县级统计公报数据和 2006～2018 年边境县面板数据，从需求和供给两个角度分析边境地区经济发展动力；第二，利用 DEA 方法，考察省级边境地区经济发展效率变化；第三，基于实证结论，为"十四五"期间边境地区的经济发展提供政策建议。

（一）边境县经济发展动力实证分析

选取以下指标表达需求的拉动力和供给的推动力。

1. 需求方面

地区生产总值可分为最终消费支出、资本形成总额、货物和服务净出口。鉴于边境县统计公报数据中未公布以上数据，本节以全社会固定资产投资代表投资需求，以社会消费品零售总额代表消费需求。由于边境县统计公报数据中未公布关于对外贸易的相关数据，因此在实证分析时未考虑外需。

2. 供给方面

以全社会固定资产投资代表资本投入，以年末人口数代表劳动投入。

考虑到数据限制，以及本节的研究目的是从需求和供给两个角度考察不同因素对边境地区经济发展的贡献，本节仅控制边境县个体固定效应和时间固定效应，根据豪斯曼（Hausman）检验结果确定实证分析模型。回归数据来源包括：一是历年《中国民族统计年鉴》。经过筛选匹配，最终获得140个边境县2006~2018年的县级面板数据。二是2007年、2013年、2018年边境县的县级公报数据。

不同因素对边境县经济发展的贡献分解如表2-13所示。

表2-13　　　　　　　　　边境县需求和供给对经济发展的贡献分析

	《中国民族统计年鉴》面板数据				2007年、2013年、2018年县级公报数据			
	需求		供给		需求		供给	
	投资	消费	资本	劳动	投资	消费	资本	劳动
系数	0.2391 *** (0.0327)	0.5911 *** (0.0533)	0.5253 *** (0.0213)	0.1790 (0.1311)	0.1651 ** (0.0829)	0.8143 *** (0.1052)	0.5711 *** (0.0670)	0.2958 *** (0.0884)
贡献（%）	28.80	71.20	100	0	16.86	83.14	65.88	34.12
N	1564		1599		161		98	
R²	0.8240		0.6688		0.8695		0.5763	
FE/RE	FE		FE		FE		RE	

注：括号内的数值为标准误，*** 、** 和 * 分别代表通过1%、5%和10%显著性水平的检验。

表2-13的实证分析结果显示：第一，从需求角度而言，边境地区消费对经济发展的拉动作用高于投资。基于《中国民族统计年鉴》面板数据的实证结果显示，消费需求每增加1个百分点，将促进地区生产总值提高0.5911个百分点；投资需求每增加1个百分点，将促进地区生产总值提高0.2391个百分点。基于2007年、2013年、2018年县级公报数据的实证分析也得出以上结论。仅从投资和消费两类需求而言，投资对经济增长的贡献度为28.80%，低于消费对经济增长的贡献度71.20%。投资需求贡献低于消费需求的原因在于边境地区特殊的地理位置导致工业发展受限，第一产业和第三产业是边境县经济发展的主导产业。

两次产业对投资需求不高，依赖于边境地区自然环境条件，可催生当地特色产业，如特色农业、特色旅游业等，使消费需求对经济增长的贡献度较高。第二，从供给角度看，边境地区资本投入对总产出的贡献超过劳动投入。基于《中国民族统计年鉴》面板数据的实证结果显示，资本投入每增长1个百分点，导致边境县地区生产总值提高0.5253个百分点；劳动投入系数不显著，表明劳动投入对边境县总产出不存在显著贡献。基于2007年、2013年、2018年县级公报数据的实证分析结果显示，劳动投入对边境县总产出的贡献低于资本投入。劳动投入每增长1个百分点，边境县地区生产总值提高0.2958个百分点；资本投入每增长1个百分点，边境县地区生产总值提高0.5711个百分点。从资本和劳动投入的贡献度而言，资本投入贡献度为65.88%，劳动投入贡献度为34.12%。资本投入贡献高于劳动投入贡献的原因在于：一是边境地区存在人口流失问题，常住人口增长缓慢；二是边境地区常年缺乏资本投入，使资本投入的边际贡献更高。

关于不同因素对边境地区经济发展的贡献，可用新疆伊吾县经济社会发展的经验进行验证，具体见案例2-1。

案例2-1

"十二五"时期伊吾县经济社会发展成果丰硕[①]

"十二五"时期的五年，是伊吾县发展史上极不平凡的五年。进入"十二五"时期，经济面临较大的下行压力，面对困难和挑战，伊吾县委县政府把握规律，积极作为，向改革要动力，向结构调整要助力，向民生改善要潜力，激活力、补短板、强实体、控风险，确保了伊吾县国民经济的快速增长。

地区生产总值快速增加。"十二五"时期，伊吾县地区生产总值由2010年的10.95亿元提高到45亿元，增长3.4倍，五年平均增长34.6%，是发展速度最快的一个时期。

投资力度不断加大。"十二五"时期，伊吾县坚持投资体制改革，加大投资结构调整力度，合理安排建设资金，积极培育多元化投资主体，促进了固定资产投资快速增长，地方投资总量由2010年的42亿元增加到2015年的90亿元，增长1.1倍，年均增长16.2%。五年来，全县固定资产投资额累计达350亿元。投入资金的快速增长，不仅使伊吾县基础设施和基础产业取得质的"飞跃"，也是拉动经济发展的主力军，更是改善民生的重要保障。

工业经济快速发展。"十二五"时期，伊吾县能源生产、煤化工基地逐步显现，八大产业基地不断完善产业链。2015年，伊吾县实现工业增加值21.2亿元，

---

① 《"十二五"时期伊吾县经济社会发展成果丰硕》，伊吾县政府网，http://www.xjyiwu.gov.cn/info/1826/72297.htm（有删改）。

较 2010 年增长 5.8 倍，年均增长 46.8%。

国内贸易实现翻番。在扩大内需战略带动下，消费的基础性作用和投资的关键性作用得到较好发挥，国内消费品市场繁荣活跃，商品市场供应充裕，消费规模不断扩大，市场主体日趋多元，消费结构升级带动居民消费潜力有序释放。2015 年，伊吾县实现社会消费品零售总额 2.3 亿元，是 2010 年的 1.3 倍，年均增速达 18.4%。

财政实力明显增强。"十二五"时期，伊吾县财政实力迅速增强，有力地支撑着国民经济的健康发展。2010 年，全县地方财政收入 1.18 亿元；2011 年 1.58 亿元；2012 年突破 2 亿元，达到 2.51 亿元；2013 年突破 3 亿元，达到 3.8 亿元；2014 年、2015 年，突破 4 亿元，较 2010 年增长 2.4 倍。五年间，地方财政收入累计达 17.05 亿元，年均增长 29.2%。财政收入的快速增长为加大教育、医疗、社保等民生领域投入，增强政府调节收入分配能力提供了有力的资金保障。

居民收入大幅增长。经过"十二五"时期的建设和发展，伊吾县城乡居民生活条件发生了重大改变。2015 年，伊吾县城镇居民人均可支配收入 29893 元，比 2010 年增长近 1 倍，年均增长 14.7%；农村居民人均可支配收入 14345 元，比 2010 年增长 1.5 倍，年均增长 20.0%。2015 年末，伊吾县企业退休人员基本养老金在 2014 年已连续 10 年提高的基础上，再次较 2014 年提高 240 元。城镇最低工资由 2010 年的 800 元提高到 1310 元，五年累计提高 510 元。同时连续五年提高城乡低保标准，城乡最低生活保障金标准由 2010 年的 256 元提高至 426 元，农村最低生活保障金由 2010 年的 106 元提高至 205 元，五年累计分别提高 170 元和 99 元。在提高广大居民生活质量的同时，共享了经济发展和民生改善的成果。

因此，"十四五"期间，边境地区一方面需要继续加大资金投入力度，发挥资金投入对地区经济发展的贡献，以资金助力兴边富民；另一方面需要借助当地自然资源优势，打造一批特色农业、特色旅游业，发挥消费需求对经济发展的拉动作用，用消费牵引产业兴边、产业富民。

（二）边疆 9 省区经济发展效率分析

本节选择边疆 9 省区 2012～2018 年的相关数据，利用熵权指数法计算边疆 9 省区经济发展水平。进而以边疆 9 省区经济发展作为产出变量，将人口、全社会固定资产投资、社会消费、地方财政支出和进出口作为投入变量，利用 DEA 技术，测算边境省区经济发展效率以及各省区经济发展要素投入的技术效率和其他重要效率指标。

数据来源于 2013～2019 年《中国统计年鉴》和辽宁、黑龙江、吉林、内蒙古、甘肃、新疆、西藏、云南和广西的省区统计年鉴和 9 省区国民经济和社会发展统计公报。9 省区经济发展水平指标包括人均地区生产总值、在岗人员平均工资、进出口总额、地方财政支出、城镇化率、在岗职工占比、城镇社区服务设施数、城镇居民最低生活保障支出、城镇居民最低生活保障平均标准。

本节采用熵权指数法，将各指标按照各自的量纲统一标准化，统一比对尺度，使度量量纲科学和合理。具体消除量纲和尺度统一思路如下：首先确定边疆 9 省区经济发展水平分指标数据 X_{ij}，即第 t 年第 i 省第 j 个分指标。其次将 X_{ij} 做标准化消除量纲和单位，并做归一化处理，其处理方法为：$Y_{ij} = \dfrac{X_{ij} - \min_j(X_{ij})}{\max_j(X_{ij}) - \min_j(X_{ij})}$，其中 $\min_j(X_{ij})$ 和 $\max_j(X_{ij})$ 分别表示第 j 个分指标的最小值和最大值。进一步求边疆 9 省区经济发展水平第 j 个分指标的信息熵 E_j，$E_j = -\dfrac{1}{\ln n}\sum\limits_{i=1}^{n} p_{ij}\ln p_{ij}$，其中 $p_{ij} = Y_{ij}\Big/\sum\limits_{i=1}^{n} Y_{ij}$。最后，确定边疆 9 省区经济发展水平第 j 个分指标的权重 $w_j = \dfrac{1 - E_j}{9 - \sum E_j}$。利用 MATLAB，计算出边疆 9 省区经济发展水平指标权重，具体权重为：人均地区生产总值权重为 13.08%、在岗人员平均工资 8.92%、进出口总额 20.88%、地方财政支出 3.24%、城镇化率 10.21%、在岗职工占比 8.13%、城镇社区服务设施 11.11%、城镇居民最低生活保障支出 12.49%、城镇居民最低生活保障平均标准 11.94%。根据以上权重可以计算出 2012～2018 年边疆 9 省区经济发展水平，如表 2－14 所示。表 2－14 表明，2012～2018 年，边疆 9 省区经济发展整体的均值远远小于 0.5，即熵权综合指数得分不高，这说明边疆 9 省区的经济发展整体水平不高，还存在很大的改进空间。2012～2018 年，边疆 9 省区经济发展水平在区域之间还存在较大的差异，边疆 9 省区经济发展水平较高的是内蒙古、新疆和甘肃，而经济发展水平较低的省区是西藏、广西和辽宁，吉林、黑龙江和云南属于中等发展水平。

表 2－14　　　　　　　　　　边疆 9 省区经济发展水平

年份及均值	内蒙古	辽宁	吉林	黑龙江	广西	云南	西藏	甘肃	新疆
2012	0.2383	0.1455	0.2104	0.2854	0.0795	0.1283	0.0473	0.3021	0.2266
2013	0.2658	0.1630	0.2351	0.1997	0.0926	0.1561	0.0365	0.3281	0.2615
2014	0.2805	0.1570	0.2362	0.1965	0.0782	0.1680	0.0429	0.2808	0.2626
2015	0.3682	0.2193	0.2230	0.1729	0.0961	0.2287	0.0818	0.2221	0.3054
2016	0.3202	0.1240	0.2270	0.1747	0.1426	0.2261	0.0512	0.2432	0.2973

年份及均值	内蒙古	辽宁	吉林	黑龙江	广西	云南	西藏	甘肃	新疆
2017	0.3337	0.1959	0.2650	0.2393	0.1717	0.2605	0.1010	0.1762	0.4027
2018	0.3417	0.2178	0.2826	0.2189	0.3636	0.3845	0.1194	0.1505	0.3551
均值	0.3069	0.1746	0.2399	0.2125	0.1463	0.2217	0.0686	0.2433	0.3016

1. 边疆 9 省区经济发展技术效率动态实证分析

技术效率指的是生产要素投入中，从技术角度看这些要素是否被充分利用，如果技术无效率，则边疆 9 省区的各种投入要素没有被充分利用起来。利用 DEAP2.1 软件做 DEA 分析，可计算边疆 9 省区经济发展技术效率，如表 2－15 所示。表 2－15 表明，边疆 9 省区经济发展的整体技术效率不高，而且还呈现出巨大的省区差异。技术效率从高到低的顺序是甘肃、辽宁、西藏、吉林、内蒙古、黑龙江、新疆、广西和云南，人口、全社会固定资产投资、社会消费、地方财政支出以及进出口五种资源利用效率低下，云南省的技术效率仅为 0.2391，急需优化和提升。另外，表 2－15 还表明，北部边境地区技术效率优于南部边境地区，说明南部边境省区的资源利用效率具有较大的提升空间，应该进一步挖掘要素利用空间和发展机会。

表 2－15　　　　　　　　　边疆 9 省区经济发展技术效率

年份及均值	内蒙古	辽宁	吉林	黑龙江	广西	云南	西藏	甘肃	新疆
2012	0.6709	1	0.7906	0.7122	0.2633	0.2402	1	1	0.4188
2013	0.7393	0.8189	0.8145	0.4659	0.2791	0.2640	0.6924	0.9936	0.4188
2014	0.7304	0.6749	0.7929	0.3916	0.2580	0.2475	0.8430	0.9483	0.3909
2015	0.7903	1	0.7208	0.4504	0.2566	0.3045	1	0.8771	0.4102
2016	0.6853	1	0.7024	0.4109	0.3952	0.2826	0.679	1	0.3529
2017	0.5893	1	0.5647	0.3605	0.2216	0.1621	1	1	0.3175
2018	0.5254	0.9494	0.5432	0.2968	0.2326	0.1730	1	0.7854	0.2720
均值	0.6758	0.9204	0.7042	0.4412	0.2723	0.2391	0.8878	0.9435	0.3687

2. 边疆 9 省区经济发展效率时间动态实证分析

技术效率变动指的是在要素自由配置且规模报酬不发生显著变化的情况下，两个时期的资源或者生产要素被利用程度的对比关系，短期内常常可以体现为生产可能性边界的变化或者追赶程度，如果技术效率变动大于 1，则说明与上一年比较，资源利用效率在增加，反之资源利用的效率在下降。纯技术效率是管理水平和制度优化带来的效率，是一个经济体由于管理水平的提升和体制优化提升表现出来的产出效率。如果纯技术效率变动大于 1，则说明与上一年比较，经济体管理水平和制度改革带来的产出效率在提升，反之在下降。规模技术效率变动描述的是从技术角度看，经济体技术规模效率的变动情况，如果规模技术效率变动大于 1，则说明与上一年比较，经济体技术的规模效益有改善，技术规模的扩大有利于企业技术的提升。技术进步是指经济体在经济发展中技术进步的情况，若技术进步大于 1，则表明与上一年比较，经济体技术进步得到提高和增强。ML 指数指的是经济体的全要素生产率，若 ML 指数大于 1，则表明与上一年比较，经济体整体而言的全要素生产率在提升。

利用 DEAP 2.1，可以计算出边疆 9 省区 2012～2018 年的整体技术效率变动、技术进步、纯技术效率变动、规模技术效率变动以及 ML 指数，具体如表 2 – 16 所示。表 2 – 16 表明，从整体上看，2012～2018 年，边疆 9 省区的技术效率变动基本都大于 1，均值为 1.064，同时规模技术效率变动均值为 1.035，结合两个指标可以分析出，边疆 9 省区经济发展资源的利用效率在提升，经济发展表现出来的发展边界在增加，即经济发展的总量水平在增加。2015 年后技术变动效率却大于 1，规模技术效率变动也大于 1，这说明边疆 9 省区经济发展的各种要素投入利用效率从 2015 年开始得到显著提升。另外，边疆 9 省区纯技术效率变动均值大于 1，而且各分项指标基本都大于 1，表明边疆 9 省区经济发展过程中，各种制度越来越趋于科学和合理，管理水平的提高和制度设定对于经济发展效率起到了促进作用。2012～2018 年期间，边疆 9 省区的技术进步表现不佳，远远小于 1，表明技术进步和技术创新已经成为经济发展的重要障碍。最后，ML 指数所表示的全要素生产率却显著小于 1，这表明就整体而言，边疆 9 省区经济发展的效率是动态无效的，ML 指数平均仅仅为 0.773，距离 ML 指数有效的 1 还有较大的距离，而且从 2014 年开始，边疆 9 省区的 ML 指数呈现下降的趋势。因此可以看出，边疆 9 省区技术进步及技术运用水平滞后于资源利用效率、管理水平和制度设计水平，技术创新的不足已经成为边疆 9 省区全要素生产率提升的制约因素，已经成为边疆 9 省区经济发展质量提升的关键障碍。因此，边疆 9 省区的经济发展，不能仅仅依赖资源的投入，必须加大利用科学研究及技术进步，让科学技术能够转变成现实的生产力，推动边疆 9 省区经济发展。

表 2 − 16 　　　　　　　　　　边疆 9 省区经济发展效率时间动态

时间及均值	技术效率变动	技术进步	纯技术效率变动	规模技术效率变动	ML 指数
2012 ~ 2013 年	1. 106	0. 802	1. 001	1. 104	0. 887
2013 ~ 2014 年	0. 926	1. 022	1. 007	0. 919	0. 945
2014 ~ 2015 年	0. 950	1. 284	1. 026	0. 926	1. 220
2015 ~ 2016 年	1. 278	0. 702	1. 077	1. 187	0. 897
2016 ~ 2017 年	1. 052	0. 268	0. 986	1. 067	0. 281
2017 ~ 2018 年	1. 110	0. 741	1. 075	1. 033	0. 822
均值	1. 064	0. 726	1. 028	1. 035	0. 773

3. 边疆 9 省区经济发展效率省区动态实证分析

利用 DEAP 2.1,可以计算出 2012 ~ 2018 年期间的边疆 9 省区的技术效率变动、技术进步、纯技术效率变动、规模技术效率变动以及 ML 指数,具体如表 2 − 17 所示。表 2 − 17 表明,除黑龙江省以外,其他省区技术效率变动都大于 1,表明与上一年比较,边疆大部分省区的资源利用效率在提升,但是黑龙江省的资源利用效率需要进一步提升。从纯技术效率变动看,除黑龙江省以外,纯技术效率变动都大于 1,表明与上一年比较,边疆大部分省区的制度建设及制度实施更加适应经济发展需要,对经济发展起到了正向的推动促进作用。从规模技术效率变动来看,边疆 9 省区规模技术效率变动都大于 1,表明与上一年比较,边疆 9 省区各要素的规模报酬存在递增,各要素的利用效率得到优化和提升。但是,从技术角度看,边疆 9 省区的技术进步指数远远小于 1,表明与上年比较,边疆 9 省区技术进步发展不足,技术进步对各省区经济发展的贡献远远低于潜在水平,并导致各省区全要素生产率 ML 指数也远远小于 1,技术进步是各省区需要重点关注的领域。各省区 ML 指数也小于 1,表明各省区技术和其他要素投入的全要素生产率表现不尽如人意,与上一年相比呈现下降趋势,因此,各省区需要大力提升技术进步和全要素的使用效率。另外,从地域分布看,2012 ~ 2018 年,边疆 9 省区中,东北地区的黑龙江、辽宁和吉林三省的全要素生产率较低,西北地区的甘肃、新疆和西藏的全要素生产率也比较低,其他边境地区相对较高。因此,边疆 9 省区中经济发展效率呈现显著的地区不平衡现象,东北地区和西北地区更加急需注重技术进步、资源投入和技术与资源的有效整合,以提升经济发展的技术效率。

表 2-17　　　　　　　　　　边强 9 省区经济发展效率省区动态

省区及均值	技术效率变动	技术进步	纯技术效率变动	规模技术效率变动	ML 指数
内蒙古	1.024	0.812	1	1.024	0.831
辽宁	1	0.765	1	1	0.765
吉林	1.007	0.788	1	1.007	0.794
黑龙江	0.980	0.759	0.961	1.020	0.744
广西	1.234	0.739	1.202	1.027	0.912
云南	1.222	0.702	1.109	1.101	0.857
西藏	1	0.745	1	1	0.745
甘肃	1	0.558	1	1	0.558
新疆	1.148	0.699	1	1.148	0.803
均值	1.064	0.726	1.028	1.035	0.773

第三章

兴边富民行动 20 年边境地区
基础设施建设

基础设施是我国边境地区发展的突出短板，也是历次兴边富民行动规划的重点内容。长期以来，受特殊的地理、历史和复杂的周边环境等因素影响，边境地区交通、水利、电力、通信等基础设施相对落后，广大边境地区居民没有与其他地区居民一样享受到便利化的基础设施服务，也不利于边防稳固和民族团结。自 2000 年启动兴边富民以来，历次兴边富民行动规划都突出基础设施建设对边境地区经济社会发展、脱贫攻坚、边防稳固、民族团结的促进作用，把边境地区基础设施建设置于优先位置和投资重点，集中力量攻克边境地区基础设施瓶颈，改善边境地区居民生产生活条件。本章试图回答如下问题：兴边富民行动实施 20 年来，兴边富民行动究竟给边境地区基础设施带来了多大变化？140 个边境县（市、区、旗）的基础设施建设水平有何差异？本章将描述 2000 年兴边富民行动实施以来边境地区基础设施建设的进展情况，评估 140 个边境县基础设施建设水平排名，总结边境地区基础设施建设的经验并提出未来展望。

一、边境地区基础设施建设进展

交通基础设施是兴边富民行动中基础设施建设的重中之重。本节将具体描述兴边富民实施 20 年来边境地区公路、铁路、机场、农村基础设施发生的巨大变化。

（一）公路建设

兴边富民行动实施以来，边境地区公路建设实现了质的飞跃，从沙石路到水泥路、柏油路、高速路，一条条公路为边境地区经济社会快速发展和民族团结增添了新动能。尤其是 2014 年以来边境县公路建设保持了较快增速，公路里程从 2014 年的 78846 千米增长至 2019 年的 173725 千米，6 年间增加了 1.2 倍（见图 3 - 1）。各个边境省份的公路里程也都有了较快增长。从总里程来看，由于新疆、内蒙古、黑龙江等省份的边境地区地域广阔，公路里程一直居于各边境地区省份的前列。广西、辽宁、甘肃的边境地区公路里程增长速度快，但由于边境地区面积相对较小，公路总里程处于各省区的末尾。从里程增速来看，2014年以来各边境省区公路里程年均增长率均超过 14%（见表 3 - 1）。尤其是甘肃、广西、西藏三省区边境地区公路里程增长最快，年均增长率分别达到 38.83%、25.81% 和 22.54%。然而，与相邻县相比，边境地区公路建设里程的差距有所扩大。

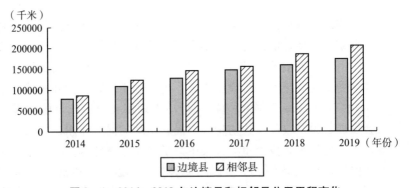

图 3 - 1　2014 ~ 2019 年边境县和相邻县公里里程变化

资料来源：Open Street Map 2014 ~ 2019 年数据，包括高速公路、国道、省道、县道、乡道等。

表 3 - 1　　　　　　　　　　　边疆 9 省区边境地区公路里程

省区	公路里程（千米）						2014 ~ 2019 年增长率（%）
	2014 年	2015 年	2016 年	2017 年	2018 年	2019 年	
新疆	26005.08	30637.24	36963.22	37729.51	46063.58	50141.55	14.03
内蒙古	17441.65	26315.24	29702.59	32237.81	38143.21	39314.83	17.65
黑龙江	11295.90	14204.46	17554.64	18341.76	20015.53	23528.19	15.81
西藏	8035.17	16645.11	18611.99	25581.80	20084.58	22198.93	22.54
云南	7454.22	9249.90	11356.64	18460.61	16254.52	17968.77	19.24
吉林	4263.82	5805.25	6518.93	7214.77	8221.51	8768.92	15.51
广西	1691.74	1999.65	2321.48	2573.63	4492.61	5331.87	25.81
辽宁	2262.07	3280.05	3861.32	3964.78	4147.93	4428.43	14.38
甘肃	396.24	681.91	1106.26	1394.62	1928.14	2043.42	38.83

资料来源：Open Street Map 2014 ~ 2019 年数据，包括高速公路、国道、省道、县道、乡道等。

具体到边境县，兴边富民行动实施20年来，各边境县公路建设都有了飞跃式发展。截至2020年，边境地区公路里程最长的五个边境县是阿拉善左旗（2769.51千米）、哈密市伊州区（1978.27千米）、额济纳旗（1730.86千米）、额尔古纳市（1600.93千米）、漠河县（1452.00千米），最短的五个边境县是丹东市元宝区（128.05千米）、阿拉山口市（180.66千米）、扎赉诺尔区（202.32千米）、绥芬河市（216.92千米）、二连浩特市（232.09千米）。公路里程增速最快的10个边境县为洛扎县、那坡县、西盟佤族自治县、定结县、浪卡子县、穆棱市、墨脱县、霍尔果斯市、芒市、东兴市。西南地区的边境县增速快于其他地区的边境县，有口岸的边境县高于没有口岸的边境县。例如，新疆霍尔果斯市受益于口岸贸易发展，增速位列第8位。

2000年以来，边境地区高速公路建设驶入了快车道，越来越多的边境县被纳入了全国高速公路网络。2005年仅有9个边境县建有高速公路，高速公路里程为649千米，且仅东港市就贡献了180千米。2010年、2015年、2020年边境县高速路里程分别为5511公里、6487公里、11301公里，5年增速依次为749%、18%、74%（见表3-2）。边境县高速公路里程增长速度快于相邻县。截至2020年6月，共有62个边境县实现高速公路通车，是2005年的将近7倍。在地区分布上，西北、东北地区的边境县高速公路增长较快。至2020年，高速公路里程最长的5个边境县为伊州区（1284千米）、额济纳旗（971千米）、阿拉善左旗（932千米）、和布克赛尔蒙古自治县（330千米）、阿图什市（297千米），全部分布在北方地区。受地形地貌限制，西南地区边境县高速公路建设仍需加强。

表3-2　　　　　　　　　　　　边境县高速公路里程

年份	边境县（千米）	5年增速（%）	相邻县（千米）	5年增速（%）
2005	649		3061	
2010	5511	749	15158	395
2015	6487	18	17105	13
2020	11301	74	22233	30

资料来源：根据高德地图（2000年/2005年/2010年/2015年/2020年）整理。

大规模的公路基础设施建设实实在在地改变了边境地区的交通网络。截至2018年底，广西边境地区公路总里程为8287公里，南宁至友谊关、东兴、靖西的高速公路建成使用，实现边境8个县（市）"县县通高速""乡乡通沥青（水泥）路""村村通公路"，边境地区乡镇和建制村通硬化路率达到100%，全部乡镇均开通客车。在西藏，2017年启动的边境村通达行动利用3年时间全面解决了边境一线地区、较少人口少数民族居住区自然村通公路问题。甘肃肃北县借助兴边富民行动政策和脱贫攻坚政策，不断加大资金投入力度，改善交通运输条件，2020 年全面实现县通高速、乡镇通省道、建制村通油路的目标。在内蒙古，20 个边境旗市区有 19 个通了高速公路和一级公路，已实现所有具备条件的苏木乡镇和建制村全部通硬化路、通客车，对俄罗斯和蒙古国开放的 12 个公路口岸全部通二级及以上公路，口岸公路交通运输网络初步形成。在黑龙江，边境地区中心城市到哈尔滨市 3 小时经济圈正在逐步形成。在吉林，10 个边境县（市）中有 7 个实现了高速公路连接，边境地区所有乡（镇）、建制村全部实现通公路。

（二）铁路建设

2000 年以来，边境地区铁路整体里程保持了较快增速。2000～2020 年边境县铁路里程从 7817 千米增长至 10408 千米，二十年间增长了 33.15%（见表 3－3）。尤其是，2000～2005 年期间，边境地区铁路建设迎来了发展最快的时期，五年间增长了 16.25%。2005～2010 年、2010～2015 年、2015～2020 年边境地区铁路里程分别增长 7.39%、4.17%、2.35%（见图 3－2），表明兴边富民行动规划对边境地区铁路建设发挥了重要的作用。

表 3－3　　　　　　　　边疆 9 省区边境地区铁路里程及其变化

省区	铁路里程（千米）					2000～2020 年增速（％）
	2000 年	2005 年	2010 年	2015 年	2020 年	
内蒙古	3858	4070	4099	4146	4146	7.47
新疆	1050	1050	1645	2006	2245	113.79
黑龙江	1538	1857	1857	1857	1857	20.72
吉林	856	1598	1598	1598	1598	86.72
辽宁	232	232	232	232	232	0.00
甘肃	153	153	153	153	153	0.00
广西	131	131	131	131	131	0.00
云南	0.00	0.00	47	47	47	0.00
西藏	0.00	0.00	0.00	0.00	0.00	0.00
合计	7817	9089	9761	10169	10408	33.15

资料来源：根据高德地图（2000 年/2005 年/2010 年/2015 年/2020 年）整理。

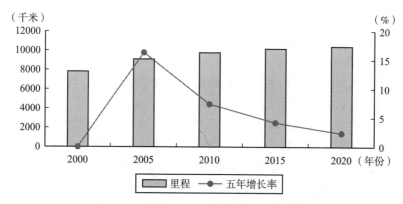

图 3 - 2　2000 ~ 2020 年边境地区铁路里程

资料来源：根据高德地图（2000 年/2005 年/2010 年/2015 年/2020 年）整理。

按省份来看，2000 年内蒙古边境地区的铁路里程最多，其次是黑龙江、新疆（见表 3 - 3）。经过 20 年的发展，边境地区铁路整体里程增长较快，其中新疆和吉林增速较快，而西南边境省份广西、云南和西藏边境县铁路基础设施仍然相对缺乏。尤其是西藏边境地区目前尚没有通达铁路。目前，各边境地区正在抓紧补足铁路建设短板。例如，新疆大力推进南疆库尔勒至格尔木、和田至若羌两大铁路项目建设，完善铁路路网结构、提升通达能力，打造以兰新高铁为主干、南北疆快速通道为两翼的铁路交通圈。广西正加快边境地区铁路建设，南宁—凭祥—同登—河内铁路国内南宁至崇左段已于 2017 年实现开工建设，防城—东兴—芒街—下龙—海防—河内铁路国内防城港至东兴段也于 2018 年底实现开工建设。云南省正全力建设起于玉溪，途径普洱、景洪，止于磨憨口岸的玉磨铁路，以及东起大理市，西经芒市至中缅边境口岸瑞丽的大瑞铁路，分别将于 2022 年和 2021 年通车。

兴边富民行动实施以来，越来越多的边境县享受到了铁路运输的便利。2000 年仅 47 个边境县建有铁路，至 2020 年有 71 个边境县建有铁路，但仍有 69 个边境县未开通铁路。未通铁路的边境县主要集中在西藏、云南、广西三个省区。新疆、内蒙古、黑龙江边境县铁路建设得益于良好的边境区位和地理条件，相比之下，西南边境县受限于地理条件，铁路建设仍然不足。2000 年，铁路里程最长的五个边境县是新疆伊州区（384 千米）、黑龙江呼玛县（288 千米）、内蒙古苏尼特右旗（259 千米）、内蒙古阿拉善左旗（214 千米）、黑龙江塔河县（203 千米）。2020 年，铁路里程最长的五个边境县是新疆伊州区（1312 千米）、内蒙古额济纳旗（1036 千米）、内蒙古阿拉善左旗（495 千米）、内蒙古苏尼特右旗（325 千米）、黑龙江呼玛县（288 千米）。过去 5 年，边境县铁路建设速度进一步加快。辽宁省东港市、内蒙古额济纳旗、内蒙古达尔罕茂明安联合旗、黑龙江同江市、内蒙古阿巴嘎旗、内蒙古新巴尔虎左旗、新疆伊州区、吉林安图县、辽宁丹东市元宝区、内蒙古阿拉善左旗、吉林图们市、辽宁丹东市振安区铁路里程增长超过 2015 年 1 倍。

党的十八大以来，边境地区高铁建设步伐加快，部分边境县进入了高铁时代。长期以来，边境地区处于铁路路网末梢，站点少、等级低、里程少，高铁建设初期都与边境地区无缘。2013 年，广西防城港市防城区成为第一个开通高铁的边境县，标志着边境地区迎来了高铁时代。2014 年，包兰高铁乌鲁木齐南至哈密段开通运营，新疆第一条高铁正式开通，哈密市伊州区正式融入全国高铁网络。此后，丹大快速铁路、长珲城际铁路、云桂铁路、哈牡高铁等线路的开通，将越来越多的边境县正式接入高铁网络，迈入高铁时代。截至 2020 年，全国共有振安区、东港市、图们市、珲春市、安图县、绥芬河市、穆棱市、防城区、富宁县、伊州区等 10 个边境区县开通了高铁（见表 3-4）。从地理位置来看，开通高铁的边境县集中在东北地区，其中吉林 3 个、辽宁 2 个、黑龙江 2 个。云南、新疆、广西分别只有 1 个边境县开通高铁，而西藏和内蒙古尚无边境县开通高铁。总体来看，已开通高铁的边境县大多处于高铁路网的末梢，开通高铁数量不多，以动车为主，通往城市主要为省会城市。大部分边境县由于自然环境相对恶劣、地广人稀，尚未被纳入全国高铁网络，有待进一步加快高铁建设才能使边民享受到在家门口乘坐高铁的便利。

表 3-4　　　　　　　　　　已开通高铁的边境地区

边境地区	开通年份	高铁线路	主要通往城市
防城区	2013	南防高铁	南宁
伊州区	2014	包兰高铁	乌鲁木齐、兰州
振安区	2015	丹大快速铁路	大连
东港市	2015	丹大快速铁路	大连
图们市	2015	长珲城际铁路	长春、吉林、延吉
珲春市	2015	长珲城际铁路	长春、吉林、延吉
安图县	2015	长珲城际铁路	长春、吉林、延吉
富宁县	2016	云桂铁路	昆明、南宁
绥芬河市	2018	哈牡高铁	哈尔滨、牡丹江
穆棱市	2018	牡绥铁路	哈尔滨、牡丹江

资料来源：国家铁路局网站。

（三）机场建设

2000 年兴边富民行动实施以来，全国边境地区机场数量日趋增多，布局逐步完善，分工日趋合理。1956 年，我国边境地区第一个机场——新疆阿勒泰机场正式通航，揭开了我国边境地区民航事业发展的新篇章。边境地区民航事业的发展与兴边富民行动、西部大开发、脱贫攻坚等国家重大发展战略的支持密不可分。2000 年兴边富民行动实施伊始，我国边境县只有西双版纳嘎洒国际机场、德宏芒市机场、丹东浪头机场、黑河瑗珲机场、和田机场、阿克苏温宿机场、塔城机场、阿勒泰机场 8 个民航机场，占全国 140 个机场的 5.71%。此时，边境地区机场主要分布在新疆（4 个）和云南（2 个），辽宁和黑龙江分别只有 1 个机场，内蒙古、西藏、广西、甘肃等 4 边境省区没有边境地区机场。兴边富民行动"十一五"规划期间（2006～2010 年），我国新建机场布局向西部地区倾斜，边境地区机场建设进入高峰期，较 2000～2005 年增长了近一倍（见图 3 - 3）。2010 年，阿里昆莎机场的开通运营使西藏边境地区拥有了第一家机场。截至2020 年，边境地区机场数量持续增长，布局越加完善，民航机场达到 25 个，是2000 年的 3 倍，占全国机场数量的 10.50%。从机场布局来看，边境机场主要分布在新疆、内蒙古、云南三个省区，分别拥有 8 个、6 个、5 个，占边境地区机场总量的近 80%。西藏只有阿里昆莎机场一个边境机场，而广西、甘肃没有边境机场。从机场等级来看，边境地区共有满洲里西郊国际机场、白山长白山机场、西双版纳嘎洒国际机场、阿里昆莎机场、和田机场 5 个 4D 机场，以及 17 个4C 机场、3 个 3C 机场（见表 3 - 5）。

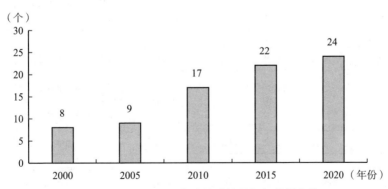

图 3 - 3　2000～2020 年我国边境县机场数量变化

资料来源：历年各民航机场生产统计公报。

表 3－5 　　　　　　　　　　　边境地区机场基本情况

机场名称	所在边境县	通航年份	机场级别	2019年旅客吞吐量（万人次）	主要通航城市
和田机场	和田县	1957	4D	159.62	北京、成都、重庆、广州、乌鲁木齐、库尔勒、喀什、郑州、阿勒泰、深圳、西安、合肥、天津、上海
西双版纳嘎洒国际机场	景洪市	1990	4D	552.43	北京、上海、天津、成都、重庆、贵阳、广州、珠海、南宁、武汉、乌鲁木齐、郑州、长沙；泰国曼谷、清迈、老挝万象、琅勃拉邦
满洲里西郊国际机场	满洲里市	2005	4D	37.51	北京、呼和浩特、天津、济南、贵阳、沈阳、乌兰巴托、伊尔库茨克、克拉斯诺亚尔斯克
白山长白山机场	抚松县	2008	4D	52.41	长春、烟台、无锡、上海
阿里昆莎机场	噶尔县	2010	4D	9.09	拉萨、西安、喀什、乌鲁木齐
阿勒泰机场	阿勒泰市	1956	4C	49.83	乌鲁木齐、喀什、伊宁、西安、库尔勒、塔城、重庆、克拉玛依
阿克苏温宿机场	温宿县	1973	4C	171.12	喀什、和田、乌鲁木齐、杭州、郑州、西安、重庆、成都、北京、兰州、青岛
黑河瑷珲机场	爱辉区	1985	4C	21.59	北京、哈尔滨、上海
丹东浪头机场	振安区	1985	4C	25.90	上海、青岛、北京
德宏芒市机场	芒市	1990	4C	212.30	北京、上海、广州、深圳、昆明、成都、西安、丽江、温州、衡阳、重庆、揭阳、长沙、曼德勒市
塔城机场	塔城市	1995	4C	33.87	阿勒泰、伊宁、库尔勒
布尔津喀纳斯机场	布尔津县	2007	4C	16.45	乌鲁木齐、喀什、伊宁、郑州、吐鲁番、库尔勒、克拉玛依、阿勒泰、博乐、富蕴、禾木、阿勒泰
漠河古莲机场	漠河县	2008	4C	8.47	哈尔滨、加格达奇、北京
哈密机场	伊州区	2008	4C	28.35	库尔勒、库车、阿克苏、呼和浩特、西宁、郑州、成都、石河子、北京
腾冲驼峰机场	腾冲市	2009	4C	136.75	昆明、成都、上海、珠海、长沙、南京、贵阳、重庆

机场名称	所在边境县	通航年份	机场级别	2019 年旅客吞吐量（万人次）	主要通航城市
二连浩特赛乌素机场	二连浩特市	2010	4C	23.20	北京、呼和浩特、通辽、赤峰、乌兰察布、锡林浩特、乌兰巴托
博乐阿拉山口机场	博乐市	2010	4C	30.37	阿克苏、阿勒泰、乌鲁木齐、库尔勒、喀什、克拉玛依
阿尔山伊尔施机场	阿尔山市	2011	4C	10.40	北京、呼和浩特、海拉尔、乌兰浩特、哈尔滨
抚远东极机场	抚远市	2014	4C	5.44	北京、上海、哈尔滨、哈巴罗夫斯克（伯力）
富蕴可可托海机场	富蕴县	2015	4C	2.15	乌鲁木齐、克拉玛依、喀纳斯
沧源佤山机场	沧源县	2016	4C	33.72	昆明、长沙
澜沧景迈机场	澜沧县	2017	4C	45.34	昆明、澜沧、丽江、重庆、普洱
阿拉善左旗巴彦浩特机场	阿拉善左旗	2013	3C	15.60	阿拉善右旗、额济纳旗、西安、呼和浩特
阿右旗巴丹吉林机场	阿拉善右旗	2013	3C	1.35	阿拉善左旗、额济纳旗
额济纳旗机场	额济纳旗	2013	3C	2.15	阿拉善左旗、西安、阿拉善右旗

资料来源：历年各民航机场生产统计公报。

边境地区民航事业在机场建设、航线布局、航行保障、飞行安全等方面持续快速发展，边民出行更加便捷安全，有力支撑了边境地区经济社会发展和边疆稳固事业。2000 年，边境地区机场全年旅客吞吐量只有 109.34 万人，货邮吞吐量为 8985.8 吨，起降架次为 1.16 万次。随着机场建设不断完善和边民生活水平不断提高，边境地区坐飞机出行的人也越来越多。到 2019 年，边境地区机场年旅客吞吐量达到 1679.38 万人次，货邮吞吐量为 4 万吨，起降架次为 26.12 万次（见图 3－4）。边境地区机场通航城市近百个，其中满洲里西郊国际机场和西双版纳嘎洒国际机场为国际机场，共开通国际航线 6 条，通往泰国、老挝、蒙古国、俄罗斯等周边国家。边境地区旅客吞吐量占全国比重从 2000 年的 8.18‰上升到 2019 年的 12.50‰，起降架次占全国比重从 2000 年的 6.63‰上升到 2019 年的 22.59‰，但货邮吞吐量占全国比重从 2000 年的 2.9‰下降到 2019 年的 2.36‰（见图 3－5）。

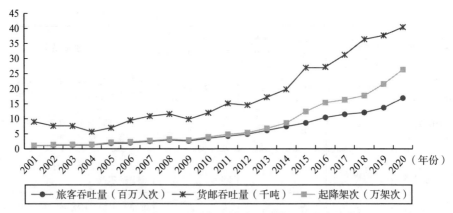

图 3-4　2001~2019 年边境地区民航机场生产统计

资料来源：历年民航机场生产统计公报。

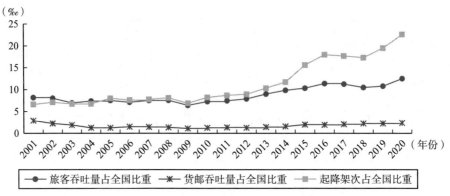

图 3-5　2001~2019 年边境地区民航机场旅客、货邮吞吐量以及起降架次占全国比重

资料来源：历年民航机场生产统计公报。

我国边境地区民航事业的发展有力促进了边境地区经济社会发展。西双版纳嘎洒国际机场、德宏芒市机场、阿克苏温宿机场、和田机场、腾冲驼峰机场是边境地区最繁忙的五大机场，年输送旅客均超过百万，年起降架次超万次。尤其是2019 年西双版纳嘎洒国际机场输送旅客达到 552.42 万人，旅客吞吐量位列全国46 名。西双版纳嘎洒国际机场、德宏芒市机场、阿克苏温宿机场吞吐量分别达到 552.42 万人、212.3 万人、171.12 万人，起降架次分别为 43034 架次、18160架次、17356 架次，货邮吞吐量分别为 8418.2 吨、10758.9 吨、8252.7 吨。旅客吞吐量为 10 万~50 万人的边境地区机场共有 14 个，10 万人以下的机场有 6 个。在除阿拉善右旗机场之外 24 个货邮吞吐机场中，超过千吨货邮吞吐量的机场有 5个，100 吨~1000 吨的有 11 个，余下的 8 个机场货邮吞吐量不足 100 吨。起降架次方面，起降架次超过万次的机场有 7 个，1000~10000 次之间的机场有 15

个，不足 1000 次的机场有 3 个。从全国 238 个民航机场来看，旅客吞吐量在 100 名之前的边境机场只有 5 个，100～200 名之间的有 12 个，200 名之后的有 8 个；货邮吞吐量在 100 名之前的有 5 个，100～200 名之前的有 11 个，200 名之后的有 9 个；起降架次在 100 名之前的有 4 个，100～200 名之间的有 14 个，200 名之后的有 7 个。

（四）农村基础设施建设

补齐边境地区农村基础设施短板，努力实现边境地区农村路、水、电、网等基本基础设施全覆盖，是兴边富民行动、西部大开发、脱贫攻坚等国家重大发展战略的重要目标。2000 年以来，边境地区以实施兴边富民行动、西部大开发、脱贫攻坚为契机，大力实施基础设施建设工程，全面提升农村基础设施整体水平，边境地区基础设施得到较大提升，极大改善了农村居民的生产生活条件。"三区三州"范围的边境地区在 2020 年全面完成脱贫攻坚关于贫困村基础设施和基本公共服务（路、水、电、网）全覆盖的任务。

各边境省区聚焦边境地区农村交通基础设施短板，优先安排农村尤其是贫困村交通建设项目及资金，确保边境地区 2020 年如期实现具备条件的乡镇和建制村通硬化路。吉林、辽宁边境地区在兴边富民行动"十二五"规划期间就实现了所有建制村通等级公路，交通基础设施建设得到了较好改善。黑龙江省包括边境地区村庄在内的所有村庄已全部实现"三通三有"（通硬化路、通宽带、通广播电视、有卫生室、有医生、有文化活动场所）和安全饮水。2017 年，云南省全面完成包括全省建制村通硬化路建设，实现所有建制村通硬化路，建制村通邮率实现 100%，并在 2020 年实现云南省"直过民族"地区和沿边地区 20 户以上自然村通硬化路。至 2018 年底，广西边境地区公路总里程 8287 公里，边境地区乡镇和建制村通硬化路率达到 100%，全部乡镇均开通客车。内蒙古所有苏木乡镇和具备条件的嘎查村全部通沥青水泥路，苏木乡镇通客车率 100%。2019 年随着克孜勒苏柯尔克孜自治州阿克陶县塔尔塔吉克族乡和阿克苏市柳源农场片区管委会下辖 5 个行政村硬化道路交工，新疆实现了所有乡镇及具备条件的建制村 100% 通硬化路。由于生态环境脆弱、地形条件复杂，交通建设难度大、成本高，边境地区余下的交通扶贫脱贫任务集中在西藏。2019 年，西藏具备条件的乡镇、建制村通客车率分别达到 70% 和 47%；2020 年，具备条件的乡镇、建制村通畅率分别达到 95% 和 75%，农牧民群众出行难问题得到了有效解决。

饮水安全方面，各边境省区积极将兴边富民行动与脱贫攻坚相结合，加快实施农村牧区饮水安全巩固提升工程，在 2020 年全部解决边境地区农村居民饮水安全问题。吉林和广西已全面解决了农村饮水安全问题，边境地区越来越多的农民用上了干净放心的自来水。辽宁全面实施农村安全饮水工程，边境地区建成饮水安全工程4389处，饮水安全普及程度为100%。"十二五"规划以来，黑龙江将18个边境县（市、区）全部列入农村饮水安全工程建设规划，解决了49.57万农村居民、2.68万农村学校师生饮水安全问题。内蒙古针对边境牧区特殊的自然地理条件和生产生活方式，实施了牧区储水窖工程，工程以打筒井和供水基本井为主，自来水和储水窖为补充，让边民喝上"放心水"。新疆在2020年全面完成农村饮水安全巩固提升工程，基本解决农村饮水困难和饮水安全问题，有效保障深度贫困地区农牧业生产用水。西藏和云南全力攻克贫困地区特别是深度贫困地区饮水安全问题堡垒，2020年底所有建档立卡贫困人口饮水安全问题得以基本解决，为兴边富民和乡村振兴提供农村饮水安全支撑。

边境地区正全力推进农村网络建设攻坚，在2020年基本实现网络全覆盖。2018年9月，云南省人民政府办公厅印发了《云南省深入实施兴边富民工程改善沿边群众生产生活条件三年行动计划（2018—2020年）》，将推进实施边境乡镇行政村（社区）通宽带、自然村和重要交通沿线通信信号覆盖工程作为一项重要内容，并在2020年基本实现边境乡镇行政村（社区）广播电视网络全覆盖。广西边境地区87个乡镇已全部实现有线光纤联网，联网率100%，边境地区已基本完成农村网络数字化转换，数字电视总户数达到11.3万户，实现了边境0~20公里范围内农村广播电视数字化、双向宽带化。内蒙古重点支持扩大光纤宽带网络和移动4G网络在边境地区的有效覆盖，行政村通宽带比例已达到98%，边境地区通信网络基础设施落后的面貌得到了彻底改变。黑龙江全力完善边境地区农村综合信息服务体系，加快推进信息进村入户，到2020年基本实现行政村通宽带、20户以上自然村和重要交通沿线通信信号覆盖，实现边境地区农村广播电视、信息网络全覆盖。西藏聚焦深度贫困村通宽带，在2019年底实现具备条件的贫困村宽带全覆盖。

二、边境地区基础设施建设水平指标评价体系

本部分从省级和县级两个层面，构造指标体系评价边境地区基础设施建设水平，并分析其排名。

（一）评价指标选取和评价方法

在省级指标方面，构建了边境地区省级基础设施建设水平指标（见表3-6）。该指标体系由"道路密度""铁路密度""高速密度""高铁站和机场密度"四

个指标构成，其权重都是25%。具体的评价步骤如下：首先，对9个边境省份边境县的行政面积、道路长度、铁路长度、高速长度、高铁站点数及飞机场个数，进行分省份统计以获得分省份汇总值。其次，根据交通密度公式，即交通密度 = 交通方式长度/行政区域面积，得到道路密度、铁路密度、高速密度及高铁站和机场密度四个密度数值。再次，找出道路密度、铁路密度、高速密度、高铁站和机场密度四个指标的最大值。按照公式（3-1），对各省份边境区域道路密度、铁路密度、高速密度及高铁和机场密度四个密度数值打分。最后，加总上述4个密度得分值以获得总分。

$$Q_j = x_{ij}/\max(x_{ij}) \times 25 \qquad j = 1, 2, 3, 4 \qquad (3-1)$$

表3-6   边境地区省级基础设施建设水平指标

二级指标	三级指标	权重（%）
省级基础设施建设水平指标	道路密度	25
	铁路密度	25
	高速密度	25
	高铁站和机场密度	25

在县级指标方面，本章构建了边境县基础设施建设水平排名指标体系（见表3-7）。该指标体系由四个指标构成，分别为"道路密度""铁路密度""高速密度""是否有高铁站或机场"。边境县基础设施建设水平满分为100分，每一项占25%的权重，通过加总各指标评分，汇总成各边境县基础设施建设水平总分数。对于"道路密度""铁路密度""高速密度"这三个指标，每个边境县的单项指标评分等于$25 \times (X_i/X_{max})$，其中X_i为该边境县的数量值，X_{max}为所有边境县的最高数量值。例如，丹东市振兴区在140个边境县中拥有最高的公路密度（3.2公里/平方千米），而丹东市元宝区公路密度为1.584公里/平方千米，因此丹东市振兴区公路分值为25分，元宝区公路分值为25 × （1.584/3.2） = 12.37。对于"是否有高铁站或机场"，如边境县辖区内建有高铁站或机场，则该项分值为25分，否则为0分。例如，图们市建有高铁站，因此"高铁站或机场"的分值为25分，凭祥市既无高铁站也无机场，因此该项分值为0分。最终，加总各个边境县四个指标的分值，得到各个边境县基础设施建设水平总分数。

表 3 - 7 　　　　　　　　　　　　　　边境县基础设施建设水平指标

二级指标	三级指标	权重（%）
边境县基础设施建设水平指标	道路密度	25
	铁路密度	25
	高速密度	25
	是否有高铁站或机场	25

（二）数据来源

由于缺乏边境县基础设施的专门数据统计，本章主要采取了以下三个途径来获取相关资料：一是边境县道路数据使用 Open Street Map 2020 年数据。Open Street Map（OSM），是在 2004 年 7 月由史蒂夫·克斯特始创。2006 年 4 月，Open Street Map 基金会成立，鼓励自由地理数据的增长、发展和分布，并向所有人提供地理数据以供使用及分享。道路表示各种各样的道路，包括高速公路、国道、省道、县道、乡道等。二是铁路、高速数据来自高德地图解译。三是机场和高铁站数据分别来自国家民航局和国家铁路局官方网站。

（三）评价结果

表 3 - 8 展示了边境地区 9 个省级行政区 2020 年基础设施建设水平的各项指标得分及排名情况。辽宁在 9 个省区中排名第一，各项得分和总分都是最高的，表明辽宁的边境地区在我国边境地区中拥有最发达和完备的基础设施。吉林和广西分列第二、第三名，但总得分不及辽宁的一半，这表明吉林和广西边境地区的基础设施建设虽然有了一定程度的发展，但仍有待完善。云南位列第四名，但分数仅为同为南方边境省区的广西的一半多。黑龙江位列第五名，与同为东北地区的辽宁、吉林两省差距较大。新疆、内蒙古、西藏、甘肃的边境地区地广人稀、地形复杂，基础设施建设难度大、成本高，因此排名位列后四名。尤其是内蒙古、西藏、甘肃三地的总分不到 10 分，表明其基础设施建设水平仍然较为落后，有待加强。基于交通路网密度的角度，建议重点加强新疆、内蒙古、西藏、甘肃四个省区的边境地区交通路网建设。

表 3 - 8 　　　　　　　2020 年边境地区各省份基础设施水平评分和排名

省份	道路密度	铁路密度	高速密度	高铁和机场密度	总分	排名
辽宁	25.00	25.00	25.00	25.00	100.00	1
吉林	14.86	15.77	7.31	8.11	46.05	2
广西	17.05	5.48	17.02	4.28	43.82	3
云南	12.14	0.86	5.02	5.07	23.09	4
黑龙江	8.62	6.84	3.26	2.24	20.96	5
新疆	4.47	2.31	2.32	1.12	10.22	6
内蒙古	3.67	3.90	1.69	0.79	10.06	7
西藏	3.42	0.00	0.00	0.22	3.64	8
甘肃	0.08	0.07	0.08	0.00	0.22	9

　　表 3 - 9 展示了 140 个边境县 2020 年基础设施建设水平的各项指标得分及排名情况。丹东市振兴区公路基础设施得分最高，丹东市元宝区和二连浩特市分列第二、第三位。除了振兴区、元宝区、二连浩特市公路基础设施建设分值超过 10 分之外，其他 137 个边境县的得分都较低，甚至有 63 个边境县的公路基础设施得分不超过 1 分，表明边境地区的公路路网密度仍然处于较低水平，内部差距较大。铁路指标方面，丹东市振兴区、元宝区、图们市分列第一、第二、第三位，但除了振兴区、元宝区，其他 138 个边境县的铁路基础设施分值都低于 10 分，140 个边境县铁路基础设施平均得分为 0.91 分，这表明边境地区铁路基础设施十分薄弱。尤其是仅有 29 个边境县的铁路基础设施得分超过 1 分，有 69 个边境县的铁路基础设施分值为 0 分，至今未通铁路。高速公路指标方面，丹东市元宝区、振安区、河口瑶族自治县分列第一、第二、第三位。但除了元宝区之外，其他 139 个边境县的高速公路得分均低于 10 分，仅有 35 个边境县的高速公路得分高于 1 分。尤其是 78 个边境县尚未通高速公路，此项为零分，边境地区高速公路基础设施仍然相对薄弱，与其他地区的差距较大。高铁站或机场是边境县融入全国交通网络的重要纽带。然而绝大部分边境县既不通高铁，也未建有机场，只有 33 个边境县在该指标中拥有分数。高铁站或机场建设拉高了这些边境县的整体排名，使之全部集中在 35 名以前。满洲里市扎赉诺尔区为满洲里代管，距满洲里机场较近，因此满洲里市和扎赉诺尔区同时拥有高铁站或机场指标的分数。值得注意的是，丹东市振安和哈密市伊州区是同时拥有机场和高铁站的边境县，跨区域的交通网络最为便利。

表 3 - 9　　140 个边境县 2020 年基础设施建设水平各项指标得分及排名

边境县	公路	铁路	高速公路	机场/高铁站	总分	排名
元宝区	12.37	19.56	25.00	0.00	56.94	1
振兴区	25.00	25.00	3.37	0.00	53.37	2
振安区	5.62	5.60	7.65	25.00	43.88	3
图们市	5.04	7.70	5.17	25.00	42.90	4
满洲里市	9.29	4.35	2.09	25.00	40.73	5
二连浩特市	10.63	3.86	0.00	25.00	39.48	6
东港市	6.15	3.01	4.97	25.00	39.14	7
绥芬河市	4.10	6.16	2.10	25.00	37.36	8
扎赉诺尔区	5.92	3.21	0.00	25.00	34.13	9
防城区	3.29	1.09	3.18	25.00	32.56	10
芒市	3.59	0.00	3.57	25.00	32.16	11
抚松县	2.54	1.41	2.50	25.00	31.46	12
抚远市	3.10	1.24	2.05	25.00	31.40	13
富宁县	1.56	0.86	2.51	25.00	29.93	14
穆棱市	2.05	1.66	1.00	25.00	29.70	15
塔城市	3.04	0.00	1.52	25.00	29.56	16
珲春市	2.14	1.07	0.86	25.00	29.06	17
安图县	1.27	1.48	0.67	25.00	28.42	18
景洪市	1.80	0.00	1.51	25.00	28.30	19
腾冲市	1.83	0.00	0.86	25.00	27.69	20
博乐市	1.34	0.12	1.15	25.00	27.61	21
伊州区	0.55	1.03	0.84	25.00	27.43	22
漠河县	1.58	0.59	0.00	25.00	27.17	23
沧源佤族自治县	2.14	0.00	0.00	25.00	27.14	24
阿勒泰市	1.18	0.37	0.56	25.00	27.10	25
温宿县	0.77	0.42	0.77	25.00	26.96	26
阿尔山市	0.66	1.29	0.00	25.00	26.95	27
爱辉区	0.95	0.42	0.47	25.00	26.84	28
额济纳旗	0.40	0.75	0.58	25.00	26.73	29
阿拉善左旗	0.67	0.39	0.62	25.00	26.68	30

续表

边境县	公路	铁路	高速公路	机场/高铁站	总分	排名
澜沧拉祜族自治县	1.23	0.00	0.00	25.00	26.23	31
布尔津县	0.84	0.00	0.00	25.00	25.84	32
噶尔县	0.73	0.00	0.00	25.00	25.73	33
和田县	0.56	0.02	0.00	25.00	25.57	34
富蕴县	0.48	0.00	0.00	25.00	25.48	35
阿拉善右旗	0.22	0.09	0.15	25.00	25.46	36
凭祥市	4.30	4.11	6.38	0.00	14.80	37
瑞丽市	8.29	0.00	5.85	0.00	14.13	38
东兴市	9.28	0.00	3.32	0.00	12.60	39
河口瑶族自治县	3.45	2.00	6.94	0.00	12.40	40
龙井市	2.79	3.24	2.42	0.00	8.45	41
可克达拉市	5.43	1.06	1.43	0.00	7.93	42
靖西市	2.52	0.33	4.21	0.00	7.06	43
鸡东县	3.80	0.85	2.03	0.00	6.68	44
霍城县	3.39	0.55	2.59	0.00	6.53	45
宽甸满族自治县	2.40	1.33	2.15	0.00	5.88	46
孙吴县	1.73	1.47	1.98	0.00	5.18	47
同江市	2.74	1.26	1.04	0.00	5.03	48
浑江区	3.14	1.78	0.00	0.00	4.92	49
龙陵县	2.25	0.00	2.44	0.00	4.68	50
密山市	2.14	0.60	1.73	0.00	4.47	51
宁明县	2.28	0.87	1.32	0.00	4.46	52
临江市	3.04	1.25	0.00	0.00	4.29	53
那坡县	2.29	0.00	1.73	0.00	4.03	54
霍尔果斯市	3.24	0.23	0.45	0.00	3.92	55
大新县	1.76	0.00	2.10	0.00	3.86	56
虎林市	1.80	0.86	1.18	0.00	3.84	57
和龙市	2.10	1.29	0.21	0.00	3.60	58
东宁市	1.18	1.28	0.58	0.00	3.04	59
长白朝鲜族自治县	2.92	0.00	0.00	0.00	2.92	60

续表

边境县	公路	铁路	高速公路	机场/高铁站	总分	排名
集安市	1.85	0.94	0.00	0.00	2.79	61
阿拉山口市	1.12	1.58	0.00	0.00	2.71	62
麻栗坡县	2.64	0.00	0.00	0.00	2.64	63
陇川县	2.46	0.00	0.08	0.00	2.54	64
额敏县	1.38	0.00	0.96	0.00	2.34	65
勐海县	2.32	0.00	0.00	0.00	2.32	66
阿图什市	0.87	0.32	1.01	0.00	2.20	67
亚东县	2.19	0.00	0.00	0.00	2.19	68
绿春县	2.16	0.00	0.00	0.00	2.16	69
龙州县	2.16	0.00	0.00	0.00	2.16	70
勐腊县	1.90	0.00	0.25	0.00	2.15	71
察布查尔锡伯自治县	2.10	0.00	0.00	0.00	2.10	72
绥滨县	2.10	0.00	0.00	0.00	2.10	73
马关县	1.96	0.13	0.00	0.00	2.09	74
科尔沁右翼前旗	0.77	0.92	0.35	0.00	2.04	75
西盟佤族自治县	2.02	0.00	0.00	0.00	2.02	76
金平苗族瑶族傣族自治县	1.91	0.00	0.00	0.00	1.91	77
苏尼特右旗	0.59	0.79	0.45	0.00	1.82	78
塔河县	0.76	0.92	0.00	0.00	1.68	79
孟连傣族拉祜族佤族自治县	1.68	0.00	0.00	0.00	1.68	80
饶河县	1.67	0.00	0.00	0.00	1.67	81
奇台县	1.07	0.16	0.42	0.00	1.65	82
耿马傣族佤族自治县	1.63	0.00	0.00	0.00	1.63	83
盈江县	1.62	0.00	0.00	0.00	1.62	84
江城哈尼族彝族自治县	1.61	0.00	0.00	0.00	1.61	85
和布克赛尔蒙古自治县	0.60	0.39	0.61	0.00	1.60	86
萝北县	1.37	0.16	0.00	0.00	1.53	87
镇康县	1.49	0.00	0.00	0.00	1.49	88
哈巴河县	1.37	0.00	0.00	0.00	1.37	89
乌拉特中旗	0.75	0.60	0.00	0.00	1.35	90

续表

边境县	公路	铁路	高速公路	机场/高铁站	总分	排名
达尔罕茂明安联合旗	0.98	0.35	0.00	0.00	1.32	91
木垒哈萨克自治县	0.67	0.00	0.62	0.00	1.29	92
额尔古纳市	1.07	0.14	0.00	0.00	1.20	93
泸水市	1.14	0.00	0.00	0.00	1.14	94
岗巴县	1.13	0.00	0.00	0.00	1.13	95
呼玛县	0.56	0.57	0.00	0.00	1.12	96
定结县	1.08	0.00	0.00	0.00	1.08	97
托里县	0.54	0.00	0.53	0.00	1.07	98
新巴尔虎左旗	0.61	0.45	0.00	0.00	1.05	99
陈巴尔虎旗	0.70	0.35	0.00	0.00	1.05	100
阿巴嘎旗	0.49	0.35	0.18	0.00	1.01	101
浪卡子县	0.99	0.00	0.00	0.00	0.99	102
康马县	0.96	0.00	0.00	0.00	0.96	103
嘉荫县	0.95	0.00	0.00	0.00	0.95	104
贡山独龙族怒族自治县	0.93	0.00	0.00	0.00	0.93	105
昭苏县	0.92	0.00	0.00	0.00	0.92	106
逊克县	0.57	0.34	0.00	0.00	0.91	107
吉木乃县	0.90	0.00	0.00	0.00	0.90	108
裕民县	0.89	0.00	0.00	0.00	0.89	109
乌恰县	0.61	0.00	0.27	0.00	0.88	110
福贡县	0.87	0.00	0.00	0.00	0.87	111
吉隆县	0.86	0.00	0.00	0.00	0.86	112
普兰县	0.85	0.00	0.00	0.00	0.85	113
札达县	0.85	0.00	0.00	0.00	0.85	114
苏尼特左旗	0.42	0.42	0.00	0.00	0.84	115
叶城县	0.65	0.13	0.06	0.00	0.83	116
福海县	0.41	0.15	0.25	0.00	0.81	117
洛扎县	0.81	0.00	0.00	0.00	0.81	118
定日县	0.80	0.00	0.00	0.00	0.80	119
四子王旗	0.76	0.00	0.00	0.00	0.76	120

续表

边境县	公路	铁路	高速公路	机场/高铁站	总分	排名
青河县	0.74	0.00	0.00	0.00	0.74	121
肃北蒙古族自治县	0.29	0.18	0.27	0.00	0.73	122
聂拉木县	0.71	0.00	0.00	0.00	0.71	123
阿克陶县	0.59	0.08	0.00	0.00	0.67	124
乌什县	0.66	0.00	0.00	0.00	0.66	125
萨嘎县	0.61	0.00	0.00	0.00	0.61	126
新巴尔虎右旗	0.60	0.00	0.00	0.00	0.60	127
皮山县	0.36	0.23	0.00	0.00	0.59	128
温泉县	0.57	0.00	0.00	0.00	0.57	129
塔什库尔干塔吉克自治县	0.56	0.00	0.00	0.00	0.56	130
乌拉特后旗	0.48	0.06	0.00	0.00	0.54	131
伊吾县	0.53	0.00	0.00	0.00	0.53	132
东乌珠穆沁旗	0.43	0.07	0.00	0.00	0.50	133
巴里坤哈萨克自治县	0.41	0.00	0.00	0.00	0.41	134
察隅县	0.39	0.00	0.00	0.00	0.39	135
阿合奇县	0.38	0.00	0.00	0.00	0.38	136
仲巴县	0.38	0.00	0.00	0.00	0.38	137
错那县	0.35	0.00	0.00	0.00	0.35	138
日土县	0.32	0.00	0.00	0.00	0.32	139
墨脱县	0.12	0.00	0.00	0.00	0.12	140

　　根据排名，元宝区、振兴区、振安区、图们市、满洲里市、二连浩特市、东港市、绥芬河市、扎赉诺尔区、防城区的基础设施建设水平位列140个边境县的前10位。排名前10位的边境县全部为县级市或者市辖区，显然与当地较为发达的经济发展水平有关。除了防城区属南方地区之外，其他9个边境县全部属于北方地区，尤其是东北地区，表明东北地区的基础设施建设整体水平较高。位列前3位的元宝区、振兴区、振安区全部同属于辽宁省丹东市，反映了丹东市具有较为便利的交通基础设施建设水平。然而，除了排名前两位的元宝区、振兴区之外，其他边境县的分数都低于50分，边境县基础设施建设水平仍然有待加强。乌拉特后旗、伊吾县、东乌珠穆沁旗、巴里坤哈萨克自治县、察隅县、阿合奇县、仲巴县、错那县、日土县、墨脱县为基础设施建设水平倒数10位的边境县，

全部来自西藏（5 个）、新疆（3 个）、内蒙古（2 个），其基础设施建设需要政府给予高度重视。尤其是西藏仲巴县、错那县、日土县、墨脱县的基础设施水平位列所有边境县倒数 4 位，亟待给予特别重视。

（四）稳健性检验

为尽可能确保以上打分结果（25%、25%、25%、25%）的稳健性，本章使用因子分析方法做进一步检验。步骤如下：对 X_1 道路密度、X_2 铁路密度、X_3 高速密度及 X_4 高铁或者机场是否设立四个变量，先进行标准化处理，再使用因子分析方法进行降维处理。提取方法为主成分法，旋转方法为最大方差法，得分值使用回归值，KMO 值为 0.648，显著性为 0.000。考虑到特征值分别为 2.378、0.975、0.497 及 0.150，分别尝试特征值大于 1 及特征值为 0.975（两个成分），发现提取两个成分方式及单成分方式所得结果与打分结果相近（具体结果见表 3 - 10）。

表 3 - 10　　　　　　　　　　不同评价方法的结果比较

排名	打分排序	因子分析（双组件）	因子分析（单组件）
1	元宝区	元宝区	元宝区
2	振兴区	振兴区	振兴区
3	振安区	振安区	振安区
4	图们市	图们市	图们市
5	满洲里市	满洲里市	满洲里市
6	二连浩特市	二连浩特市	二连浩特市
7	东港市	东港市	东港市
8	绥芬河市	绥芬河市	凭祥市
9	扎赉诺尔区	扎赉诺尔区	瑞丽市
10	防城区	凭祥市	绥芬河市
11	芒市	瑞丽市	东兴市
12	抚松县	防城区	河口瑶族自治县
13	抚远市	芒市	扎赉诺尔区
14	富宁县	抚松县	防城区
15	穆棱市	抚远市	芒市
16	塔城市	东兴市	龙井市

续表

排名	打分排序	因子分析（双组件）	因子分析（单组件）
17	珲春市	河口瑶族自治县	抚松县
18	安图县	富宁县	可克达拉市
19	景洪市	穆棱市	抚远市
20	腾冲市	塔城市	靖西市
21	博乐市	珲春市	鸡东县
22	伊州区	安图县	霍城县
23	漠河县	景洪市	富宁县
24	沧源佤族自治县	腾冲市	穆棱市
25	阿勒泰市	博乐市	阿尔山市
26	温宿县	伊州区	塔城市
27	阿尔山市	阿尔山市	宽甸满族自治县
28	爱辉区	漠河县	珲春市
29	额济纳旗	沧源佤族自治县	孙吴县
30	阿拉善左旗	阿勒泰市	同江市
31	澜沧拉祜族自治县	龙井市	浑江区
32	布尔津县	温宿县	安图县
33	噶尔县	爱辉区	景洪市
34	和田县	额济纳旗	龙陵县
35	富蕴县	阿拉善左旗	密山市
36	阿拉善右旗	可克达拉市	宁明县
37	凭祥市	澜沧拉祜族自治县	临江市
38	瑞丽市	布尔津县	腾冲市
39	东兴市	噶尔县	博乐市
40	河口瑶族自治县	靖西市	那坡县
41	龙井市	和田县	伊州区
42	可克达拉市	富蕴县	霍尔果斯市
43	靖西市	阿拉善右旗	大新县
44	鸡东县	鸡东县	虎林市
45	霍城县	霍城县	漠河县
46	宽甸满族自治县	宽甸满族自治县	沧源佤族自治县

续表

排名	打分排序	因子分析（双组件）	因子分析（单组件）
47	孙吴县	孙吴县	和龙市
48	同江市	同江市	阿勒泰市
49	浑江区	浑江区	温宿县
50	龙陵县	龙陵县	爱辉区
51	密山市	密山市	额济纳旗
52	宁明县	宁明县	阿拉善左旗
53	临江市	临江市	东宁市
54	那坡县	那坡县	长白朝鲜族自治县
55	霍尔果斯市	霍尔果斯市	集安市
56	大新县	大新县	阿拉山口市
57	虎林市	虎林市	澜沧拉祜族自治县
58	和龙市	和龙市	麻栗坡县
59	东宁市	东宁市	陇川县
60	长白朝鲜族自治县	长白朝鲜族自治县	布尔津县
61	集安市	集安市	额敏县
62	阿拉山口市	阿拉山口市	勐海县
63	麻栗坡县	麻栗坡县	噶尔县
64	陇川县	陇川县	阿图什市
65	额敏县	额敏县	亚东县
66	勐海县	勐海县	绿春县
67	阿图什市	阿图什市	龙州县
68	亚东县	亚东县	勐腊县
69	绿春县	绿春县	察布查尔锡伯自治县
70	龙州县	龙州县	绥滨县
71	勐腊县	勐腊县	马关县
72	察布查尔锡伯自治县	察布查尔锡伯自治县	和田县
73	绥滨县	绥滨县	科尔沁右翼前旗
74	马关县	马关县	西盟佤族自治县
75	科尔沁右翼前旗	科尔沁右翼前旗	富蕴县
76	西盟佤族自治县	西盟佤族自治县	阿拉善右旗

续表

排名	打分排序	因子分析（双组件）	因子分析（单组件）
77	金平苗族瑶族傣族自治县	金平苗族瑶族傣族自治县	金平苗族瑶族傣族自治县
78	苏尼特右旗	苏尼特右旗	苏尼特右旗
79	塔河县	孟连傣族拉祜族佤族自治县	塔河县
80	孟连傣族拉祜族佤族自治县	塔河县	孟连傣族拉祜族佤族自治县
81	饶河县	饶河县	饶河县
82	奇台县	奇台县	奇台县
83	耿马傣族佤族自治县	耿马傣族佤族自治县	耿马傣族佤族自治县
84	盈江县	盈江县	盈江县
85	江城哈尼族彝族自治县	江城哈尼族彝族自治县	江城哈尼族彝族自治县
86	和布克赛尔蒙古自治县	和布克赛尔蒙古自治县	和布克赛尔蒙古自治县
87	萝北县	萝北县	萝北县
88	镇康县	镇康县	镇康县
89	哈巴河县	哈巴河县	哈巴河县
90	乌拉特中旗	乌拉特中旗	乌拉特中旗
91	达尔罕茂明安联合旗	达尔罕茂明安联合旗	达尔罕茂明安联合旗
92	木垒哈萨克自治县	木垒哈萨克自治县	木垒哈萨克自治县
93	额尔古纳市	额尔古纳市	额尔古纳市
94	泸水市	泸水市	泸水市
95	岗巴县	岗巴县	呼玛县
96	呼玛县	呼玛县	岗巴县
97	定结县	定结县	定结县
98	托里县	托里县	托里县
99	新巴尔虎左旗	新巴尔虎左旗	新巴尔虎左旗
100	陈巴尔虎旗	陈巴尔虎旗	陈巴尔虎旗
101	阿巴嘎旗	阿巴嘎旗	阿巴嘎旗
102	浪卡子县	浪卡子县	浪卡子县
103	康马县	康马县	康马县
104	嘉荫县	嘉荫县	嘉荫县
105	贡山独龙族怒族自治县	贡山独龙族怒族自治县	贡山独龙族怒族自治县
106	昭苏县	昭苏县	昭苏县

续表

排名	打分排序	因子分析（双组件）	因子分析（单组件）
107	逊克县	逊克县	逊克县
108	吉木乃县	吉木乃县	吉木乃县
109	裕民县	裕民县	裕民县
110	乌恰县	乌恰县	乌恰县
111	福贡县	福贡县	福贡县
112	吉隆县	吉隆县	吉隆县
113	普兰县	普兰县	普兰县
114	札达县	札达县	苏尼特左旗
115	苏尼特左旗	苏尼特左旗	札达县
116	叶城县	叶城县	叶城县
117	福海县	福海县	福海县
118	洛扎县	洛扎县	洛扎县
119	定日县	定日县	定日县
120	四子王旗	四子王旗	四子王旗
121	青河县	青河县	青河县
122	肃北蒙古族自治县	肃北蒙古族自治县	肃北蒙古族自治县
123	聂拉木县	聂拉木县	聂拉木县
124	阿克陶县	阿克陶县	阿克陶县
125	乌什县	乌什县	乌什县
126	萨嘎县	萨嘎县	萨嘎县
127	新巴尔虎右旗	新巴尔虎右旗	新巴尔虎右旗
128	皮山县	皮山县	皮山县
129	温泉县	温泉县	温泉县
130	塔什库尔干塔吉克自治县	塔什库尔干塔吉克自治县	塔什库尔干塔吉克自治县
131	乌拉特后旗	乌拉特后旗	乌拉特后旗
132	伊吾县	伊吾县	伊吾县
133	东乌珠穆沁旗	东乌珠穆沁旗	东乌珠穆沁旗
134	巴里坤哈萨克自治县	巴里坤哈萨克自治县	巴里坤哈萨克自治县
135	察隅县	察隅县	察隅县
136	阿合奇县	阿合奇县	阿合奇县

排名	打分排序	因子分析（双组件）	因子分析（单组件）
137	仲巴县	仲巴县	仲巴县
138	错那县	错那县	错那县
139	日土县	日土县	日土县
140	墨脱县	墨脱县	墨脱县

双组件提取情况如下：

$$Z_i = (59.444\% / 83.832\%) \times FACTOR_{i1} + (24.387\% / 83.832\%) \times FACTOR_{i2}$$

其中，Z_i 为双组件提取情况下的得分值；组件 1 $FACTOR_{i1}$ 由 X_1 道路密度、X_2 铁路密度及 X_3 高速密度构成；组件 2 $FACTOR_{i2}$ 由 X_4 高铁或者机场是否设立构成。

单组件提取情况如下：

$$Z_j = FACTOR_{j1}$$

其中，Z_j 为单组件提取情况下的得分值；组件 1 $FACTOR_{j1}$ 由 X_1 道路密度、X_2 铁路密度以及 X_3 高速密度构成，忽略 X_4 高铁或机场是否设立变量。

综合比较三种评价排序结果，发现前 10 位结果基本一致，60 位以后的结果基本一致，尤其是 100 位以后的结果完全一致。因此，初步判定以下 40 个边境县需要进一步加强基础交通路网建设，包括：阿巴嘎旗、浪卡子县、康马县、嘉荫县、贡山独龙族怒族自治县、昭苏县、逊克县、吉木乃县、裕民县、乌恰县、福贡县、吉隆县、普兰县、札达县、苏尼特左旗、叶城县、福海县、洛扎县、定日县、四子王旗、青河县、肃北蒙古族自治县、聂拉木县、阿克陶县、乌什县、萨嘎县、新巴尔虎右旗、皮山县、温泉县、塔什库尔干塔吉克自治县、乌拉特后旗、伊吾县、东乌珠穆沁旗、巴里坤哈萨克自治县、察隅县、阿合奇县、仲巴县、错那县、日土县以及墨脱县。根据上述结果，建议各级政府、部门及单位应该加强对上述边境县的基础道网建设的政策、项目及资金倾斜。当然，受限于县级路网数据的缺失，以及人口因素（人口流动及分布）的复杂性，本章的讨论有待于进一步的长期研究与完善。

三、边境地区基础设施建设基市经验与展望

2000 年以来，中央相关部委、边境地区各级党委和政府按照历次兴边富民行动规划统一部署，聚焦边境地区基础设施薄弱问题，尽锐出击，边境地区公路、铁路、机场、农村基础设施建设步伐明显加快，居民生产生活条件改善显

著，居民获得感明显增强。基础设施建设在一个又一个五年兴边富民行动规划的接力中变成现实。高速公路里程从 2005 年的 649 千米增长至 2020 年的 11301 千米；铁路里程从 2000 年的 7817 千米增长至 2020 年的 10408 千米；机场数量从 2000 年的 8 个增长至 2020 年的 24 个；机场航旅客人数从 2000 年的 109 万人次增长至 2019 年的 1679 万人次。边境地区农村 20 户以上村屯基本通屯级路，全部解决居民饮水难和饮水安全问题，实现村村通电、通电话、通广播电视、通网络，并在 2020 年如期完成了脱贫攻坚任务，与全国一道同步实现全面建成小康社会。

（一）经验启示

边境地区基础设施建设事业体现了中国特色社会主义制度的巨大优越性，诠释了兴边富民行动事业的无限魅力。边境地区基础设施建设 20 年的跨越式发展历程具有以下几点经验启示。

第一，保持基础设施建设规划的连续性和稳定性。边境地区基础设施建设投资规模大、建设周期长，保持规划和建设的连续性和稳定性相当不易，需要持之以恒、持续做好。历次兴边富民行动规划都十分关心和重视边境地区基础设施建设，将加强基础设施建设作为始终不变的重点内容和优先投资方向，一个规划接着一个规划编制，避免了规划不连贯导致的资源浪费问题。《全国兴边富民行动规划纲要（2001—2010 年）》就将重点解决边境地区基础设施落后问题作为一项主要任务来抓。《兴边富民行动"十一五"规划》着眼于明显改善边境地区交通、电力、水利等基础设施落后状况、基本消除边境一线的茅草房、危旧房，从加强边境地区公路建设、改造边境一线茅草房、危旧房、加强饮水安全工程和农村水利建设、加强农村电网建设四个方面进行了重点部署。《兴边富民行动规划（2011—2015 年）》将显著提高边境地区具备条件的乡镇通沥青（水泥）路、建制村通公路，建制村通沥青（水泥）路的比例作为重点，并结合互联网时代的到来将支持农村邮政、电信和互联网基础设施建设作为一项重要任务予以部署。《兴边富民行动"十三五"规划》提出了沿边公共服务设施建设工程、边境交通脱贫攻坚工程、"一带一路"国际铁路通道建设工程、沿边铁路、沿边公路贯通工程、兴地睦边土地整治重大工程、边境农村饮水安全巩固提升工程、边境地区信息安全基础工程七大基础设施工程，以期实现全面强化边境地区基础设施条件的目标。可以说，历次兴边富民行动规划都针对边境地区该时期面临的突出基础设施建设问题做出了精心部署和科学谋划，保持了基础设施建设目标、任务和重点工程的稳定性和连续性，是边境地区基础设施建设的纲领性文件。

第二，中央各部委政策含金量高、针对性强。自 2000 年兴边富民行动启动以来，中央各部门坚持把边境地区基础设施建设摆在突出位置，积极研究和提出各类基础设施建设项目、政策、举措，扎实推进各类项目、政策、举措落地落实。国家民委加强与各部门、各省区的政策、项目、举措协调，督促检查基础设施建设规划的实施和进展情况，及时研究解决实施过程中出现的新问题。国家发展改革委设立的兴边富民行动专项将边境地区基础设施建设项目作为重点支持内容。财政部、交通运输部、扶贫办、水利部、农业农村部等加大财政性建设资金、专项转移支付资金对边境地区农村公路、农村危房改造、中小微型水利设施、清洁能源推广使用、村镇建设等基础设施建设的支持力度，并对边境县中央安排的公益性建设项目取消县级配套资金，为落实兴边富民行动规划中基础设施建设任务奠定了坚实的物质基础。自然资源部直接安排边境地区的国家重点基础设施建设项目新增建设用地计划指标，保障兴边富民用地需要。农业农村部重点向边境地区倾斜农田建设任务、土地整治与高标准农田建设资金。可以说，各部委把能向边境地区倾斜的基础设施建设项目、资金和政策基本用到位，为边境地区集中力量攻破基础设施薄弱环节提供了有力的支持。

第三，地方政府站位高、执行有力。2000年兴边富民行动启动以来，9个边境省区将边境地区基础设施建设置于地方党委和政府的重要议事日程，聚焦本区域边境地区基础设施建设短板，积极出台边境地区基础设施建设的实施方案或重大工程，集中力量解决本区域边境地区基础设施落后问题。2000～2015年的15年间，广西连续组织开展四次以完善基础设施为重点的边境地区建设大会战，广西壮族自治区人民政府办公厅先后印发了《广西边境建设大会战实施方案》《广西兴边富民行动基础设施建设大会战实施方案》《边境3-20公里兴边富民行动基础设施建设大会战实施方案》《广西壮族自治区兴边富民行动大会战实施方案》等系列行动方案，累计投入资金107.16亿元，彻底改变了8个边境县的基础设施落后面貌。云南把消除基础设施建设制约瓶颈摆在兴边富民行动的首位，云南省人民政府办公厅先后印发了《云南省兴边富民工程"十二五"规划》《云南省兴边富民工程"十三五"规划》《云南省深入实施兴边富民工程改善沿边群众生产生活条件三年行动计划（2018—2020年)》等，突出谋划边境地区基础设施建设，通过大力发展基础设施助推云南从对外开放末端推向前沿。为了保证资金的合理使用，西藏基层各级政府特别是各级政府民族宗教部门依托财政部门建立健全专项资金管理制度，坚持专款专用，保证项目资金足额到位，有力推动了边境地区交通、水利、电力等基础设施建设。黑龙江以"东出西联、南北贯通、构建集疏运综合效能体系"为目标，近两年统筹安排68.87亿元资金支持边境地区交通、农田水利等项目建设。总体而言，各省区做到了边境地区基础设施建设有规划、有目标、有任务、有措施，为促进兴边富民行动规划各项支持边境地区基础设施建设政策举措落实落地指明了方向。

第四，坚持以点线带面、整体推进的实施策略。兴边富民行动 20 年来，各部门各地区结合边境地区面积广阔、地形复杂、起步薄弱的特点，坚持向重点工程聚焦用力，强化资源整合力度，以点线带面，推动了边境地区基础设施整体水平的跨越式发展。边境地区重点谋划和布局建设了 25 个机场，不仅极大地缓解了边境地区对外出行困难的状况，也充分发挥了机场的区域辐射作用。各地区充分发挥高速公路的引领带动作用，基本形成了以高速公路为主骨架、国省干线公路协调衔接的城乡联网、村村通达顺畅的公路网络。云南、广西、新疆、内蒙古、黑龙江等省区找准西部大开发、"一带一路"倡议等国家政策与边境地区交通基础设施发展的契合点，突出发挥边贸城市的互联互通作用，积极开通国际客货运列车，建设通往边境地区的铁路和高速公路。例如，云南积极建设大瑞铁路、玉磨铁路，与周边地区连接成网，将边境地区打造成出境入缅、入老、入泰的区域性铁路枢纽。

（二）未来展望

虽然过去 20 年来边境地区基础设施建设取得了跨越式发展，但边境地区的基础设施建设水平与全国平均水平相比仍然有一定差距。"十四五"规划期间，从国家到地方依然不能松懈，要进一步弥补边境地区基础设施短板，发挥基础设施建设对边境地区经济社会发展、边防稳固和民族团结的带动作用。在未来几年时间里，需要重点做好以下几方面的工作。

第一，聚焦补足边境地区基础设施短板。消除地区间基础设施水平的差距非一日之功。兴边富民行动 20 年来，边境地区道路、电力、电信、供水等基础设施建设水平有了很大的提升，但从通达率、质量、密度等方面仍与全国有较大的差距。尤其是经过脱贫攻坚，边境地区贫困县农村的道路、饮水、水利、电网、通信建设也取得了重大进展。然而，一些边境县地形条件复杂，基础设施建设难度大、成本高，尚有 69 个边境县没有接入铁路网络、78 个边境县没有接入高速公路网络，一些边境县也没有完成基础设施和基本公共服务（路、水、电、网）全覆盖的目标，需要加快进度，完成所有具备条件的乡镇和建制村通硬化路任务，着力解决低电压、网架不合理、未通动力电等，彻底解决饮水困难问题。要加快完善边境地区高速公路、铁路网络的规划、建设，加强乡村基础设施，持续改善边境地区的铁路、公路、机场等交通基础设施条件，并使之融入全国交通基础设施网络中。

第二，加大对边境地区基础设施建设的投资力度。边境地区基础设施建设投资规模大、周期长，单靠边境地区自身财力是难以完成的。必须清醒地认识到我国边境地区基础设施建设项目面临的外部不确定性。随着我国经济发展下行压力和外部风险的加大，这会使边境地区财政收入增长受阻，对边境地区基础设施建设项目、资金的倾斜力度受到影响。为此，一方面需要中央继续保持对边境地区基础设施建设规划的连续性和稳定性，动员相关部委、东部发达省市、中央企事业单位加大对边境地区基础设施建设的资金、项目、人员支持力度，保障现有规划或在建基础设施建设项目的顺利推进，推动边境地区与全国其他地区一起共享改革发展成果；另一方面，需要边境地区所在的省份和边境县多练内功，全力调动边境地区党委和政府的能动性和创造力，不断提高基础设施建设资金的使用效率，把风险大的基础设施建设项目慢慢消化掉。

第三，谋划新的边境地区基础设施建设规划。党的十九大描绘了 2020 年全面建成小康社会后我国现代化建设的新路线图，即到 2035 年基本实现现代化，到 2050 年将全面建成富强民主文明和谐绿色的社会主义现代化国家。在农村，则表现为 2035 年乡村振兴取得决定性进展，农业农村现代化基本实现，2050 年乡村全面振兴，产业兴旺、生态宜居、乡风文明、治理有效、生活富裕的目标全面实现。随着 2020 年我国全面建成小康社会，边境地区作为发展相对落后地区的状况会在一段时期内存在，更高标准、更大挑战的基础设施发展难题仍急需解决。需要加强兴边富民行动规划与乡村振兴战略、"一带一路"倡议、西部大开发等国家战略的有效对接，强化边境地区基础设施建设的密度、等级和质量，实现兴边富民行动和"一带一路"、乡村振兴的有机结合。2020 年后，我国边境地区的基础设施建设不只是局限在通路、通水、通电等基本保障层面，而应逐渐提高基础设施服务的密度、质量、等级、内容，尤其是要重点关注解决那些既不通高速、铁路，航空运输也难以通达的边境县交通基础设施问题，及早谋划并给予专门支持。随着经济社会的发展，基础设施的范畴正逐步由过去的交通基础设施为主拓展到包括信息网络基础设施等新基建领域，这也需要在今后的边境地区基础设施建设规划中给予高度重视。要围绕边境口岸、重点城市谋划推进一批重大基础设施建设工程项目，使更多的边境地区融入国家高速、高铁、航空和 5G 网络。

第四章

兴边富民行动 20 年边境
地区城镇化建设

边境地区城镇化的发展对于国家和民族地区都具有至关重要的作用，从某种意义上看，相对于内陆地区城镇化发展，边境地区城镇化发展具有更重要的地位和现实作用。边境地区地理覆盖较广，涉及面积大，人口密度较低。根据 2020 年《中国统计年鉴》和边疆 9 省区国民经济和社会发展统计公报，截止到 2019 年底，边疆 9 省区总面积占全国总面积的 61.85%，地区生产总值总和为 13.58 万亿元，仅占全国比重的 13.7%，平均城镇化率为 53.61%[①]，落后于全国平均城镇化率 6.98% 个百分点。边疆 9 省区的城镇化不但落后于全国平均水平，而且对于经济的贡献程度不高。从边境县来看，边境县总体而言距离各省区经济核心区域较远，享有的核心区域辐射作用较小，城镇化发展水平不高，经济发展还比较落后，平均每平方公里的人口和经济总量指标更是低于全国平均水平，其城镇化的数量和质量是阻碍经济和社会发展的主要因素之一，因此对边境县城镇化建设进行研究，分析其发展规律和特征，对于我国边境县的发展具有重要的理论价值和现实意义。

一、边疆 9 省区城镇化发展

（一）边疆 9 省区人口城镇化发展不平衡

边疆 9 省区人口城镇化发展不平衡，呈现出显著差异的特征。

根据表 4-1 所示，整体上看，边疆 9 省区人口城镇化水平不高，且边疆 9

---

① 城镇化发展根据不同的角度有不同的定义和度量，根据研究内容的特点和数据的可获得性，在不影响城镇化定义本质的前提下，本章以城镇人口数量与总人口的比值作为度量单位测度城镇化程度。

省区人口城镇化发展存在显著的差异，呈现出较大的发展差距。2019 年，辽宁省人口城镇化率在边疆 9 省区中最高，为 68.11%，而西藏人口城镇化率最低，为 31.50%，人口城镇化率极差为 36.61%。人口城镇化程度较高的边疆 9 省区有辽宁、内蒙古、黑龙江，人口城镇化率都超过 60%，人口城镇化程度较高，为经济社会快速发展提供了人口支撑。吉林、广西和新疆人口城镇化发展处于中等水平，人口城镇化率的发展取得了一定的成就，人口城镇化还有一定的潜力可以挖掘。云南、甘肃和西藏的人口城镇化发展水平较低，处于较为落后的水平，对经济社会发展和产业集聚发展的推动作用还远未体现出来，需要进一步挖掘潜力，提升人口城镇化的水平和质量。

表 4-1　　　　　　　　　2019 年边疆 9 省区人口城镇化

省区	总人口（万人）	省会城市人口（万人）	人口首位度（%）	全省人口密度（人/平方公里）	省会城市人口密度（人/平方公里）	人口城镇化率（%）
内蒙古	2539.60	313.70	12.35	21.460	182.53	63.40
辽宁	4351.70	831.60	19.10	292.840	642.26	68.11
吉林	2690.73	753.80	28.01	143.580	305.65	58.27
黑龙江	3751.30	1076.30	28.69	79.300	202.69	60.90
广西	4960.00	725.41	14.62	208.750	328.06	51.09
云南	4858.30	695.00	14.30	123.270	323.66	48.91
西藏	343.82	55.89	16.25	2.798	18.93	31.50
甘肃	2647.43	413.40	15.61	62.170	315.57	48.49
新疆	2523.22	355.20	14.07	15.200	249.85	51.87

资料来源：根据 2020 年《中国统计年鉴》和边疆 9 省区国民经济和社会发展公报计算整理。

（二）边疆 9 省区城市人口密度低且分布不均匀

根据表 4-1 所示，和全国其他省区相比，边疆 9 省区人口数量不多，人口密度远远低于全国平均水平。2019 年，全国平均人口密度为 148.35 人/平方公里，超过这一平均水平的边疆 9 省区仅有辽宁和广西，其他 7 省区人口密度低于全国平均水平。而且新疆、西藏和内蒙古的人口密度仅为 15.200 人/平方公里、2.798 人/平方公里和 21.460 人/平方公里，分别只占全国平均人口密度的 10.24%、1.8% 和 14.46%。

另外，边疆 9 省区的人口首位度和省会城市人口密度却处于不低的水平。从人口首位度看，2019 年，边疆 9 省区中，内蒙古人口首位度最低，但是它也达到了 12.35%，超过了 10% 的水平。黑龙江的人口首位度最高，高达 28.69%。2019 年，在中国经济中占有重要地位的广东、江苏和浙江，其人口首位度仅为 13.28%、10.53% 和 17.71%。对比分析可以看出，边疆 9 省区的人口首位度水平不低，大部分边疆 9 省区的人口首位度都超过了广东、江苏和浙江的人口首位度，而且边疆 9 省区省会城市的人口密度都远远超过全国平均的 148.35 人/平方公里，沈阳的人口首位度高达 642.26 人/平方公里。这些数据都表明，边疆 9 省区省会城市人口密度和人口首位度水平都较高，超过全国平均水平，这间接表明边疆 9 省区的边境县人口密度较小，人口城镇化程度不高的事实。

二、边境县城镇化发展

边境县城镇化发展呈现出发展不平衡的特点，表 4-2 描述了边境县城镇化发展的程度和特点。

表 4-2　　　　　　　　　　　　边境县人口城镇化率　　　　　　　　　单位: %

年份	内蒙古边境县	辽宁边境县	吉林边境县	黑龙江边境县	广西边境县	云南边境县	西藏边境县	甘肃边境县	新疆边境县
2012	48.71	55.20	61.67	53.24	23.07	30.05	15.98	50.43	40.80
2013	49.07	55.97	62.30	51.41	25.18	31.89	17.24	54.30	33.18
2014	50.06	46.86	62.11	57.57	18.03	32.79	14.11	50.83	35.64
2015	48.44	50.85	68.33	55.85	24.59	33.30	18.36	58.55	32.60
2016	43.49	48.21	69.93	55.52	25.55	31.98	19.50	65.29	31.68
2017	50.53	48.88	69.50	59.42	25.46	34.95	21.98	65.32	30.84
2018	50.38	46.91	69.22	59.55	24.79	29.00	23.79	64.99	30.47
平均	48.67	50.41	66.15	56.08	23.81	31.99	18.71	58.53	33.60

资料来源: 根据 2013~2019 年《中国民族统计年鉴》整理。

表 4-2 表明，整体上看，边境县城镇化发展呈现出不平衡的特点。2012~2018 年，边境县平均城镇化水平最高的是吉林边境县，城镇化率为 66.15%，而城镇化率最低的是西藏边境县，城镇化率为 18.71%，城镇化率极差为 47.44%，呈现出严重不平衡的现象。西藏边境县、广西边境县、云南边境县和新疆边境县是我国边境县城镇化水平较低的区域，较低的城镇化率严重阻碍了地方经济的发

展，呈现出这些省区核心区域发展较快，而边境县发展严重滞后的现象，边境县的交通、物流等基础设施严重滞后，这对区域经济的协调发展十分不利。吉林边境县、甘肃边境县和黑龙江边境县是我国边境县城镇化水平较高的区域，它们的城镇化发展不次于中部省份县城城镇化发展水平，为经济的发展奠定了一定的基础。内蒙古边境县和辽宁边境县是边境县城镇化发展水平中等水平的区域，城镇化发展对经济和社会的发展起到了一定的推动作用，为经济的发展和腾飞奠定了坚实的基础。但是，这两个省区的边境县城镇化发展水平和全国相比仍然不高，其城镇化发展潜力还有待进一步增强，其发展潜力还有待进一步挖掘。

三、边境县城镇化发展水平评价

（一）评价指标体系

学术界评价和度量城镇化水平常用的指标是城镇化率，即某地区城镇户籍人口数量与该地区总人数的比值。但是该指标在评价城镇化发展水平时只是关注简单的人口比重，而人口比重不能全面反映城镇化发展的水平，也不能评价城镇化发展的效率和质量。基于这种原因，部分学者关注产业结构、交通发达程度、研发投入、区域开放程度、工业总产值、社会消费品零售总额、实际利用外资、人均天然气用量、私人汽车拥有量、万人拥有公厕数等统计指标，利用专家打分法或因子分析法将上述统计指标构建成一个城镇化发展水平综合指标。这种方法有一定的科学性，但也存在巨大的缺点和不足：第一，部分指标数据获取困难，需要进行实地抽样调查；第二，它过度注重专家的主观经验，在权重获取上不能保证权重指标的客观性和科学性。为克服数据获取的困难，本章在考虑数据可获取性和数据科学性的前提下，从人口城镇化水平、经济城镇化水平和社会保障城镇化水平三个角度构建了全新的指标体系，为边境县城镇化发展水平的度量和分析奠定了基础。

首先，关于人口城镇化，本章考虑了传统的城镇化率，它可以从一定程度上体现人口的集聚程度，具有一定的数量代表性，它较客观地反映了城镇人口与总人口的占比情况，进而部分体现人口城镇化的质量。其次，经济城镇化是城镇化发展的重要基础，是城镇化发展的物质支撑，影响着城镇化发展的质量。从测度角度看，经济城镇化可以由城市的经济运行情况来决定，因此，本章在考虑城镇经济运行的基础上从产值角度、市场规模角度和地方政府支出角度对经济城镇化进行分析，选择人均地区生产总值、人均社会消费品零售总额、人均规模以上工业产业资产总计和人均地方一般公共预算支出四个维度，综合度量经济城镇化的发展水平。最后，当城镇化发展到一定的程度和阶段之后，社会保障水平将成为度量城市发展水平的重要标准。城市社会保障水平越高，城镇化的质量和水平就越高，城镇化带给城市居民的幸福感就越高。结合统计数据的可获得性，本章从卫生技术人员、城镇居民最低生活保障人数和城镇居民最低生活保障支出三个维度综合度量社会保障城镇化水平，最终构建的城镇化发展水平指标体系，如表4-3所示。

表 4-3   边境县城镇化发展水平指标

一级指标	二级指标	三级指标
城镇化水平	人口城镇化	城镇人口数量/总人口
	经济城镇化	人均地区生产总值
		人均社会消费品零售总额（万元）
		人均规模以上工业产业资产总计（万元）
		人均地方一般公共预算支出（亿元）
	社会保障城镇化	卫生技术人员（人）
		城镇居民最低生活保障人数（人）
		城镇居民最低生活保障支出（万元）

（二）评价指标权重的计算过程

从计算方法来看，在具体的指标构建中，由于各分级指标各自的取值不同，意义也不尽相同，存在单位与量纲的影响。在确定权重时，为克服过度注重专家的主观经验，客观消除各自取值的相对大小和量纲对最终指标的影响，本章采用熵权指数法，将各分级指标按照各自的量纲统一标准化，统一比对尺度，使得量量纲科学和合理。具体消除量纲和尺度统一思路如下：首先确定表4-3中边疆9省区78个边境县城镇化发展水平分指标数据 X_{ij} [①]，即第t年第i省第j个分指标。其次将 X_{ij} 做标准化消除量纲和单位，并做归一化处理，其处理方法为：$Y_{ij} = \dfrac{X_{ij} - \min_j(X_{ij})}{\max_j(X_{ij}) - \min_j(X_{ij})}$，其中 $\min_j(X_{ij})$ 和 $\max_j(X_{ij})$ 分别表示第 j 个分指标的最

---

① 鉴于数据的可获得性，本文选取了77个陆地边境县作为测算对象。

小值和最大值。进一步，求边疆 9 省区 78 个边境县城镇化发展水平第 j 个分指标的信息熵 E_j，$E_j = -\frac{1}{\ln n}\sum_{i=1}^{n} p_{ij}\ln p_{ij}$，其中 $p_{ij} = \frac{Y_{ij}}{\sum_{i=1}^{n} Y_{ij}}$。最后，确定边疆 9 省区 78 个边境县城镇化发展水平第 j 个分指标的权重 $w_j = \frac{1 - E_j}{78 - \sum E_j}$。

具体数据获取方面，本章数据来源于历年《中国民族统计年鉴》、2019 年《中国统计年鉴》和内蒙古、辽宁、吉林、黑龙江、甘肃、新疆、西藏、云南和广西的省区统计年鉴，部分缺失数据来源于 2019 年 9 省区 78 个边境县国民经济和社会发展统计公报。利用 MATLAB 2018a，计算出边境县城镇化发展水平指标权重，如表 4 - 4 所示。

表 4 - 4　　　　　　　　　边境县城镇化发展水平分指标权重

边境县城镇化发展水平指标	城镇化率	人均地区生产总值	人均社会消费品零售总额	人均规模以上工业产业资产总计	人均地方一般公共预算支出	卫生技术人员	城镇居民最低生活保障人数	城镇居民最低生活保障支出
权重（w_j）（%）	4.55	11.15	5.92	24.86	12.17	12.68	14.81	13.86

根据表 4 - 4 可知，在边境县城镇化发展水平分指标中，人均规模以上工业产业资产、城镇居民最低生活保障人数、城镇居民最低生活保障支出和卫生技术人员占据前 4 位，这表明我国边境县城镇化发展水平的促进因素中，经济发展水平起到越来越重要的作用，其次是社会保障发展水平，而传统的人口城镇化影响力则相对小于经济发展水平和社会保障发展水平。边境县城镇化发展水平至少已经进入注重经济发展和社会保障提升带动城市发展的阶段，已经不再是简单让农村居民进入城市的人口简单城镇化阶段。政府应该更加注重边疆 9 省区城市经济发展质量和社会保障水平的提升，以更好地促进边疆 9 省区的城镇化。

（三）边境县城镇化发展水平评价

根据表 4 - 4，进一步可以计算出 2018 年边境县城镇化发展水平，如表 4 - 5 所示。

表 4 - 5   边境县城镇化发展水平排名

省区	边境县	城镇化综合指数	排序	省区	边境县	城镇化综合指数	排序
吉林	浑江区	0.4107	1	云南	芒市	0.2055	26
新疆	伊州区	0.3975	2	黑龙江	虎林市	0.2045	27
新疆	吉木乃县	0.3921	3	黑龙江	穆棱市	0.1970	28
内蒙古	乌拉特中旗	0.3787	4	辽宁	宽甸满族自治县	0.1902	29
内蒙古	陈巴尔虎旗	0.3588	5	新疆	阿图什市	0.1889	30
内蒙古	新巴尔虎右旗	0.3568	6	内蒙古	苏尼特右旗	0.1861	31
新疆	阿克陶县	0.3507	7	吉林	龙井市	0.1753	32
内蒙古	乌拉特后旗	0.3409	8	云南	腾冲市	0.1745	33
吉林	抚松县	0.3403	9	辽宁	振兴区	0.1719	34
内蒙古	满洲里市	0.3322	10	广西	靖西市	0.1675	35
甘肃	肃北蒙古族自治县	0.3213	11	吉林	图们市	0.1645	36
内蒙古	阿拉善左旗	0.3002	12	黑龙江	东宁市	0.1644	37
吉林	珲春市	0.2845	13	广西	龙州县	0.1618	38
云南	景洪市	0.2415	14	内蒙古	额尔古纳市	0.1610	39
内蒙古	苏尼特左旗	0.2334	15	新疆	霍尔果斯市	0.1568	40
新疆	巴里坤哈萨克自治县	0.2324	16	云南	泸水市	0.1488	41
新疆	青河县	0.2306	17	新疆	霍城县	0.1462	42
内蒙古	额济纳旗	0.2210	18	云南	富宁县	0.1459	43
新疆	博乐市	0.2204	19	云南	马关县	0.1436	44
云南	龙陵县	0.2190	20	新疆	阿合奇县	0.1409	45
新疆	乌恰县	0.2160	21	内蒙古	科尔沁右翼前旗	0.1395	46
黑龙江	绥芬河市	0.2127	22	云南	瑞丽市	0.1390	47
云南	河口瑶族自治县	0.2121	23	内蒙古	阿尔山市	0.1365	48
吉林	安图县	0.2107	24	云南	澜沧拉祜族自治县	0.1361	49
吉林	和龙市	0.2057	25	黑龙江	鸡东县	0.1329	50

省区	边境县	城镇化综合指数	排序	省区	边境县	城镇化综合指数	排序
内蒙古	新巴尔虎左旗	0.1324	51	黑龙江省	绥滨县	0.1088	65
广西	凭祥市	0.1316	52	新疆	富蕴县	0.1087	66
新疆	额敏县	0.1226	53	广西	防城区	0.1068	67
云南	麻栗坡县	0.1214	54	云南省	绿春县	0.1062	68
广西	东兴市	0.1212	55	新疆	塔城市	0.1040	69
广西	大新县	0.1195	56	黑龙江省	呼玛县	0.1028	70
广西	宁明县	0.1187	57	云南	金平苗族瑶族傣族自治县	0.0975	71
云南	盈江县	0.1182	58	新疆	哈巴河县	0.0957	72
新疆	福海县	0.1173	59	黑龙江	孙吴县	0.0922	73
新疆	温宿县	0.1171	60	云南	江城哈尼族彝族自治县	0.0900	74
新疆	阿勒泰市	0.1164	61	新疆	察布查尔锡伯自治县	0.0865	75
云南	福贡县	0.1132	62	云南	沧源佤族自治县	0.0862	76
黑龙江省	抚远市	0.1128	63	云南	陇川县	0.0811	77
新疆	温泉县	0.1109	64	云南	孟连傣族拉祜族佤族自治县	0.0525	78

　　表4-5表明，2018年78个边境县中，边境县城镇化发展程度位于第一个四位分点以上的为浑江区、伊州区、吉木乃县、乌拉特中旗、陈巴尔虎旗、新巴尔虎右旗、阿克陶县、乌拉特后旗、抚松县、满洲里市、肃北蒙古族自治县、阿拉善左旗、珲春市、景洪市、苏尼特左旗、巴里坤哈萨克自治县、青河县、额济纳旗和博乐市。而边境县城镇化发展程度位于第三个四分位点以下的为孟连傣族拉祜族佤族自治县、陇川县、沧源佤族自治县、察布查尔锡伯自治县、江城哈尼族彝族自治县、孙吴县、哈巴河县、金平苗族瑶族傣族自治县、呼玛县、塔城市、绿春县、防城区、富蕴县、绥滨县、温泉县、抚远市、福贡县和阿勒泰市。这些边境县的城镇化综合发展综合指数呈现出显著的差异，反映出不同边境县城镇化发展质量也存在明显不同。

（四）边境县城镇化发展水平分析

1. 边境县城镇化整体发展水平较低

表 4 - 5 表明，2018 年边境县城镇化发展整体的均值远远小于 0.5，即熵权综合指数得分不高，这说明边境县的城市发展的整体水平较低，还存在很大的改进空间。从实践上看，边境县经济体地理面积辽阔，以排名最高的吉林省白山市浑江区为例，根据 2020 年吉林省白山市统计局公布的数据，截止到 2019 年底，浑江区的地理面积为 1388 平方公里，人口数量为 32.5 万人，与东部以及中西部人口稠密地区比较呈现出相对的"地广人稀"现象。此外，从权重比较重要的人均规模以上工业产业资产指标而言，浑江区全区规模以上工业企业实现总产值不高，而且全区规模以上工业企业数量也比较少，并且企业结构不尽合理，从事传统农业产业经营的企业数量仍然偏多，从事现代产业的企业数量明显不足，这表明浑江区的经济城镇化水平也比较低，城镇中产业结构急需升级和优化。

2. 边境县城镇化发展不平衡

表 4 - 5 表明，边境县城镇化发展除了呈现出发展水平不高的特征外，还呈现出典型的城镇化发展不平衡特征。这种不平衡可以体现为省级之间的区县级城镇化发展不平衡和省级内部县级城镇化发展不平衡。从省级之间看，边境县城镇化发展第三个四分位点之下的县级单位中有 7 个位于云南，它们分别是孟连傣族拉祜族佤族自治县、陇川县、沧源佤族自治县、江城哈尼族彝族自治县、金平苗族瑶族傣族自治县、绿春县和福贡县。因此，云南是边境县城镇化水平较低的省份。边境县城镇化发展第一个四分位点之上的县级单位中有 8 个位于内蒙古，它们分别是额济纳旗、苏尼特左旗、阿拉善左旗、乌拉特后旗、满洲里市、新巴尔虎右旗、陈巴尔虎旗和乌拉特中旗，内蒙古呈现出相对较高的边疆 9 省区县级城镇化水平。表 4 - 5 中的边境县城镇化综合指数表明，云南省在第三个四分位点以下的县级单位有 7 个，但是位于第一个四分位点以上的县级单位有 2 个，因此呈现出省级单位内部发展不平衡的现象。此外，边境县城镇化发展还呈现出南北发展不平衡的现象。表 4 - 5 边境县城镇化综合指数还表明，南部地区的云南和广西县级城镇化发展水平相对较低，而内蒙古、吉林和新疆等北部地区普遍呈现出区县级城镇化发展水平相对较高的现象。

3. 边境县城镇化发展外部动力不足

边境县由于距离各自省区的核心区域较远，不具有物流优势，进而使得辐射效应较弱，因而可以看出边境县的发展基本都是依赖自己的积累，外部动力的获取不足。这就使边境县的发展资本需要长期的积累，未能充分利用外部资源，加快发展积累的速度，进而使边境县的发展缓慢，发展进程拉长，这对于边境县的长期持久发展是非常大的制约，因此，边境县应积极采用国内和国际两个市场的作用，努力构建国际通道，建立国际口岸，充分利用国际市场，争取做到边境县消费、投资和贸易的合理循环，培育有效的增长动力。

四、边境县城镇化发展的主要制约要素

（一）技术进步不足

无论是从时间动态角度还是从区域动态角度看，边疆9省区和边境县的全要素生产率都不高，主要原因是由于技术进步对经济发展和城镇化建设的推动作用不高。深入分析可以看出，主要有三个原因：第一，边疆9省区及边境县自身的技术进步不足，技术进步内生增长动力缺乏后劲；第二，边疆9省区及边境县吸纳技术转移的能力不足，从技术密集性地区承接技术转移过程中出现断裂，技术水平也体现出不足；第三，边境县经济建设和城镇化建设过程中技术转换能力不足，将技术转变成城镇化高质量发展的能力还不高。

本章用专利申请数量与专利授权数量代表技术进步[1]，根据表4-6，2018年我国边疆9省区中专利申请数量与北京和上海差距巨大。辽宁是边疆9省区中技术进步较好的省区，专利申请数为60987件，专利授权数为31907件，分别与北京相差150225件与91589件，占比仅为28.87%与25.83%，分别与上海相差89246件与60553件，占比仅为40.59%与34.5%。可以看出，边疆9省区与发达地区技术上存在显著的差距。从内部地理结构看，边疆9省区内也存在显著的差距，技术进步相对较好的辽宁在专利申请数和专利授权数上是相对较差的黑龙江的8.67倍和7.81倍。从技术转移吸纳角度和技术转换能力角度看，边疆9省区取得的效果也非常有限。技术转移当前在中国需要大量的资本和劳动匹配，资本和劳动密度越大，技术转移越有可能发展，技术转换能力才越有可能转变为现实。但是边疆9省区往往也是边远地区，地广人稀，人口密度和资本密度远远小于东部发达地区，因而从资源的有效配置角度看，边疆9省区的技术进步就不具

---

① 由于数据统计的获得性，本节认为边境县的技术进步与边疆省技术进步具有类似的特点，因此本节用边疆省区技术进步说明边境县技术进步。

有内在优势，只能依赖技术吸纳和技术转换，但是技术吸纳和技术转换时资本和劳动力需要回报率，而边疆 9 省区的资本和劳动力回报率不高，还具有较高的交通运输成本，这就使边疆 9 省区在产业和技术承接时，往往赶不上湖北、湖南、江西、河南等中部地区，即使能够吸引外来的技术和产业，往往也是其他地方已经淘汰的技术和产业，进而导致技术进步对经济和城镇化发展的贡献非常有限。我国未来的发展战略是以创新驱动高质量发展，从而将大大提高技术进步对于经济增长和城市发展的作用。对边境县而言，技术进步不足无疑将是阻碍经济发展和城市建设最大的不利因素，将严重影响边境县城镇化建设的质量。

表 4 - 6　　　　　北京、上海与边疆省区专利申请与授权数量　　　　　　单位：件

	北京	上海	辽宁	吉林	黑龙江	广西	云南	西藏	甘肃	新疆
专利申请数	211212	150233	60987	26264	7034	44220	31050	6	27459	8385
专利授权数	123496	92460	31907	13390	4081	20545	16771	6	13698	5285

注：（1）由于数据获取的原因，本节分析制约边境县城镇化发展制约要素时假设边境县的发展相对水平与省区的发展相对水平具有同样的趋势，因此利用省区的相关指标体现边境县的相关发展趋势。

（2）由于数据不全，西藏只统计了昌都、林芝和那曲的专利申请数和专利授权数。

资料来源：根据 2019 年《中国城市统计年鉴》计算。

（二）全社会固定资产投资不足

在全社会固定资产投资、社会消费、人口、地方财政支出和进出口五种投入要素中，全社会固定资产投资是边境县要素效率最低的投入要素，利用效率最低。为确切对比和评价边境县全社会固定资产投资的情况，引入边境县地区生产总值—全社会固定资产投资比率，如表 4 - 7 所示。

表 4 - 7　　　　　边境县地区生产总值—全社会固定资产投资比率

边境县	2012 年	2013 年	2014 年	2015 年	2016 年	2017 年	2018 年	平均
内蒙古边境县	1.29	1.11	1.54	1.18	1.15	1.02	1.45	1.25
辽宁边境县	1.76	1.64	1.13	1.92	3.59	3.62	3.59	2.46
吉林边境县	1.13	1.26	1.14	1.07	1.06	1.29	1.01	1.14
黑龙江边境县	1.94	1.71	2.14	1.78	1.80	1.85	1.88	1.87
广西边境县	0.81	1.01	0.97	0.89	0.98	0.99	0.85	0.93

续表

边境县	2012 年	2013 年	2014 年	2015 年	2016 年	2017 年	2018 年	平均
云南边境县	1.11	1.09	0.99	0.93	0.85	0.78	0.75	0.93
西藏边境县	0.97	0.84	0.83	0.79	0.77	0.57	0.58	0.76
甘肃边境县	0.81	0.78	0.46	0.24	0.27	0.45	0.48	0.50
新疆边境县	0.95	0.94	0.82	0.85	0.81	0.79	1.17	0.90
平均	1.20	1.15	1.11	1.07	1.25	1.26	1.31	1.19

资料来源：根据历年《中国民族统计年鉴》计算。

该比率越高，表明全社会固定资产额度越是不足，固定资产投资对未来经济增长的推动力就会不足，未来增长缺乏后续动力。根据表4-7，从时间维度看，边境县生产总值—全社会固定资产投资变化并不显著，2012 年的平均值为1.20，到 2018 年，其平均值变为1.31，呈现出增长的趋势，这说明近几年边境县全社会固定资产投资效果变化不大，而且有轻微下降的趋势。北京和上海生产总值—全社会固定资产投资比率为0.046 和0.051，这表明边境县与北京和上海等发达地区的投资效率相比还存在很大的差距，全社会固定资产投资还仍然处于关注短期投资效益的阶段，因此需要优化投资思路，切实关注长期投资效益，奠定地区经济增长的长久驱动力量。从地区维度看，辽宁边境县、吉林边境县、黑龙江边境县和内蒙古边境县的地区生产总值—全社会固定资产投资比率都显著大于1，而甘肃边境县、西藏边境县和新疆边境县的比率较低。造成这种情况的可能原因是甘肃边境县、新疆边境县和西藏边境县由于战略位置重要，国家对西北边境的投资持续加大，使西北边境固定资产投资效率相对较好，因此可以说西北边境县固定资产投资效率相对较好的原因是国家政策性投资发挥了重要作用。但是，西北地区民间投资效率不高，民间资本进入市场比较谨慎，进而整体固定资产投入的效率不高。可以看出，边境县地区生产总值—全社会固定资产投资比率存在明显差异，虽然国家政策投资对边境县的发展有一定的促进作用，但是其固定资产投资的效率远远低于北京和上海等发达地区，还存在明显的改进空间。

（三）社会消费不足

消费对经济的增长和城镇化的发展具有重要的基础性作用，这对技术和资本都不占优势的边境县尤为重要。根据表4-8，从时间上看，边境县的地区生产总值—社会消费品零售额比率呈现出下降趋势，从2012 年的4.89 倍下降到2018 年的3.58 倍，社会消费对于地区生产总值的贡献在下降，社会消费对地区生产总值的长期贡献力量不足。从地区上看，辽宁边境县、吉林边境县、黑龙江边境县和云南边境县的社会消费品零售对地区生产总值的贡献不足，远远低于甘肃边境县、新疆边境县等西北地区边境县。从总体上看，边境县社会消费现状不足的原因可能如下：第一，收入水平不高。由于边境县居民的收入水平不高，对于外来商品的购买力有限，相当于外部注入边疆 9 省区的购买力不足，消费增长乏力，进而陷入消费不足、收入增长缓慢、消费增长进一步不足的循环。第二，传统消费习惯导致商品自给自足率高。边境县的传统消费习惯是基于传统的经济模式，在现代经济中仍然占据主要地位。这种模式的主要特点是自给自足，食品等消费品主要还是依赖于边境县居民在农村保留的土地，这一部分产品很少形成商品进入市场流通，从而没有给城市市场经济的发展做出应有的贡献。第三，运输网络、物流等第三产业的发达程度较低也极大地削弱了边境县的消费。边境县的运输距离长，物流网络体系不发达，导致边境县的运输成本过高，进而使商品的售价也高。但是边境县的收入增长却有限，因此边境县的消费更加趋于自给自足。

表 4 – 8　　　　　　　　边境县地区生产总值—社会消费品零售额比率

边境县及平均	2012 年	2013 年	2014 年	2015 年	2016 年	2017 年	2018 年	平均
内蒙古边境县	5.25	5.01	4.97	4.14	3.72	2.46	2.97	4.07
辽宁边境县	3.17	3.01	1.86	1.72	1.17	1.17	1.14	1.89
吉林边境县	3.06	2.97	2.59	2.46	2.37	2.16	1.82	2.49
黑龙江边境县	5.58	5.13	5.66	4.72	3.86	3.90	3.49	4.62
广西边境县	4.52	4.59	4.51	4.51	5.24	4.89	4.24	4.64
云南边境县	3.20	3.26	3.23	3.19	3.15	3.12	3.14	3.18
西藏边境县	5.50	5.18	6.44	5.11	6.17	6.30	4.42	5.59
甘肃边境县	8.07	8.83	7.21	6.72	6.14	6.23	5.98	7.03
新疆边境县	5.68	5.46	5.50	5.17	4.88	5.14	4.99	5.26
平均	4.89	4.83	4.66	4.19	4.08	3.93	3.58	4.31

五、完善边境地区城镇化建设的政策建议

研究结果表明，边境县城镇化建设不应只关注人口城镇化，更应关注经济城镇化建设和公共服务城镇化建设，提升边境县城镇化建设的质量和水平。因此，边境县应加大对经济基础设施和社会基础设施投资，尤其是应加大公共交通、教育、医疗和社会保障等方面的投入，降低房地产投资在总投入中的比重，使城镇

化发展过程中人口城镇化质量得到提高。此外，边境县要加快科技创新，并不断促进科学技术和城镇化建设的融合，以加大科学技术在边境县城镇化进程中的作用。进一步推进产业结构升级，大力发展技术推动型和资本密集型产业，给各种生产要素提供更加良好的环境，让要素的组合效益能够发挥出来，以充分利用各种投入要素，提升边疆9省区的技术效率。具体而言，边疆9省区应该加快采取以下措施，促进城镇化高质量发展。

（一）加大边境县技术和管理创新

边境县应制定合理的创新激励政策，保护科技创新者的科研成果和创新利益，从而保证科技创新得以持续发展。还要加强对科技创新的宣传，努力提高创新文化的培育和发展水平，营造勇于创新、尊重创新和激励创新的社会氛围，让创新活动得到鼓励，推动科技创新的发展。同时，要促进科技创新的商业转化，发挥技术创新对生产设备、生产流程、产品设计、产品功能的改进作用，促进技术创新对生产组织和生产流程的改造与重组，提高边境县现有的经济发展能力，为边境县经济增长方式根本转变提供技术支持和制度保证。

（二）提高边境县固定资本形成能力

提高边境县固定资本形成能力，进而提升全要素生产率对经济增长的贡献，首先要从政府入手。政府应该加强制度建设，提高政府政策质量和政府管理社会的水平，要从源头上打破垄断，引入竞争机制，消除垄断壁垒，以打破目前边境县投资国有资本垄断过高的局面。这就要求政府除继续加大对边疆9省区公共建设的投资力度外，更应该积极探索更加科学的投资体制，拓宽资本投资渠道。高度重视民间私人资本和国际直接投资在边境县的直接投资，保护民间资本投资者和国外商业资本投资者的投资利益，最终在边境县建立多元化投资主体和多层次投资渠道的资本投资体系。同时，要提高资本投资效率，以实现资本深化和资本广化同时进行，从而进一步提高边疆9省区全社会固定资本投资效率，增强边境县固定资本形成能力和循环形成机制，为边境县经济长期增长奠定物质资本基础。

（三）加快人口向具有产业基础的边境县聚集

边境县城镇化发展需要进一步明确发展思路，加快人口向有工业产业的边境县聚集，形成边境县中心城市，增强边境县中心城市的核心辐射作用和引导作用。因此，边境县应该积极培育人口集聚，通过集聚效应带动市场培育、消费繁荣、投资增加、产业提升，并进一步促进技术发展。因此，边境县要采取措施实现教育集聚、就业集聚、公共服务集聚和公共财政集聚，集中有限人口和资源，最大化集聚效应，使剩余农牧民和农业劳动力实现大转移，为边境县的城镇化发展和经济社会进步提供明确的方向。

（四）完善边境县教育培训体系

劳动力不仅是边境县重要的生产投入要素，也是推动边境县城镇化率提高的主体，还是全要素生产率提高的主要载体。边境县经济和社会的发展，必须通过城镇化渠道，提升劳动力人力资本水平。在边境县教育还不发达的情况下，必须不断完善义务教育、职业教育和技能培训等多层次的教育培训体系，提倡终身学习，不断更新劳动者的生产劳动技能，提高边境县人力资源素质。此外，还必须优化边境县吸引人才的制度环境，完善人才选用机制，加大对东部地区及海外人才的引进，以实现自己培养和外部引入，从而使边境县人力资本水平得到较大提高。

（五）加大边境县对东部产业转移的承接力度

边境县应重点扶持具有比较优势的产业的生产技术改进和工业设备技术改造，提高边境县产业科技生产能力，促进边境县产业结构的调整与升级，为积极承接东部产业转移奠定坚实的基础。同时，边境县应该利用先进生产技术改进产品结构或设计，促进产品升级换代，增强产品在国内或国际市场中的竞争力，为边境县承接东部产业转移奠定产业基础。此外，边境县应该不失时机地加大第三产业发展，为东部产业承接奠定服务基础。边境县政府应大力加强边疆 9 省区金融行业建设，创造良好的投资融资环境，以保证边境县产业承接具备良好的金融环境，为边境县产业承接提供持续的基础和保障。

第五章

兴边富民行动 20 年边境
地区民生保障

改革开放以来，我国经济社会快速发展，成绩斐然，但与此同时，地区间发展不平衡、居民间收入差距过大等问题日益显现。党的十九大报告中明确指出，人民日益增长的美好生活需要和不平衡不充分的发展之间的矛盾，已成为当前制约我国社会发展的主要矛盾。如何推进经济发展成果的全民共享，如何确保边境地区的同步协调发展，如何实现边境地区的长治久安和边民生活上的安居乐业，成为政府关注的焦点，也成为兴边富民行动亟待解决的难题。

一、边境地区民生保障的主要内容

兴边富民行动旨在通过兴边实现富民。自兴边富民行动正式启动至今，民生问题得到了政府的高度关注。对此，表 5 - 1 分别就《兴边富民行动"十一五"规划》《兴边富民行动规划（2011—2015 年）》和《兴边富民行动"十三五"规划》中的民生保障内容进行了梳理，并呈现出三个点特征：一是对民生问题的关注程度不断提高，尤其表现在基本原则方面。《兴边富民行动规划（2011—2015年)》中明确指出要"把民生放在突出位置"，"十三五"规划中将其界定为"边民最关心、最直接、最现实的生活问题"。二是对民生问题的范畴认知基本一致，可大体概括为基础设施（交通、饮水、电力）、收入与就业（包括减贫）、社会保障体系（低保、社会保险）、教育和医疗供给水平等方面，相关内容在规划中均有体现。三是对政策措施制定越发详细，尤其表现在《兴边富民"十三五"规划》中，逐一对相关责任单位予以明确。

表 5－1   兴边富民行动规划中关于民生保障的主要内容

兴边富民行动规划	基本原则	发展目标	政策措施
《兴边富民"十一五"规划》		1. 边境地区交通、电力、水利等基础设施落后状况明显改善，边境一线的茅草房、危旧房基本消除 2. 贫困边民的基本生活得到保障，边境农村最低生活保障制度加快建立 3. 社会事业得到较快发展，边民教育、卫生、文化等基本公共服务条件明显改善	1. 加大对边境地区的资金投入 2. 实行特殊的贫困边民扶持政策
《兴边富民行动规划（2011—2015 年)》	把民生放在突出位置，采取特殊政策和措施解决边民在生产生活、就业、就医、就学和社会保障等方面的特殊困难和问题	1. 基础设施进一步完善 ● 公路、边贸、边防、饮水、电力、通信、生态 2. 边民生活质量明显提高 ● 减贫、增收、就业、危房改造、社保体系 3. 社会事业长足进步 ● 教育、医疗、文化事业	1. 加大对边境地区的资金投入 2. 加大民生保障力度 ● 义务教育学校标准化 ● 基层医疗卫生机构服务能力 ● 文化事业支持力度 ● 科技基础设施和条件 ● 新农保试点范围 ● 农村危房改造力度 3. 加大扶贫开发支持力度
《兴边富民"十三五"规划》	边民为本，改善民生。采取特殊政策措施着力保障和改善民生，解决好边民最关心、最直接、最现实的生活问题，兜住民生底线	1. 基础设施条件全面强化 ● 交通（铁路、公路、机场）、水利、饮水、电力、通信 2. 民生保障水平不断提高 ● 基本公共服务均等化、脱贫摘帽、住房、交通、教育、医疗、就业、文化	1. 惠民政策向贫困地区倾斜 2. 加大转移支付力度 3. 加大对基本社保的支持力度

二、边境地区民生保障的评价指标体系

民生问题关乎人民的切身利益，是社会安定和谐的重要保障，边境地区尤为关键。鉴于此，本章试图对兴边富民行动 20 年来民生保障水平的变化做出评估，因基础设施部分已在第三章加以阐述，本章内容从收入、社会保障、教育（供给）、医疗（供给）4 个方面展开，评价指标体系构建如表 5－2 所示。

表 5-2   边境地区民生保障评价指标体系

一级指标	二级指标	权重（%）
收入	可支配收入增长率	12.5
	居民收入占比增长率	12.5
社会保障	低保标准增长率	12.5
	低保支出增长率	12.5
教育	小学师生比增长率	12.5
	中学师生比增长率	12.5
医疗	床位居民比增长率	12.5
	医生居民比增长率	12.5

三、边境地区民生保障的分项评估

（一）收入

1. 可支配收入

收入是民生之源。兴边富民行动"十一五"和"十二五"规划中明确将"大幅提高居民收入水平"作为发展目标；"十三五"规划进一步在数量层面做出了明确要求，拟实现"城乡居民人均收入年均增速高于全国平均水平"。图 5-1 分省区统计了"十一五"以来（2006~2018 年）各边境县农村居民人均可支配收入情况。图 5-1 显示，边疆 9 省区农民收入稳步提升。其中，"十一五"和"十二五"规划期间（2006~2015 年），边疆 9 省区边境县农民人均可支配收入平均增长 2.54 倍，年均增速 13.4%。分省区计算结果显示，云南增长 3.82 倍（增幅排名第一）、新疆增长 2.97 倍、黑龙江增长 2.61 倍、甘肃增长 2.56 倍、内蒙古增长 2.55 倍、西藏增长 2.29 倍、吉林增长 2.19 倍、广西增长 2.16 倍、辽宁增长 1.75 倍，年均增速依次为 17.0%、14.8%、13.7%、13.6%、13.5%、12.6%、12.3%、12.2%、10.6%，绝对收入层面上增长态势良好。同期我国农村居民人均可支配收入增长 2.18 倍，除辽宁和广西以外，其余 7 省区的农民收入相对增速高于全国平均水平。

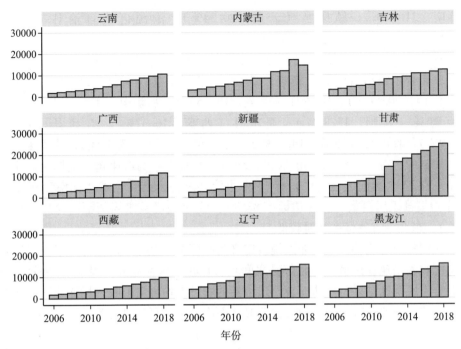

图 5 - 1　人均可支配收入的分省区比较

资料来源：《中国民族统计年鉴》和中国经济信息网数据库。

在"十三五"规划期间（2016～2018 年①），9 省区边境县农民人均可支配收入平均增长 29.1%，年均增速 8.8%。分省区计算结果显示，广西增长 51.4%（排名第一）、西藏增长 38.5%、云南增长 32.2%、黑龙江增长 30.4%、内蒙古增长 27.5%、甘肃增长 24.2%、辽宁增长 23.2%、吉林增长 17.7%、新疆增长 17.1%，年均增速依次为 14.8%、11.5%、9.7%、9.2%、8.4%、7.5%、7.2%、5.6%、5.4%。绝对收入层面上，相比"十一五"和"十二五"规划时期，增速有所放缓，但增长态势良好。而同期全国农民人均可支配收入增幅 28.0%，截至 2018 年底，仅广西、西藏、云南和黑龙江 4 省区相对增速高于全国平均水平，实现"十三五"规划目标。

县级层面统计结果显示，在"十一五"和"十二五"规划期间，农民人均可支配收入年均增速排名前十位的边境县分别为：塔什库尔干塔吉克自治县（新疆，30.50%）、二连浩特市（内蒙古，27.97%）、苏尼特左旗（内蒙古，24.42%）、西盟佤族自治县（云南，23.55%）、澜沧拉祜族自治县（云南，21.98%）、金平苗族瑶族傣族自治县（云南，21.93%）、江城哈尼族彝族自治县

---

① 鉴于数据统计的滞后性，截至课题研究时，仅能获得 2018 年以前年份的数据资料。

（云南，21.04%）、镇康县（云南，20.34%）、沧源佤族自治县（云南，20.15%）、同江市（黑龙江，19.51%）。

在"十三五"期间，农民人均可支配收入年均增速排名前十位的边境县分别为：察布查尔锡伯自治县（新疆，33.35%）、托里县（新疆，27.09%）、靖西市（广西，20.11%）、康马县（西藏，19.96%）、那坡县（广西，18.74%）、阿克陶县（新疆，17.80%）、亚东县（西藏，16.37%）、青河县（新疆，14.49%）、仲巴县（西藏，14.21%）、凭祥市（广西，13.51%）。在全部140个边境县中，有73个边境县的农民人均可支配收入年均增速超过同期全国平均水平。在73个达标边境县中，有24个边境县隶属云南（全省达标率为96%）、15个边境县隶属西藏（全区达标率83%）、12个边境县隶属新疆（全区达标率34%），东北三省达标率相对较低。

我们将与边境县接壤的非边境县定义为毗邻县，基于t检验比较了农民人均可支配收入增速在边境县与毗邻县之间是否存在系统性差异，表5-3展示了整体及分省区统计结果，总体而言，边境县的农民人均可支配收入增速显著高于毗邻县，这一现象在吉林和云南尤为明显，而广西则不存在显著差异。

表5-3　　　　　　　　边境县与毗邻县农民人均可支配收入增速比较

省份	边境县		毗邻县		t检验结果
	年均增速（%）	标准差	年均增速（%）	标准差	
整体	15.33	0.72	9.43	0.35	> ***
吉林	11.48	0.66	8.01	0.87	> **
广西	14.05	0.60	9.15	0.25	=
云南	17.63	0.55	9.60	0.06	> ***

注：（1）毗邻县，指与边境县接壤的非边境县。
（2）因数据可得性，本表中仅针对吉林、广西和云南三省区做对比。
（3）计算方法：先以县为单位逐年计算增长率，再分省份做t检验。
（4）*，$p < 0.10$；**，$p < 0.05$；***，$p < 0.01$。
资料来源：《中国民族统计年鉴》和中国经济信息网。本章以下图表均来源于此，后面不再赘述。

案例5-1

哈密市产业扶贫案例[1]

新疆哈密市通过产业带动、稳定就业等方式，帮助困难群众增收，巩固提升

---

[1] 吴卓胜、杨明、任立勇、郭子毅、赵烨：《新疆哈密市产业带动就业拉动 稳定增收助力脱贫》，央广网，https：//baijiahao.baidu.com/s？id=1634935597722525445&wfr=spider&for=pc（有删改）。

脱贫成果，为顺利完成脱贫攻坚任务再添新动力。

哈密市伊州区供销便民直销店花果山店的理货员 M，早年间靠种大枣维持一家人的生计，生活压力较大。2018 年 2 月通过招聘，来到便民直销店工作，每月工资 3200 元，随后又住进了廉租房。该农户对于当前的生活十分满意，并表示"会干好这个工作"。

哈密市伊州区东郊开发区的 R 姓员工，就职于新疆郎礼戈馕食品开发有限公司，从事夹心馕的烤制和包装工作，该企业是伊州区东郊开发区管委会为解决贫困户就业而专门引进的。时任伊州区东郊开发区管委会党委书记表示："我们采取了多种形式，引进了一些能在家门口实现就业的小微企业。"

截至 2019 年，该开发区已引进小微企业 6 家，为贫困户提供就业岗位 53 个。下一步，管委会还将继续通过各类优惠政策吸引小微企业入驻，力争实现贫困户家庭一户一工人的目标。时任哈密市扶贫办主任表示："在巩固提升尤其是巩固脱贫质量方面，我们需要下功夫。我们计划通过技能培训，尤其是通过开展群众工作，对于贫困人口的就业意愿进行调查摸底，再通过系统的技能培训，使原本已经就业或者还未就业的贫困人口，能够实现高质量就业。"

2. 居民收入占比

推动经济发展成果的全民共享是对新发展理念的贯彻落实，《兴边富民行动"十三五"规划》也明确指出，要"确保各族群众共享改革发展成果"。对此，本章构建居民收入占比指标，即农民人均可支配收入与人均地区生产总值之比，如果居民收入占比逐年增大，则表明农民收入的增长速度快于当地经济增长速度，经济发展的成果流向了农民群体；反之，如果居民收入占比逐年减小，则表明农民收入的增长速度慢于当地经济增长速度，农民没有更好地共享经济发展成果。表 5 - 4 和图 5 - 2 分省区统计了"十一五"规划以来各边境县居民收入占比的变化趋势。数据显示，边疆 9 省区的居民收入占比在样本期内均呈现上升趋势，平均增幅 9.98%。分省区计算结果显示，辽宁增长 25.5%（增幅排名第一）、甘肃增长 20.0%、吉林增长 9.8%、云南增长 8.9%、黑龙江增长 8.8%、内蒙古增长 8.4%、西藏增长 4.6%、广西增长 2.1%、新疆增长 1.8%。同期全国居民收入占比增长 2.9%，除广西和新疆外，其余 7 省区的居民收入占比相对增速快于全国平均水平。

在"十三五"期间，9 省边境县居民收入占比平均增幅 5.57%，其中辽宁增长 14.4%、甘肃增长 10.8%、吉林增长 8.2%、黑龙江增长 6.6%、内蒙古增长 5.5%、广西增长 5.5%、云南增长 1.2%、新疆下降 0.3%、西藏下降 1.7%。同期全国居民收入占比大致维持不变，截至 2018 年底仅辽宁、甘肃、吉林、黑龙江、内蒙古、广西和云南 7 省区增幅高于全国平均水平，实现"十三五"规划目标。

表5－4　　　　　　边境地区居民收入占比分省区比较（2009～2018年）　　　　单位：%

省区	2009年	2010年	2011年	2012年	2013年	2014年	2015年	2016年	2017年	2018年	涨幅	排名
辽宁	23.1	21.1	21.6	20.5	21.2	19.1	34.2	48.2	48.5	48.6	25.5	1
甘肃	5.9	5.2	5.6	5.6	5.6	8.0	15.1	17.4	25.9		20.0	2
吉林	19.8	19.9	18.3	18.9	19.1	20.9	21.4	20.6	22.5	29.6	9.8	3
云南	29.6	29.7	27.4	30.8	32.2	36.7	37.4	37.8	37.5	38.6	8.9	4
黑龙江	24.9	26.2	24.2	24.3	22.6	22.5	27.1	29.2	31.0	33.7	8.8	5
内蒙古	9.8	9.5	10.2	8.8	9.6	9.0	12.7	12.6	21.7	18.1	8.4	6
西藏	32.1	31.6	29.6	34.2	33.0	37.7	38.4	40.9	38.5	36.8	4.6	7
广西	27.2	27.4	24.4	23.6	23.9	24.4	23.9	26.6	25.1	29.3	2.1	8
新疆	29.1	28.3	27.1	28.8	28.1	29.6	31.2	35.8	31.8	30.9	1.8	9

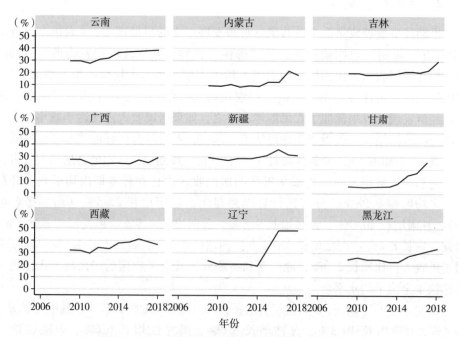

图5－2　边境地区居民收入占比分省区变化趋势

资料来源：《中国民族统计年鉴》和中国经济信息网数据库。

县级层面统计结果显示，在"十三五"规划期间，居民收入占比增幅排名前十的边境县分别为：察布查尔锡伯自治县（新疆，50.7%）、托里县（新疆，46.3%）、定结县（西藏，38.4%）、和龙市（吉林，35.4%）、宽甸满族自治县（辽宁，29.6%）、图们市（吉林，27.7%）、福海县（新疆，25.1%）、东乌珠穆沁旗（内蒙古，22.6%）、阿尔山市（内蒙古，22.6%）、龙井市（吉林，18.3%）。在全部 140 个边境县中，有 97 个边境县居民收入占比实现增长。在 97 个达标边境县中，有 18 个边境县隶属云南（全省达标率 72%）、17 个县隶属内蒙古（全区达标率 85%）、17 个县隶属新疆（全区达标率 49%）、15 个县隶属黑龙江（全省达标率 83%）、10 个县隶属吉林（全省达标率 100%），相比而言新疆和西藏两区达标率较低。

（二）社会保障

1. 最低生活保障标准

社会保障体系通常包括三个层次，由低到高分别为社会救济、社会保险和社会福利。其中，社会救济是社会保障的最低层次，也是最核心的组成部分，旨在保障弱势群体的基本生存。鉴于社会救济在社保体系中的重要性，以及数据获取方面的原因，本章选用最低生活保障制度（以下简称"低保"）作为评估社会保障水平的着力点。

最低生活保障标准的高低是衡量社会保障水平的重要指标。不同于贫困标准的制定，最低生活保障标准由各县级民政部门综合考虑当地经济发展水平、人民生活状况、物价水平和地方政府财政等因素确定。表 5–5 和图 5–3 分省区统计了 2011 年以来边疆 9 省区边境县城镇和农村地区最低生活保障标准的变化情况。数据显示，边疆 9 省区边境县的城乡最低生活保障标准均呈现上升趋势。在农村，样本期间西藏增加 3447 元（增幅排名第一）、甘肃增加 2043 元、吉林增加 1942 元、广西增加 1639 元、云南增加 1546 元、辽宁增加 1466 元、内蒙古增加 1385 元、新疆增加 1337 元，黑龙江增加 992 元。同期农村最低生活保障标准全国平均增幅 3429.4 元。在城镇，西藏增加 5425 元（增幅排名第一）、甘肃增加 3656 元、内蒙古增加 2961 元、云南增加 2872 元、吉林增加 2855 元、广西增加 2724 元、辽宁增加 2228 元、黑龙江增加 2195 元、新疆增加 1761 元。同期城镇最低生活保障标准全国平均增幅 3942 元。

表 5-5　　　　边境地区最低生活保障标准分省区比较（2011～2018 年）　　　　单位：元

省区	农村						城镇					
	未调整			CPI 调整			未调整				CPI 调整	
	2011年	2018年	涨幅	排名	涨幅	排名	2011年	2018年	涨幅	排名	涨幅	排名
西藏	1046	4493	3447	1	2544	1	4464	9889	5425	1	3437	1
甘肃	926	2969	2043	2	1508	2	2694	6350	3656	2	2512	2
吉林	1318	3260	1942	3	1370	3	2996	5851	2855	5	1827	5
广西	808	2447	1639	4	1194	4	2026	4750	2724	6	1860	4
云南	1089	2635	1546	5	1096	5	2174	5046	2872	4	2010	3
辽宁	1344	2810	1466	6	986	6	3241	5469	2228	7	1294	7
内蒙古	2070	3455	1385	7	787	8	3842	6803	2961	3	1784	6
新疆	1324	2661	1337	8	822	7	2795	4556	1761	9	879	9
黑龙江	1448	2440	992	9	583	9	3277	5472	2195	8	1280	8

注：CPI 调整，指根据分省消费物价指数将价格水平调整至 2011 年，以此考察最低生活保障标准在剔除物价因素后的实际增长幅度。

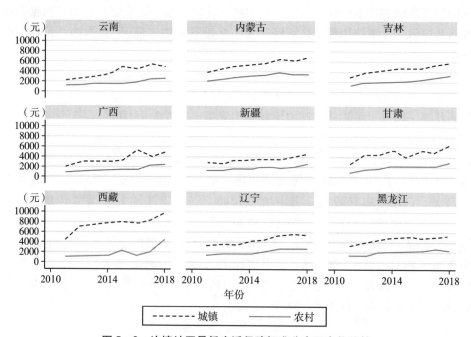

图 5-3　边境地区最低生活保障标准分省区变化趋势

资料来源：《中国民族统计年鉴》和中国经济信息网数据库。

但最低生活保障标准的上调，并不完全体现为对低收入人群保障力度的增强。为了进一步剔除物价变动的影响，本章根据分省消费物价指数统一将价格水平调整至 2011 年，并沿用前面的方法重新测算 2011～2018 年间最低生活保障标准的实际增幅，测算结果如表 5-5 所示。数据显示，无论是农村还是城镇的最低生活保障标准，涨幅排名均发生改变。具体而言，样本期间，西藏农村最低生活保障标准在剔除物价因素后的实际增幅为 2544 元（增幅排名第一），相比于基期水平，上涨 2.43 倍。其他省份农村最低生活保障标准的实际增幅依次为：甘肃 1508 元、吉林 1370 元、广西 1194 元、云南 1096 元、辽宁 986 元、新疆 822 元、内蒙古 787 元、新疆 822 元，黑龙江 583 元。城镇最低生活保障标准在剔除物价因素后，西藏实际增幅 3437 元（增幅排名第一），相比于基期水平，上涨 77.0%。其他省份城镇最低生活保障标准的实际增幅依次为：甘肃 2512 元、云南 2010 元、广西 1860 元、吉林 1827 元、内蒙古 1784 元、辽宁 1294 元、黑龙江 1280 元、新疆 879 元。边疆 9 省区边境县的城乡的最低生活保障标准呈现上升趋势，表明 2011～2018 年间我国对边境地区低收入人群的保障力度有所增强。

2. 最低生活保障支出规模

最低生活保障标准的确定受居民收入结构、物价变动和地方政府财力等因素的综合影响，最低生活保障标准的提高将直接引发政府最低生活保障支出规模的增加。表 5-6 和图 5-4 分省区统计了 2010 年以来边疆 9 省区边境县城乡最低生活保障支出规模的变化情况。数据显示，边疆 9 省区边境县城乡最低生活保障人均支出呈现稳步提升的发展趋势，农村最低生活保障支出规模增长相对快于城镇。其中，城镇最低生活保障支出方面，甘肃人均支出增幅 311.3%，年均增速 19.3%（增幅和增速排名第一），其他边境省区人均年均增速依次为：西藏（18.6%）、云南（14.3%）、广西（14.2%）、辽宁（12.4%）、吉林（11.6%）、新疆（11.1%）、内蒙古（10.4%）、黑龙江（8.2%）。同期全国城镇最低生活保障人均支出增幅 151.5%，年均增速 12.2%，甘肃、西藏、云南、广西和辽宁城镇最低生活保障支出增长超过全国平均水平。农村最低生活保障支出方面，西藏人均支出增幅 587.1%，年均增速 27.2%（增幅和增速排名第一），其他省份年均增速依次为：甘肃（17.6%）、云南（16.5%）、吉林（16.4%）、新疆（15.3%）、辽宁（13.2%）、黑龙江（12.2%）、内蒙古（12.2%）、广西（5.7%）。同期全国农村最低生活保障人均支出增幅 251.9%，年均增速 17.0%，西藏和甘肃农村最低生活保障支出增长超过全国平均水平。

表5-6　　　　边境地区最低生活保障支出规模分省区比较（2010～2018年）　　单位：%

省区	城镇			农村		
	增幅	年均增速	排名	增幅	年均增速	排名
甘肃	311.3	19.3	1	267.0	17.6	2
西藏	290.9	18.6	2	587.1	27.2	1
云南	190.5	14.3	3	238.8	16.5	3
广西	189.0	14.2	4	55.7	5.7	9
辽宁	154.5	12.4	5	169.8	13.2	6
吉林	141.0	11.6	6	237.0	16.4	4
新疆	132.1	11.1	7	212.6	15.3	5
内蒙古	120.9	10.4	8	151.8	12.2	8
黑龙江	87.7	8.2	9	151.9	12.2	7

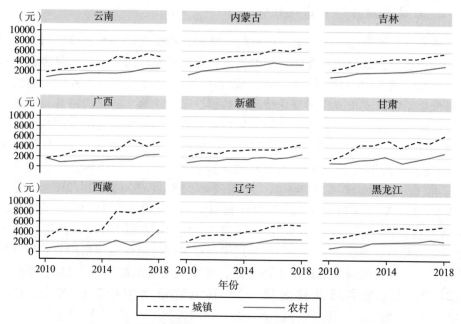

图5-4　边境地区最低生活保障支出规模分省区变化趋势

资料来源：《中国民族统计年鉴》和中国经济信息网数据库。

案例 5 - 2

同江市低保兜底案例①

同江市街津口赫哲族乡渔业村农户曹姓一家为低保户家庭。

户主,女,67 岁,患有心脏病。丈夫,75 岁,患有脑梗。两人育有四个子女。

长子,38 岁,在同江市里打工,从事建筑及水泥小工工作,工资 130 元/天。现育有 1 个儿子,2009 年出生。为了给孩子提供更好的教育和生活条件,目前在同江市租房居住,房租为每年 9000 元,对于长子而言是一笔不小的支出。由于工作量并不固定,时忙时闲,收入不稳定。

长女,50 岁,以种地捕鱼为生。因 2019 年调研时正处于汛期,长女忙于农田排水防洪工作。近几年洪涝灾害频发,农田连续六年受灾。由于种地是其主要收入来源,这几年家庭经济状况遭到严重破坏,收入减少。谈到农田受灾这个话题,她叫苦不迭。

次女,46 岁,同样以种地为生。丈夫在兵团农场打工,从事农业耕种。两人也属于典型的"看天吃饭",这几年频繁的洪涝灾害同样给二人的经济收入带来很大影响。两人育有 1 个孩子,高中毕业,正在同江市里读大专,电子商务专业。

三女,43 岁,在同江市打工,受雇销售电器。育有 1 个女儿,现年 25 岁,现因刚结婚生子,在家照顾孩子。

夫妻二人是低保户,身体状况不好,均患有慢性疾病,医药支出压力较大。因年事已高,无力从事相关工作,生活来源主要依靠国家的扶贫政策和子女不定期的资助。妻子每月可领取 85 元养老金,丈夫每年可领 2000 元低保。此外,家中有半公顷粮田,已经承包出去,每年可得土地流转收入 2000 元。针对看病医疗问题,村委会代其缴纳农村合作医疗个人缴纳部分,可享受一定比例的报销和资助,同时享有国家一年 2000 元医药补贴。

(三) 教育

1. 小学师生比

教育是立国之本,强国之基,国民受教育水平的高低是评价一个国家综合国

---

① 张丽君、吴本健、王飞、马博:《中国少数民族地区扶贫进展报告 (2019)》,中国经济出版社 2020 年版,第 361 页。

力的重要依据。目前我国教育供给方面仍然存在诸多不足，具体表现为：一是地区发展不平衡，即东部地区基础教育资源相对富足，中部地区基础教育资源相对不足，西部和边境地区基础教育相对落后，无论是基础教育资源的占有、基础教育资源质量还是入学比例都与东部和中部地区存在较大差距。二是城乡发展不平衡，即城市地区师资力量强大，生源优质；农村地区师资相对薄弱，生源和教育质量欠佳；城乡接合部地区，教学条件相对弱化，教学质量也就相对较差。因此，加大西部和边境地区，以及农村地区的教育供给，对于我国社会整体发展、解决地区间不平衡的矛盾具有重要的现实意义。

本章分别以小学师生比和中学师生比作为评估地区教育供给水平的代理变量，小学师生比即为普通小学专任教师数与在校学生数之比，中学师生比为普通中学专任教师数与在校学生数之比。

表5-7和图5-5分省区统计了2010年以来边疆9省区边境县小学师生比的变化情况。数据显示，样本期内边疆9省区边境县的小学师生比大致维持稳定，涨跌幅在2个百分点以内。其中，黑龙江小学师生比从8.08%上升至10.03%（即从每12名学生对应1位老师，上升至每10名学生对应1位老师），增幅1.96个百分点（增幅排名第一），其他边境省区的增幅依次为：西藏（1.77个百分点）、辽宁（1.47个百分点）、吉林（-0.08个百分点）、广西（-0.41个百分点）、云南（-0.49个百分点）、新疆（-0.74个百分点）、甘肃（-1.39个百分点）、内蒙古（-1.46个百分点）。而同期全国普通小学师生比平均增幅0.24个百分点，西藏和辽宁边境地区增幅超过全国平均水平。

表5-7　　　　　　边境地区小学师生比分省区比较（2010~2018年）　　　单位：百分点

省区	增幅	排名
黑龙江	1.96	1
西藏	1.77	2
辽宁	1.47	3
吉林	-0.08	4
广西	-0.41	5
云南	-0.49	6
新疆	-0.74	7
甘肃	-1.39	8
内蒙古	-1.46	9

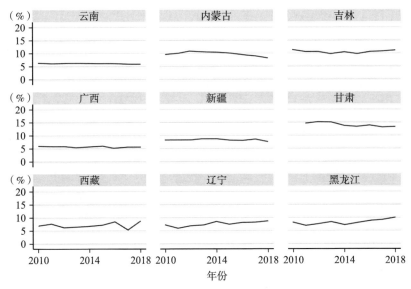

图5-5　边境地区小学师生比分省区变化趋势

资料来源：《中国民族统计年鉴》和中国经济信息网数据库。

2. 中学师生比

表5-8和图5-6分省区统计了2010年以来边疆9省区边境县中学师生比的变化情况。数据显示，样本期内边疆9省区边境县的中学师生比大致维持稳定，个别边境省区略有提升。其中，吉林中学师生比从10.54%上升至17.19%（即从每10名学生对应1位老师，上升至每6名学生对应1位老师），增幅6.65个百分点（增幅排名第一），其他边境省区的增幅依次为：黑龙江（2.64个百分点）、辽宁（2.19个百分点）、西藏（1.78个百分点）、云南（1.21个百分点）、内蒙古（0.13个百分点）、甘肃（0.02个百分点）、新疆（-0.08个百分点）、广西（-0.69个百分点）。

表5-8　　　　　　边境地区中学师生比分省区比较（2010~2018年）　　　单位：百分点

省区	增幅	排名
吉林	6.65	1
黑龙江	2.64	2
辽宁	2.19	3
西藏	1.78	4
云南	1.21	5

续表

省区	增幅	排名
内蒙古	0.13	6
甘肃	0.02	7
新疆	−0.08	8
广西	−0.69	9

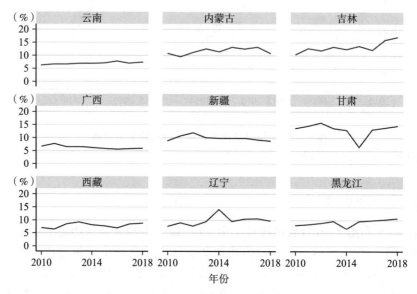

图5-6　边境地区中学师生比分省区变化趋势

（四）医疗

1. 床位居民比

未来从医疗供给的视角评估边境地区的民生保障水平，我们分别选用床位居民比和医生居民比作为评估所需的代理变量，前者指医院和卫生院床位数与户籍人口数之比，后者指卫生技术人员与户籍人口数之比，即每万人中可供使用的病床数和医师人数。

图5-7分省区统计了2010年以来边疆9省区边境县床位居民比的变化情况。数据显示，样本期内除西藏呈现波动下降和甘肃呈现波动上升的趋势外，其他边境省区边境县的数值在低水平上大致维持稳定。截至2016年底，边疆9省区边境县床位居民比依次分别为：甘肃（4.96，排名第一）、西藏（4.39）、内

蒙古（1.74）、新疆（1.20）、黑龙江（1.10）、吉林（1.08）、云南（0.63）、广西（0.62）和辽宁（0.40）。同期全国平均水平为 53.59，即每万人中可供使用的病床数约为 53 张，边境地区的病床供给远低于全国平均水平。我们进一步在县级层面上比较了边境县和毗邻县的 2016 年床位居民比是否存在系统性差异，统计结果显示，两者并不显著，由此表明我国医疗资源分布不均主要表现为东中西部间的省份差异，以及省份内中心—外围城市间的地区差异。

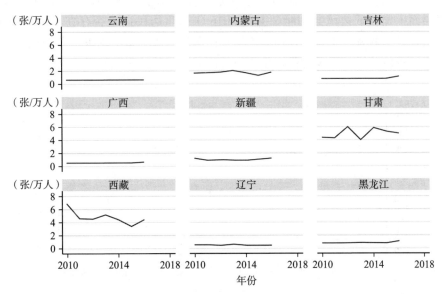

图 5-7　边境地区床位居民比分省区变化趋势

从样本期间床位居民比的变化趋势来看，在省级层面上，增速最快的前三个省份依次为：黑龙江（8.20%）、吉林（8.00%）、甘肃（5.93%）。在县级层面上，年均增速最快的前十位边境县依次为：塔城市（新疆，46.92%）、阿勒泰市（新疆，38.06%）、密山市（黑龙江，34.11%）、泸水市（云南，27.35%）、防城区（广西，27.18%）、裕民县（新疆，27.05%）、叶城县（新疆，21.69%）、洛扎县（西藏，21.68%）、察布查尔县（新疆，21.31%）、那坡县（广西，21.75%）。此外，我们还比较了样本期内边境县和毗邻县在床位居民比增长率上的变化，统计结果显示二者同样不存在显著的差异。

2. 医生居民比

图 5-8 分省区统计了 2010 年以来边疆 9 省区边境县医生居民比的变化情况。数据显示，样本期内边疆 9 省区边境县大多呈现稳中提升的变化趋势。截至2018 年底，边疆 9 省区边境县床位居民比依次分别为：甘肃（103.86，排名第

一）、内蒙古（60.77）、吉林（53.78）、云南（51.23）、新疆（47.43）、黑龙江（46.30）、辽宁（43.53）、广西（38.20）、西藏（34.27）。2010～2018年医生居民比年均增速依次为：云南（9.06%）、辽宁（9.04%）、广西（5.90%）、新疆（4.21%）、吉林（3.64%）、甘肃（1.75%）、内蒙古（1.46%）、黑龙江（1.25%）、西藏（-2.33%）。而同期，截至2016年底全国医生居民比为24.47%，即每万人中可享用的医生资源约为24人，边境地区的医生资源供给远低于全国平均水平；2010～2018年医生居民比年均增速5.70%。我们进一步在县级层面上比较了边境县和毗邻县的2016年医生居民比是否存在系统性差异，统计结果显示两者并不显著，由此表明我国医生资源分布不均也主要表现为东中西部间的省份差异，以及省份内中心—外围城市间的地区差异。

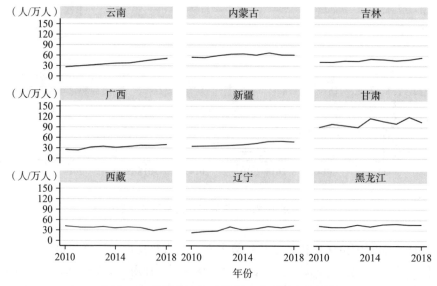

图5-8 边境地区医生居民比分省区变化趋势

从样本期间医生居民比的变化趋势来看，在边境省区层面上，增速最快的前三个省区依次为：辽宁（10.81%）、云南（9.11%）、广西（6.48%）。在边境县级层面上，年均增速最快的前十位边境县依次为：阿克陶县（新疆，33.47%）、裕民县（新疆，31.69%）、定结县（西藏，30.13%）、沧源县（云南，22.78%）、满洲里市（内蒙古，22.26%）、镇康市（云南，21.67%）、振安区（辽宁，21.45%）、勐海县（云南，21.03%）、洛扎县（西藏，19.53%）、青河县（新疆，19.47%）。此外，我们还比较了样本期内边境县和毗邻县在医生居民比增长率上的变化，统计结果显示两者同样不存在显著的差异。

案例 5-3

同江市医疗保险扶贫案例①

同江市街津口赫哲族乡渔业村农户尤姓一家为"因病致贫"典型案例，得益于医疗保险，该农户的生活质量得到极大提升。

户主，女，53 岁，初中文化。因遭遇意外车祸，下肢瘫痪，生活不能自理。患有脑梗死、高血压等慢性病，需常年用药治疗，支出较大。

丈夫，男，65 岁，小学文化。年轻时靠捕鱼谋生，现因身体原因，以及 60 岁以后不允许捕鱼的政策规定，赋闲在家。夫妻二人为再婚重组家庭。

丈夫有 2 个儿子。长子，中专毕业，在秦皇岛定居。离异，育有 1 个儿子，现年 11 岁。长子早年间在一所私人幼儿园工作，每月工资 1000 元。2 年前因工资太低，无力支持更好的生活，故辞职，现从事旅游相关工作。次子，中专毕业，目前在天津工作，以送外卖为生，收入不稳定，离异，儿子由前妻抚养。

妻子有 2 个女儿。长女，舞蹈演员，在同江市艺术文工团工作，每月工资 2000 元，离异，独自抚养 6 岁女儿。次女，在福建定居，早年间受雇从事销售工作，现因刚结婚生子，在家照顾女儿。

夫妇两人因身体状况欠佳，无法获取工资性收入和生产经营性收入。丈夫早年间经营一片果园，因自身疾病及需照顾老伴，无暇顾及，现果园基本荒废，前期投入难以收回。现阶段两人收入主要来自子女不定期提供赡养费以及转移性（政策性）收入和财产性收入。转移性收入包括 2018 年获得的 1617 元地力补贴和 3900 元种植补贴，丈夫每月还可领取 85 元养老金。财产性收入主要来自三个方面：一是土地流转收入，拥有 22.5 亩土地，每年可获得土地流转收入 4500 元；二是投资企业收入，参与了卫明村粮食烘干及仓储项目，每年可得分红 440 元；三是金融入股收入，依托同江市金融扶贫政策，夫妇二人从农商银行免息贷款 5 万元参与新远东集团项目，每年可获得不少于 3000 元的金融入股收入。另外，村委会年初给每家贫困户发放 20 只鸡雏，助其发展庭院养殖。

目前两人基本上温饱不愁，主要支出在于医疗部分。得益于同江市的健康扶贫政策，二人参加了新型农村合作医疗，享受基本医疗保险、大病保险、大病医疗救助、大病和慢性病分类救治和优惠政策。同时，政府给办理了农村居民养老保险，并为妻子办理 30 元小额意外险和大病健康商业保险，为二人生活提供了保障。由于妻子患有脑梗，还享有国家每年发放的 1500 元药费补贴。除去各类补贴报销二人每年需要支付 2000 多元医药费。

---

① 张丽君、吴本健、王飞、马博：《中国少数民族地区扶贫进展报告（2019）》，中国经济出版社 2020 年版，第 359~360 页。

四、边境地区民生保障的综合排名

基于上述指标，本章分别计算了 2006 年以来的平均变化率，并对每项指标赋予 12.5% 的权重，计算加权得分。在此基础上，将得分按照从高到低的顺序逐一排序，计算结果如表 5-9 和表 5-10 所示，表 5-9 为民生保障水平的边境省区排名，表 5-10 为民生保障水平的边境县排名，表中列示了边境县名称、所属省份、加权得分和排名。

表 5-9 边疆 9 省区民生保障水平排名

省区	加权平均分	排名
云南	51.39	1
西藏	49.02	2
广西	46.82	3
吉林	44.72	4
甘肃	43.10	5
辽宁	40.47	6
黑龙江	40.19	7
新疆	35.75	8
内蒙古	34.86	9

表 5-10 边境县民生保障水平排名

区县	省份	加权平均分	排名
景洪市	云南	61.12	1
墨脱县	西藏	59.57	2
察隅县	西藏	59.40	3
镇康县	云南	59.34	4
江城哈尼族彝族自治县	云南	59.05	5
定结县	西藏	58.49	6
沧源佤族自治县	云南	58.11	7
错那县	西藏	57.02	8
洛扎县	西藏	56.08	9

续表

区县	省份	加权平均分	排名
贡山独龙族怒族自治县	云南	55.91	10
札达县	西藏	54.78	11
陇川县	云南	54.10	12
苏尼特右旗	内蒙古	54.06	13
东兴市	广西	53.45	14
托里县	新疆	53.45	15
绿春县	云南	53.45	16
耿马傣族佤族自治县	云南	53.41	17
密山市	黑龙江	53.23	18
和龙市	吉林	52.84	19
勐海县	云南	52.64	20
吉隆县	西藏	52.63	21
马关县	云南	52.44	22
芒市	云南	52.41	23
察布查尔锡伯自治县	新疆	52.28	24
龙井市	吉林	52.17	25
富宁县	云南	51.75	26
泸水市	云南	51.08	27
乌拉特后旗	内蒙古	51.06	28
福贡县	云南	51.04	29
腾冲市	云南	50.70	30
普兰县	西藏	50.60	31
勐腊县	云南	50.31	32
麻栗坡县	云南	50.00	33
孟连傣族拉祜族佤族自治县	云南	49.73	34
绥芬河市	黑龙江	49.25	35
盈江县	云南	49.09	36
河口瑶族自治县	云南	48.67	37
防城区	广西	48.01	38
浪卡子县	西藏	47.97	39

区县	省份	加权平均分	排名
那坡县	广西	47.59	40
阿拉善右旗	内蒙古	47.52	41
定日县	西藏	47.22	42
宽甸满族自治县	辽宁	47.08	43
靖西市	广西	46.89	44
青河县	新疆	46.50	45
塔河县	黑龙江	46.45	46
图们市	吉林	46.18	47
抚松县	吉林	46.04	48
阿合奇县	新疆	45.98	49
岗巴县	西藏	45.59	50
虎林市	黑龙江	45.47	51
东港市	辽宁	45.35	52
宁明县	广西	45.23	53
和布克赛尔蒙古自治县	新疆	45.19	54
大新县	广西	45.09	55
西盟佤族自治县	云南	44.70	56
龙州县	广西	44.48	57
龙陵县	云南	44.44	58
亚东县	西藏	44.43	59
康马县	西藏	44.41	60
澜沧拉祜族自治县	云南	44.33	61
安图县	吉林	44.22	62
萨嘎县	西藏	44.11	63
临江市	吉林	43.99	64
同江市	黑龙江	43.98	65
瑞丽市	云南	43.97	66
凭祥市	广西	43.81	67
嘉荫县	黑龙江	43.40	68
孙吴县	黑龙江	43.37	69

续表

区县	省份	加权平均分	排名
饶河县	黑龙江	43.24	70
珲春市	吉林	43.23	71
伊州区	新疆	43.15	72
肃北蒙古族自治县	甘肃	43.10	73
金平苗族瑶族傣族自治县	云南	42.99	74
乌什县	新疆	42.84	75
长白朝鲜族自治县	吉林	42.27	76
仲巴县	西藏	42.23	77
阿尔山市	内蒙古	41.98	78
苏尼特左旗	内蒙古	41.94	79
日土县	西藏	41.83	80
绥滨县	黑龙江	41.74	81
阿克陶县	新疆	41.57	82
鸡东县	黑龙江	41.42	83
塔什库尔干塔吉克自治县	新疆	41.22	84
阿巴嘎旗	内蒙古	41.16	85
博乐市	新疆	41.11	86
阿拉善左旗	内蒙古	41.02	87
陈巴尔虎旗	内蒙古	40.99	88
抚远市	黑龙江	40.55	89
和田县	新疆	40.42	90
阿勒泰市	新疆	40.28	91
巴里坤哈萨克自治县	新疆	40.23	92
东宁市	黑龙江	40.19	93
聂拉木县	西藏	40.13	94
逊克县	黑龙江	40.13	95
乌恰县	新疆	39.82	96
振安区	辽宁	39.76	97
哈巴河县	新疆	39.66	98
乌拉特中旗	内蒙古	39.43	99

区县	省份	加权平均分	排名
温宿县	新疆	39.29	100
皮山县	新疆	39.24	101
叶城县	新疆	38.96	102
昭苏县	新疆	38.79	103
振兴区	辽宁	38.68	104
集安市	吉林	38.53	105
伊吾县	新疆	38.44	106
吉木乃县	新疆	38.24	107
浑江区	吉林	37.77	108
达尔罕茂明安联合旗	内蒙古	37.75	109
科尔沁右翼前旗	内蒙古	37.10	110
布尔津县	新疆	36.78	111
奇台县	新疆	36.50	112
富蕴县	新疆	36.32	113
温泉县	新疆	36.16	114
噶尔县	西藏	35.94	115
塔城市	新疆	35.59	116
额尔古纳市	内蒙古	34.69	117
萝北县	黑龙江	34.63	118
漠河市	黑龙江	34.62	119
东乌珠穆沁旗	内蒙古	33.28	120
霍城县	新疆	32.93	121
福海县	新疆	32.25	122
新巴尔虎右旗	内蒙古	31.96	123
穆棱市	黑龙江	31.77	124
木垒哈萨克自治县	新疆	31.61	125
新巴尔虎左旗	内蒙古	31.58	126
元宝区	辽宁	31.49	127
四子王旗	内蒙古	30.81	128
额敏县	新疆	29.88	129

区县	省份	加权平均分	排名
阿图什市	新疆	29.59	130
额济纳旗	内蒙古	27.39	131
爱辉区	黑龙江	26.66	132
裕民县	新疆	23.73	133
呼玛县	黑龙江	23.30	134
二连浩特市	内蒙古	16.48	135
满洲里市	内蒙古	15.26	136
扎赉诺尔区	内蒙古	1.72	137
可克达拉市	新疆	1.04	138
霍尔果斯市	新疆	1.04	139
阿拉山口市	新疆	1.04	140

在计算各项指标的变化率得分时，应用如下公式：

$$\text{Score}_{ij} = \frac{\text{value}_{ij} - \text{value}_{i\_min}}{\text{value}_{i\_max} - \text{value}_{i\_min}} \times 100$$

其中，下角标 i 表示指标，j 表示区县，Score_{ij} 表示区县 j 在第 i 项指标上的得分，value_{ij} 表示区县 j 在第 i 项指标上的变化率（增长率或降低率），value_{i_max} 表示第 i 项指标的最大值，value_{i_min} 表示第 i 项指标的最小值，因此各项指标变化率得分 Score_{ij} 的值域为 [0，100]。

各边境县的平均得分，根据以下公式计算获得：

$$\text{Score}_{i} = \sum_{j=1}^{8} \left(\text{Score}_{ij} \times 12.5\% \right)$$

五、边境地区民生保障的未来展望

总体而言，云南和西藏的边境县在样本期间发展较好，内蒙古发展欠佳，新疆不同边境县间的发展差异较大（表现为总得分的方差较大）。云南边境地区发展较好的原因在于，第一类一级指标（收入）得分较高，具体包括"可支配收入增长率"和"居民收入占比增长率"2 个二级指标，换言之，得益于云南省的经济发展和人民收入水平的提高，进而引发民生状况的改善。西藏边境地区发展较好的原因在于，第二类一级指标（社会保障）得分较高，具体包括"最低生活保障标准增长率"和"最低生活保障支出增长率"两个二级指标，换言之，得益于政府在社会保障领域供给力度的提高，改善了低收入群体的生活质量。

兴边富民行动实施 20 年来，虽然边境地区在民生建设方面取得了举世瞩目的成就，但仍然存在诸多问题有待于进一步完善。本书建议，改善民生状况，首先仍然要以经济建设为中心，通过经济发展带动低收入居民的收入增长，持续地激发低收入群体的内生动力，在提升居民幸福感的同时，降低地方政府的财政负担。其次，加大政府的民生投入，针对难以通过市场获取收入的鳏寡孤独低收入群体，做好政策兜底；针对民生投入力度不足的边境地区，加大中央财政的支持力度，努力实现基本公共服务的均等化供给。

第六章

兴边富民行动 20 年边境
地区产业发展

产业兴，边境兴，边民富，产业是兴边富民行动取得实质效果和长远效应的核心保障。自兴边富民行动启动以来，产业发展的重要性在兴边富民行动"十一五""十二五"和"十三五"规划中得到越来越多的体现。在兴边富民行动"十一五"规划中，"产业"一词出现了 4 次，在"十二五"和"十三五"规划中则分别出现了 29 次和 69 次，体现了国家对边境地区产业发展的重视程度在不断提高。

从治边、富边到兴边，产业发展在边境地区和边民生活中所起到的作用既一脉相承，又与时俱进。唯有产业发展了，边民才能稳定，边境才能稳固——产业发展是治边、富边和兴边的内核。而不同时代边境地区以及边民对产业发展的需求又不一样。"十一五"期间，兴边富民行动重在解决"边境地区发展和边民生产生活面临的特殊困难和问题"，对产业发展的规划还处在初期和构想阶段。"十二五"期间，"促进特色优势产业发展""实行积极的产业扶持政策""开展承接产业示范区建设"等被明确提出，产业发展已被提到与基础设施建设和民生保障等量齐观的位置。"十三五"期间，"产业兴边"成为兴边富民六大行动之一，发展特色优势产业也增添了新的具体内容。

兴边富民行动 20 年来，边境地区的产业发展经历了翻天覆地的变化，尤其是在"十一五""十二五""十三五"行动规划的指引下，边境地区产业发展形成层次分明、特色鲜明、优势突出的基本格局，为边境地区发展和边民增收做出了卓越贡献。梳理兴边富民行动 20 年来的产业发展，既能对以往政策绩效进行客观评估，又能对未来兴边富民行动中如何更好地打好"产业兴边"这张牌产生政策启示。

一、边境地区产业发展的基本历程

（一）产业发展特征

1. 边境地区产业发展受宏观周期和兴边富民行动双轮驱动

从图 6-1 中可以看出，兴边富民行动实施以来，边境地区经济增长率长期高于全国平均水平，但从 2009 年以来经济增速迅速下滑，2017 年和 2018 年边境地区经济增速开始慢于全国平均水平。从全国和地区生产总值的表现来看，二者走势有一定的关联度，但比较明显的是边境地区的生产总值变化滞后于全国水平，而且变动幅度相比全国水平要大。这一方面说明了边境地区的发展与全国经济发展协同，边境地区的发展依赖于内地发展状况。此外，边境地区的发展呈现出与全国水平步调不一致的特征则主要是受到兴边富民行动规划的影响，从 2006~2010 年、2011~2015 年、2016~2018 年的发展特征可以看出，规划对于边境地区的经济发展有很大的影响，在规划的前期边境地区发展较快，但规划后期则受到整体经济周期的影响。而且在总体上边境地区的产业发展有向全国平均水平趋同的态势。

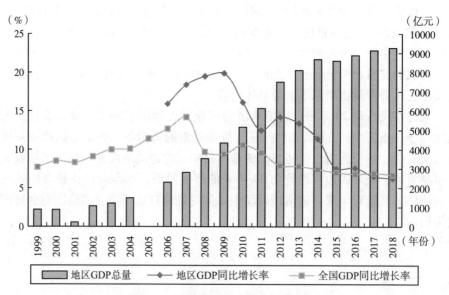

图 6-1　边境县地区生产总值及增速

2. 三次产业增速在下行中呈现分化

从边境地区的产业规模增速来看（见图 6 - 2），第一产业、第二产业、第三产业的增速自 2009 年以来均出现了一定程度的下滑，其中以第二产业增速下滑最为明显，从 2006 年 23.1% 下滑到了 2018 年的 5.8%，2017 年和 2018 年第一产业增速开始提升，最终三次产业同比增速趋同。与全国三次产业增加值同比增速相比（见图 6 - 3），边境地区的产业发展速度明显高于全国平均水平（2017年以前），第三产业增速与全国平均水平相当，第二产业增速近年来的相对优势不再明显，第一产业发展则一直保持优势。

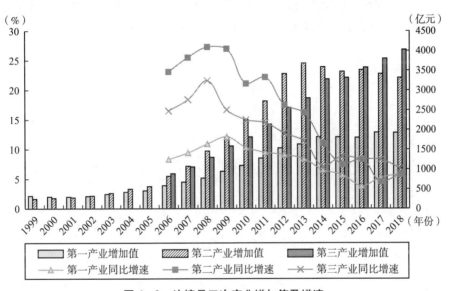

图 6 - 2　边境县三次产业增加值及增速

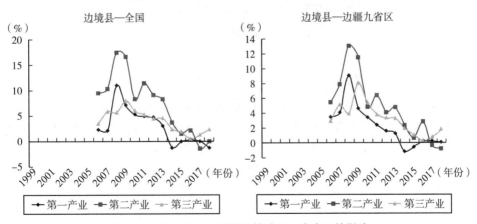

图 6 - 3　兴边富民行动对边境地区三次产业的影响

3. 兴边富民行动提升产值效果明显，效应递减中三产分化

根据以上对边境地区生产总值变化的观察，可以简单地将边境地区三大产业增速分别分解为全国三大产业增速影响和兴边富民行动的影响，即兴边富民行动对产业的影响＝边境地区产业增速－全国产业增速。或者通过比较边境地区产业增速与边境地区所在的9省区平均产业增速得到兴边富民行动的影响：兴边富民行动对产业的影响＝边境地区产业增速－边疆9省区平均产业增速。

二者比较的结果如图6－4所示，研究发现，兴边富民行动对三次产业发展具有极大的促进作用。从历史来看，兴边富民行动对第二产业的促进作用占主导地位，但随着时间的推进其效应逐渐下降，而对第一产业和第三产业的促进作用保持相对稳定甚至在不断下降中仍有所回升，逐渐有企稳趋势。

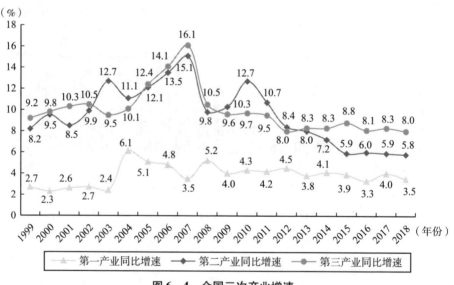

图6－4　全国三次产业增速

4. 三次产业构成渐趋平衡

图6－5和图6－6分别展示了兴边富民行动实施以来，边境地区三次产业构成比例和相应期间全国平均水平的变化情况。研究发现，边境地区最初以农业为支柱型产业，但随着兴边富民行动的实施，农业比重逐渐下降，第二产业比重经历了先上升后下降的过程，而第三产业的比重近年来在逐渐上升。相比全国产业构成中农业比重连年下降的趋势，边境地区农业发展仍有不俗的韧性，在全年GDP总量中占有21%的份额，第二产业占比与全国水平相当而且常年变化不大，农业占比下降的份额基本被逐渐兴起的服务业所替代。从产业构成来看，边境地

区的产业发展比较均衡，农业的作用不可替代，制造业发展比较稳定，服务业逐渐兴起并成为支柱产业。边境地区的发展既呈现出与全国经济发展趋势一致的一面，即开始进入后工业化阶段，但也呈现出边境地区的特殊性——进入后工业化的进程仍比较缓慢，三次产业发展比较均衡，尤其是农业的支撑作用仍然重要。边境地区的产业构成变化与兴边富民行动是分不开的，边境地区的特色优势产业是农业和文化旅游开发、商贸等服务业，近年来的产业构成充分说明了这一点。但值得注意的是，近年来边境地区的产业承接项目可能会导致边境地区局部出现三产结构的较大变化，从不同省区的产业发展轨迹可以发现这一点。

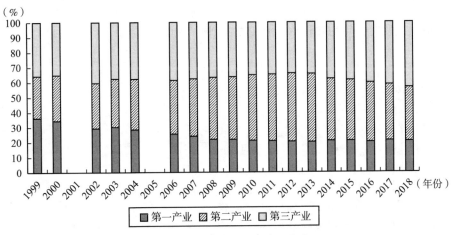

图 6 - 5　边境地区三次产业占比

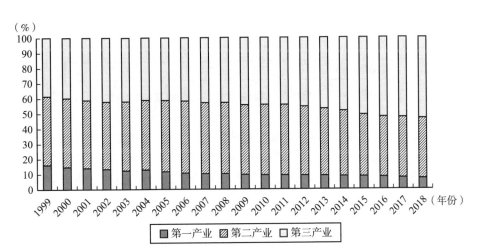

图 6 - 6　全国三次产业占比

（二）产业规模增长

兴边富民行动实施 20 年来，按照边境地区人均生产总值来衡量，2006 ~ 2018 年，140 个边境县的人均 GDP 从 12940 元增长到 51521 元（换算成美元约为 1670 美元和 7493 美元），同期全国平均水平分别是 2099 美元和 9977 美元，增长速度相当，其中以内蒙古边境县的人均 GDP 最高，在人均 GDP 超全国平均水平的边境县中内蒙古的边境县数量占比 60%（12/20）。① 其中，新疆伊吾县、乌恰县、巴里坤哈萨克自治县、吉木乃县、奇台县，黑龙江爱辉区、萝北县，广西靖西市、宁明县、龙州县，西藏错那县，辽宁振兴区和云南泸水市在 12 年间均实现了跨越式发展，年均增长率达到 17% 以上（见图 6 - 7）。

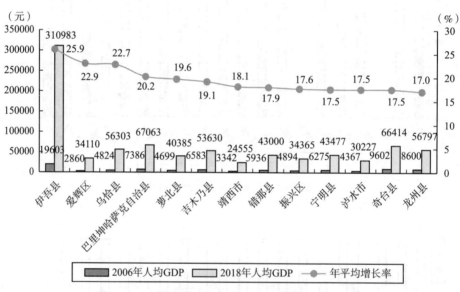

图 6 - 7　边境地区人均 GDP 年均增速超过 17% 的县

在 140 个边境县中，若以 2018 年末地区人均 GDP 来衡量，阿拉山口市排名最靠前，但其是在 2016 年才加入陆地边境县行列。从 2006 年到 2018 年，人均 GDP 年均增速最快的是新疆伊吾县，年均增速达到 25.9%，"十二五"期间增速甚至达到 30% 以上。

---

① 根据国家统计局和《中国民族统计年鉴》公开数据整理计算得到。

1. 特色优势农业渐成规模，助力边境地区繁荣

经过 20 年的长足发展，在现代技术的带动下，边境地区的农业发展呈现出行业规模渐成、生产更新换代、产品生态健康的特点。如同以上分析所指出的，边境地区的农业发展与全国其他地区不同的是，农业发展构成了边境地区发展中的重要力量，其在三次产业中的占比一直保持在 20% 以上。

近年来，各边境县在发挥自身资源禀赋优势、发展特色优势农业方面趟出了适合自身的路子。按照 2018 年末农林牧渔总产值来排序，辽宁丹东东港市、云南西双版纳景洪市和新疆喀什叶城县分列 140 个边境县前三。东港市依靠草莓、大米等极具特色的产品为依托，走商品化和品牌化的道路，东港大米畅销全国，东港市也荣获"中国草莓第一县""国家级出口草莓质量安全示范区"的称号。景洪市近年来结合自身良好的旅游资源，打造现代农业庄园，为全境产业融合发展、高质量发展拓宽了思路。叶城县则加强自身优势产业，在棉粮、水果和畜牧业上狠抓实干，兴边富民行动实施期间，其农林牧渔业总产值由边境县的第 11 位跃升至第 3 位。

若按照兴边富民行动"十一五""十二五""十三五"规划的时间段划分（"十三五"期间仅包括了 2016 年、2017 年和 2018 年），边境县农业总产值分别下降了 77 亿元，增加了 853 亿元和增加了 127 亿元，农业产值规模增长主要发生在"十二五"期间。其中，"十二五"期间，农业产值增长最多的边境县为东港市，增加值为 35.09 亿元，为当年所有边境县的农业产值增加贡献了 4%，增速最快的为西藏日喀则萨嘎县。

案例 6 -1

边境县发挥地域优势，打造特色优势农业[①]

朔风起，万物藏。随着 5300 多公顷水稻颗粒归仓、筛选脱壳，米粒饱满、外观透亮、色泽诱人的东港新大米第一时间摆上了百姓餐桌。在京东东港特产馆，记者看到产自东港示范农场的家庭装越光有机大米 1 公斤售价高达 60 元。以前受销路不畅影响，新米往往要几个月甚至大半年才能出手，只能卖个陈米价。现在新米一上市就打开了销路，不但能卖上好价钱，好米质也提升了品牌知名度。

在东港，好产品卖上好价钱，大米不是特例。草莓、黄蚬子等一批独具特色的地方优质农产品同样实现了新突破。一组最新数字能证明东港农业发展的成

---

① 黄宝锋、蔡晓华：《东港擦亮现代农业发展的"金名片"》，东北新闻网，http：//www.moa.gov.cn/xw/qg/201805/t20180529_6144984.htm（有删改）。

绩：2017 年粮食总产量达 5.02 亿公斤，实现连续 7 年超 5 亿公斤，林业总产值 33 亿元，渔业增加值可实现 42.49 亿元。

2. 特色优势工业发挥规模效应，增产增收、促进边民就业

兴边富民行动实施期间，边境地区工业发展经历了高速发展（2009 年以前）和平稳发展（2009 年以后）两个阶段，为边民增产增收、促进边疆就业、稳定边境人口做出了巨大贡献。从 2006～2016 年规模以上工业总产值规模来看，140 个边境县实现了从 1087 亿元到 9750 亿元的飞跃，工业发展成为边境地区发展的定盘星。虽然随着时间的推移，边境地区的工业增加值增长速度不断下滑，但工业发展，尤其是兴边富民行动提倡的特色优势工业发展表现出巨大潜力，承担着稳定边境地区就业和提高边境地区生活水平的功能。

特色优势工业为边民增产增收、助力边境地区脱贫攻坚和乡村振兴提供动力，尤其以发展产业园区的形式促进边境地区发展。新疆哈密伊州区是全国边境县中规模以上工业总资产总计最高的县，全区有 25 个产业园区，有丰富的煤炭、风力、光热能源资源，是国家重点规划的能源基地之一，也是"疆电东送"的重要区域。伊州区紧紧抓住"疆电东送"战略实施的机遇，依托建成的哈密至郑州正负 800 千伏特高压直流工程和 750 千伏疆电外送工程，把哈密的煤炭资源与风力、太阳能资源"打捆外送"，在开发中注重引进先进的技术和设备，让煤炭资源开发提高了档次。先后建设了石城子光伏产业园，东南部风电基地一期、二期，神华国能哈密煤电有限公司 4×66 万千瓦火电基地等一批综合能源基地。

案例 6-2

哈密工业经济向高质量发展迈进[1]

党的十九大以来，哈密市坚定不移深化供给侧结构性改革，培养壮大新兴产业与改造提升传统产业并重，加快产业结构调整、优化产业结构，推动新动能加速成长，积极构建哈密特色的现代工业产业体系。

2019 年 4 月，在哈密高新技术产业园区，哈密中车新能源电机有限公司生产车间正在加工来自青海省的风电开发项目订单设备。据了解，2019 年一季度，哈密中车新能源电机有限公司通过大力实施走出去战略，不仅获得了外省订单，还通过引进新技术，优化生产工艺流程，增加设备等措施，有效提高了生产能力，电机的生产量从原来的日生产量 1 台，增加到了现在的 1.5 台，为企业带来了可观的经济效益。中国中车股份有限公司是我国机电设备生产的领军企业，企业看准哈密的风力资源和风力装备产业配套发展的优势，在 2015 年进驻哈密，

---

[1] 根据哈密电视台哈密新闻整理，https：//v.qq.com/x/page/x08640ot4iz.html。

主要从事风力发电机部件生产，仅仅用了三年时间，企业已经从年产量不到300台发展为年产500台直驱永磁风力发电机基地，产能得到了持续释放。为了降低生产成本，企业采取了一系列措施，向精益化管理要效益。在哈密中车新能源电机有限公司生产车间内，风力发电机主要的三大部件，定子、转子以及轴系等均实现了批量化生产，企业紧紧抓住2019年国家风电电价调整的机遇，积极争取市场订单的同时，做好生产组织工作，努力提升发展质量。在哈密中车新能源电机有限公司、新疆兰石重装能源工程有限公司等企业产能释放的拉动下，2019年一季度，哈密市高新技术企业增加值占全市规模以上工业增加值比重首次超过10%，成为拉动全市规模以上工业增长的主力军。在哈密市高新技术产业园区南部循环经济产业园——新疆湘晟新材料科技有限公司的氯碱厂里，由新疆湘晟新材料科技有限公司投资建设的新疆首个钛及钛合金全产业链项目经过了两个月的试生产，于2019年4月底正式投产。这次投入试运行的年产2万吨钛及钛合金全产业链项目总投资76亿元，生产的钛及钛合金产品是航空航天装备、海洋工程装备及高技术船舶等的关键性基础材料，达产后预计吸纳近两千人就业，年销售收入达到31亿元。2019年一季度，哈密市共有纳入统计的规模以上企业125家，实现工业增加值39.97亿元，其中2019年一季度新增规模以上企业为9家。为了进一步优化发展环境，2019年哈密市还将进一步为企业降本减负，解决中小企业融资难融资贵的问题，全面优化政务服务持续推进工业经济健康发展。

特色优势工业还起到吸纳边民就业的作用，为边境地区的安全稳定做出了贡献。伊州区工业发展迅速，不仅解决了当地边民就业的问题，还吸纳附近的喀什、和田地区的人员就业，为南疆贫困地区劳务输出和脱贫攻坚贡献了力量。产业发展带动的就业持续稳定，为边境地区的民众生活提供了坚实基础，企业发展带动的人口向边境城镇集聚，推动了边境地区的城镇化。

3. 特色优势服务业规模迅速增加，形成新支柱产业

随着国家产业转型升级进程加快和服务业在国民生产总值中所占比重不断提高，边境地区服务业也在地区生产中起着越来越重要的作用。尤其是随着兴边富民行动对发展特色优势产业的倡导，边境县结合自身自然资源和地理优势，融合三产发展，以特色服务业带动一次产业和二次产业发展，打出组合拳，增加产业附加值，大大促进了边境地区经济社会发展。其中，以旅游、文化、商贸为主要推动力的服务业，近年来其产业规模迅速增加，体现出极大优势，逐渐形成边境地区的新支柱产业。

云南西双版纳景洪市基于自身优质的旅游资源，近年来大力发展旅游业，以旅游业为主导，提升基础设施和理顺管理机制，加强文化、产业、生态与旅游的融合。2007~2019年间，景洪市接待游客数从394万人次增长到2682万人次，

旅游业收入从 26 亿元增长到 598 亿元，旅游业已成为景洪市的支柱产业。① 新疆博尔塔拉阿拉山口市搭乘着向西开放的"快车"，发展口岸经济，正加快迈向我国对亚欧开放的枢纽港。

案例 6-3

边境小城阿拉山口变迁记②

2013 年 8 月 9 日凌晨，一列搭载 46 集装箱笔电等产品的渝新欧国际货运专列，经短暂查验后通过阿拉山口铁路口岸驶向欧洲。"随着'向西'贸易逐年增长，渝新欧等国际货运线路常态化运行，阿拉山口日均过货量已达 7.4 万吨、日均进出口额近 5000 万美元，跻身我国西部陆路口岸之首。"阿拉山口海关负责人说。

"感知中国穿越新丝路——渝新欧国际铁路媒体特别行动"采访团 9 日抵达新疆博尔塔拉蒙古自治州阿拉山口市。记者走访了解到，这个常住人口仅 1 万多人的西北边陲小城，搭乘着向西开放的"快车"，正加快迈向我国对亚欧开放的枢纽港。

"20 多年前，阿拉山口区域还是一片戈壁荒滩，只有边防连和一个气象站，新亚欧大陆桥开通使这里成为外贸口岸。但长期以来我国与欧洲贸易大部分向东走海运，阿拉山口口岸主要开展铁路临时过货和边境贸易。"阿拉山口市委副书记、口岸管委会副主任狄永江告诉记者。

近几年，随着国家大力推动"向西开放"，我国与中亚、欧洲的陆路快速发展，阿拉山口迎来前所未有的发展机遇，口岸过货量迅猛增长，开放功能不断拓展，阿拉山口也在去年底由一个边境小镇升格为县级市。

"如今的阿拉山口，已成为国家能源资源陆路安全大通道、新疆向西开放'桥头堡'。"狄永江介绍，不仅建成了集铁路、公路、管道运输于一体的国家重点口岸，贸易方式也从边境小额贸易发展到一般贸易、加工贸易等十几种。上半年，口岸累计进出口货物 1463.1 万吨，以原油、矿石、机械、建材等为主，同比增长 18.4%，占到新疆 17 个口岸进出总量的"半壁江山"。

向西开放持续深化，阿拉山口也加快转型升级。今年初，阿拉山口综合保税区建成，吸引了五矿集团、国电公司等一批龙头企业开展资源深加工和新能源开发。开通仅 3 年的中哈边民互市，也从初期日常货物交易，发展为"免签"入境旅游购物，带动口岸人气、商气进一步聚集。"未来几年，阿拉山口将努力打造

---

① 根据《中国民族统计年鉴》整理得到。
② 张桂林：《边境小城阿拉山口变迁记》，新华社，http://politics.people.com.cn/n/2013/0810/c70731-22515091.html。

成西部战略性资源储备加工基地、向亚欧开放的枢纽港，由单一国际物流通道向综合性开放型城市发展。"狄永江说。

（三）产业结构优化升级

《兴边富民行动"十三五"规划》提出发展优势产业的目标之一，是边境地区产业结构进一步调整，产业布局更趋合理，特色优势产业体系更加健全。由于各个边境县所处的地理自然环境十分不同，与之毗邻的国家情况各异，因此边境县在产业结构方面体现出十分不一致的状况。从边疆 9 省区 2018 年末三次产业结构的情况看，黑龙江的边境地区农业增加值占 GDP 比例最高，内蒙古的工业占比最高，所有省区的第三产业占比均超过 1/3（见图 6 - 8）。

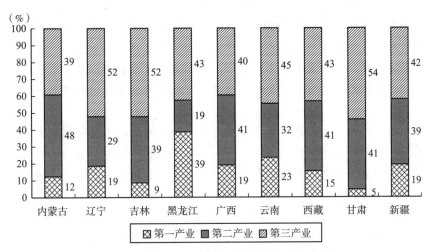

图 6 - 8　分省区 2018 年末边境地区三次产业结构

兴边富民行动实施以来，边境地区在推动传统产业现代化、加快淘汰落后产能、加快培育发展战略性新兴产业、加快发展现代化服务业方面效果显著，实现了三次产业结构的进一步优化，为边境地区长远发展打下了良好基础。而且随着国内产业转移的持续推进，边境地区的区位优势、资源优势和禀赋优势逐渐显现，边境地区在承接东部产业的同时也迈上了产业现代化的快车道。

1. 传统产业现代化趋势明显

边境地区传统产业发展粗放，与当前经济社会发展不相适应，不能满足人民日益增长的美好生活需要，而且传统产业不经济、单一化的特点明显。兴边富民行动实施以来，边境地区在发展特色优势产业、改造传统产业上持续发力，目前传统产业现代化趋势已十分明显。

案例 6 - 4

丹东制造向"工业 4.0"挺进①

由东方测控技术股份有限公司与内蒙古北方重型汽车股份有限公司、中国科学院合肥物质科学研究院联合研发的露天矿重型卡车无人驾驶系统，计划于 2018 年 6 月进行现场测试，丹东制造的"无人车"将在今年"上路"。近年来，丹东制造业把目光瞄准智能制造，曾经遥不可及的"工业 4.0"已经悄然来到丹东人身边。

"采矿少人化、无人化，是矿山发展的重要方向。"5 月 10 日，东方测控项目经理刘春辉受访时介绍，相比于有人驾驶汽车，无人驾驶汽车具有工作效率更高、运行成本更低、运输管理更科学等一系列优势。露天采矿无人驾驶系统的突破，是我国汽车工业新的技术标杆，具有重大战略意义。目前，国际矿业界应用成熟的露天无人驾驶系统知识产权属于澳大利亚矿业巨头，国内尚属空白。2016 年初，东方测控、北方重汽及中科院三方利用各自技术优势，合作开展露天无人驾驶核心技术国产化的攻关，克服了通信、智能调度、硬件、算法等一系列技术难题。

无人车、无人车间，在丹东已经不是什么新鲜东西。走进曙光集团车桥事业部的高端车桥智能化装配生产车间，映入眼帘的是智能化的全自动生产线：橘黄色的机械手举重若轻地抓起数十乃至上百公斤重的零部件，分毫不差地装配到另一部件上，焊接、装配、喷漆、检测等复杂作业几乎全部由数控机械手完成，效率和精准度超出人工数倍；各种光电、压力、扭力、色差传感器，实时收集温度、振动、电压、扭矩等各种数据，上传到数据库电脑进行分析，从而精确检测生产线运行和部件装配状况，提前预知故障，提示维修保养，整条生产线甚至不需要人工介入，工人只需在终端监控数据即可完成生产……这条投资 4200 万元的中国车桥行业第一条智能制造生产线，自动化率高达 90% 以上，整合了世界一流的制造技术和 IT 系统，还连接了基于数据云的 SAP 订单管理和生产控制系统，成为丹东拥抱"工业 4.0"的一个范例。

近年来，曙光汽车、东方测控、通博电器等丹东企业发力智能制造，拥抱"工业 4.0"，研发出一大批"丹东智造"明星产品：曙光汽车纯电驱动车桥跃居国内同行业领先水平，黄海混合动力城市客车部件结构、工艺性及整车匹配技术同样国内领先；辽宁恒星精细化工有限公司研发纺织化学专项科研课题 9 项，申

---

① 王抒婧：《丹东制造向"工业 4.0"挺进》，东北新闻网，http://liaoning.nen.cn/system/2018/05/15/020505589.shtml（有删改）。

报发明专利 11 项，获得授权发明专利 7 项，均达到国内领先水平。截至 2017 年底，丹东市共拥有曙光集团、恒星化工集团两个国家级企业技术中心，省级企业技术中心 40 个，市级企业技术中心 102 个，国家、省、市三级企业技术创新体系初步形成，开展 76 个科技项目攻关，其中包括 26 个基础研究和应用研究项目、22 个对外合作项目，当年申报及授权专利 6 项。

高新技术产品已经成为丹东工业新的增长点。2017 年，"百项市级新产品计划"纳入的 164 个新产品研发项目，全部达产后可实现销售收入 100.5 亿元；进入 2017 年辽宁省重点新产品开发目录的丹东制造产品有 54 项，其中 41 项的技术水平达到了国内领先。

2. 落后产能淘汰加快

加快淘汰落后产能是转变经济发展方式、调整经济结构、提高经济增长质量和效益的重大举措，是加快节能减排、积极应对全球气候变化的迫切需要，是走中国特色新型工业化道路、实现工业由大变强的必然要求。兴边富民行动实施以来，边境地区在淘汰落后过剩产能、发展生态绿色经济方面加快步伐，长期积累的结构性矛盾和资源性产品价格形成机制扭曲的现象明显缓解，产业发展开始迈向可持续发展的方向。

3. 战略性新兴产业培育效果良好

战略性新兴产业以重大技术突破和重大发展需求为基础，对国家经济社会发展全局和长远发展具有引领作用，能为地区发展带来巨大潜力，是近年来国家一直在培育和发展的产业。《兴边富民行动"十三五"规划》提出，边境地区借助自身的自然资源优势，培育、发展战略性新兴产业，适应新时代新旧动能转换，利用边境地区独特的区位优势，迎接战略性新兴产业发展新机遇，实现重点突破。在国家重大战略和兴边富民行动指导下，部分边境地区的新兴产业培育效果良好，产值增加迅速，逐渐成长为地区产值增长的核心力量。

案例 6 - 5

哈密市战略性新兴产业：全年产值预计超 100 亿元[①]

近年来，哈密持续推进供给侧结构性改革，大力推动高端装备制造、新材料开发等战略性新兴产业发展，2020 年，面对疫情防控带来的不利影响，在哈密市各级政府部门的协调推动下，各家企业通过调整发展方向和创新升级，助推哈

---

① 《战略性新兴产业助推哈密经济高质量发展》，今日哈密网，http://www.jrhm.cn/2020/0513/21371.html（有删改）。

密经济社会高质量发展。

在哈密金风风电设备有限公司的总装车间里，工人们按照防疫要求有序参与生产，他们正在赶制的是来自哈萨克斯坦的风电设备订单，为了减少疫情防控所带来的影响，企业采用了一系列工业智能化技术提高生产效率。

依托先进的制造产业链，哈密金风风电设备有限公司在年初就获得了全年的生产订单，在复工复产阶段，在哈密各级政府的协调和帮助下，企业通过远程采购的方式，已经从各地储备了近 3 月生产所需的配件，保证了生产的正常供应。

哈密金风风电设备有限公司作为金风科技目前在新疆最大的组装基地，可年产风力发电机组 1000 台，预计全年实现销售产值超过 50 亿元。金风科技新疆公司副总经理毛兴说："随着欧洲疫情的逐步好转，我们相信，海外的订单还会逐步增加的。"

进入 5 月，在哈密高新技术产业开发区内，像金风科技一样实现满负荷生产的风电装备企业达到了 7 家，仅 2020 年一季度就实现产值 3.24 亿元，同比增长 93.9%。

目前，哈密共有战略新兴企业 75 家，占规模以上工业增加值比重 31.3%，主要为现代装备制造业、新能源、新材料产业等，预计全年实现产值超 100 亿元。

4. 现代服务业发展迅速

随着"一带一路"倡议的提出，边境地区抓住机遇，大力发展现代服务业，其中以口岸经济、商贸物流、跨境旅游、民族文化品牌发展最为迅速。近年来，边境地区的现代服务业发展迅速，并有迅速成长为边境地区支柱产业的趋势。

案例 6-6

瑞丽市全面提升姐告边境贸易区功能定位①

2000 年 8 月，由国务院批准设立实行"境内关外"特殊监管模式的姐告边境贸易区正式运作，在区内可开展一般贸易、加工贸易、转口贸易、过境贸易、边民互市和国际经济技术合作。姐告边境贸易区作为云南省跨境电商特色小镇和中缅瑞丽－木姐边境贸易区核心区，紧紧围绕德宏州委州政府提出的"通道枢纽、产业基地、交流平台"三大功能定位，通过大力发展现代服务业，全力打造面向南亚东南亚辐射中心高地这一角色定位。空间与功能分区规划为"两带四轴六区"。2017 年度瑞丽口岸完成进出口总额 418.42 亿元人民币，同比增长 41.6%；进出口货运量 788.34 万吨，同比增长 86.6%；出入境人员 1858.61 万

---

① 杨腾荣等：《瑞丽市委主要领导调研姐告时提出：全面提升姐告边境贸易区功能定位》，瑞丽江网，http://www.ruili.gov.cn/jrrl/rldz/content-161-3401-1.html。

人次，同比增长 11.58%；出入境交通工具 435.27 万辆次，同比下降 4.37%，口岸四项指标均位居全省口岸第一位。区内年均进出口贸易额约占全国对缅贸易的 30%，云南省对缅贸易的 60%，德宏州对缅贸易的 85%。姐告区发展的同时，有效带动了缅甸木姐市的发展。2004 年，木姐口岸海关由边境一线后撤 15 公里至 105 码地区，形成木姐市约 300 平方公里的"境内关外"区域。目前，木姐市已成为缅甸边境地区社会经济发展最快的城市，木姐口岸已成为缅甸最大的陆路边贸口岸。

(四) 产业融合发展

产业融合用高端统御低端、先进提升落后、纵向带动横向，使低端产业成为高端产业的组成部分，能够加快实现产业升级的目的。兴边富民行动实施以来，尤其是在《兴边富民行动"十三五"规划》的指导下，边境地区将农业、旅游业、加工制造业、文化产业等有效融合，延伸了产业链、增加了产业附加值，使产业发展更为稳健，产业升级更为快速，产业扩张更为迅猛。

1. 技术创新驱动产业融合

技术作为驱动产业升级的核心力量，能够有效黏合产业间的间隙，尤其是信息技术的突飞猛进更进一步加快了产业融合的速度，"互联网+"的问世为产业融合创造了新模式，5G、人工智能、大数据等新技术也为产业融合发展提供了更多可能。边境地区在产业融合方面，充分吸收现有技术创新，走出了一条跨越式发展、融合发展的新道路。

案例 6-7

数字经济成为新疆经济发展强劲动力[1]

近年来，新疆紧紧围绕社会稳定和长治久安总目标，通过加快新一代信息技术的开发与应用，深入实施工业互联网创新发展战略，加速实体经济迈向数字化、智能化。如今，数字经济对新疆加快产业转型升级和供给侧结构性改革的引领促进作用日益凸显，依靠信息技术创新驱动，不断催生新产业新业态新模式，数字经济已成为新疆经济新的增长点。以大数据、云计算等技术为基础发展数字经济，推动不同产业之间的融合创新，催生出新的商业模式、培育新的增长点已成为经济发展新动能的重要力量，电子商务更是数字经济最集中最活跃的表现形式之一。

---

[1] 《数字经济成为新疆经济发展强劲动力》，载于《新疆经济报》2018 年 10 月 1 日（有删改）。

新疆野林猫跨境电子商务有限公司总经理赵东亮说，他们公司借助新疆建设丝绸之路经济带核心区的重要机遇打造跨境电商平台，目前线上交易额已突破5000万美元，年增速约30%。

从传统外贸企业转型做跨境电商的新疆野林猫跨境电子商务有限公司，凭借多年的外贸经验，应用大数据理论构建出了物流大数据应用模型，形成了互联网虚拟经济的适用性发展特色。"大数据应用模型构建好以后，我们能够获取各地的海量数据信息，并借此实现文化交融，拉动消费需求。例如，我们通过分析野林猫出口平台客户的习惯，了解了俄罗斯市场女性购买内衣的喜好，由此拉动了国内20多家内衣营销实体的贸易，销售总额达上千万美元"。新疆野林猫跨境电子商务有限公司创始人彭海洋说。以新疆跨境电商平台的快速发展为证，数字技术正广泛应用于现代经济活动中，既提高了经济效益，又创造了新的生产力，为新疆经济发展贡献了更多关键动力。

2. 资源优势驱动产业融合

边境地区一般区位独特、禀赋优异，作为国家对外开放的窗口地理优势明显，作为与邻国交易的伙伴技术、资源禀赋优势突出。但同时，边境地区往往也受到某些特殊因素的制约，如劳动力不足、缺乏资金、人力资本低、产业升级难度大等，因此集中边境地区优势，以优势资源带动三产融合发展，以点带面，形成产业发展新格局。

3. 消费转型驱动产业融合

随着近年来消费升级进程的加快，需求侧成为驱动产业转型升级的重要动力，边境地区为了应对消费升级的需要，主动融合三次产业，打造适应现代消费需求的产业链。

案例 6-8

西双版纳：新消费将成为景洪市经济发展的新热点①

在全球经济不振，我国经济进入新常态的背景下，国民经济"三驾马车"中的投资与出口逐渐呈现"乏力"态势，与之形成鲜明对比的是消费表现出了较强活力，成为经济增长的主要动力，其中，一系列新兴消费的"异军突起"更是让人眼前一亮。

从景洪市委、市政府提出的"十三五"经济发展目标看：围绕全面建成小康

---

① 《西双版纳：新消费将成为景洪市经济发展的新热点》，西双版纳傣族自治州人民政府网，ht-tp：//www. xsbn. gov. cn/214. news. detail. dhtml？news_id=34512。

社会的总目标，坚持"四个全面"战略布局，遵循创新、协调、绿色、开放、共享五大发展理念，打好"雨林、傣乡、水韵、养生、沿边"五张牌，主动服务和融入国家、省、州"一带一路"建设。近日，泛亚铁路获批，将促进国际旅游城市西双版纳成为"南大门"，加之"澜沧江－湄公河"一江连六国的地理优势，20条国内航线，景洪将成为东南亚水陆空桥头堡。

4. 政策管制驱动产业融合

边境地区除了作为国家对外开放的窗口，还是国家的天然安全屏障，有着重要的战略地位，有的地区还是国家重要自然资源保护区，因此随着国家主体功能区的划定，边境地区的产业发展可能面临政策管制的驱动，因而产业发展走向围绕主体功能区的融合，也呈现出三次产业的和谐发展。

案例 6－9

延边州深化"三大主体功能区"，推动绿色转型发展①

根据延边州《延边州深化落实主体功能区实施方案》中的开发理念，延边州将国土空间按开发方式，分为重点开发区域、限制开发区域和禁止开发区域，功能区的划分和定位均具体落实到了各县市和各镇村，实现信息化和网格化管理：

——重点开发区域，包括国家认定的延吉市、龙井市、图们市、珲春市、敦化市市区、和龙市南坪镇。同时，将和龙市区、安图县城、汪清县城作为州级层面的重点开发区域，有较大发展潜力的19个镇作为重点发展镇也纳入其中。全州重点开发区域面积为12550平方公里，占全州的28.87%。其功能定位：坚持新型工业化和新型城镇化有机结合、相互依托、相互促进、相互融合，坚持以产兴城、以城聚产、产城互动、产城融合的开发模式。如：延吉市是延龙图都市区的核心区。要调整优化产业机构，转变传统服务业主导的消费型经济模式，构建统筹国际国内两个市场，面向生产和生活两个领域的综合经济体。

——限制开发区域，分为农特产品主产区和重点生态功能区两类，包括11个农业发展乡镇和36个重点生态功能乡镇。总面积30921平方公里，占全州的71.13%。农特产品主产区功能定位是：为市场生产和提供优质、高效、特色、安全农特产品，成为全国绿色有机农副土特产品生产加工基地。重点生态功能区的定位是：保障全省乃至全国生态安全的重要区域，提供生态产品的重要区域。

——禁止开发区域，主要包括各级各类自然保护区、风景名胜区、森林公园、重要水源地等国家法定的禁止开发区域，点状分布在重点开发和限制开发区

① 《深化"三大主体功能区"推动绿色转型发展》，中国青年网，http：//news. youth. cn/jsxw/201508/t20150813_6995573. htm（有删改）。

域中，总面积 10533 平方公里，占全州的 24.7%。实施方案还补充到，今后，新设立的国家公园、各级各类自然保护区、世界文化遗产、森林公园等属于禁止开发的区域，自动纳入禁止开发区域名录进行管理。其功能定位为：生态功能重要需要特殊保护的重要区域；保护自然文化资源的重要区域；保护珍稀动植物基因资源的重要区域；条件区域气候的重要区域；保障主要城市饮水的重要区域；禁止对自然生态进行人为干扰的重要区域。

另外，延边州已明确在财政、投资、产业、土地、农业、人口、民族、环境、应对气候变化方面制定分类管理的区域政策，形成经济社会发展符合各区域主体功能定位的导向机制，并针对不同的主体功能区，建立符合实际的科学绩效考核评价体系：重点开发区域，实行工业化城镇化水平优先的绩效评价，综合评价经济增长、吸纳人口、质量效益、产业结构等，弱化对投资增长速度、吸引外资、出口等的评价；限制开发区域，限制开发的农产品主产区实行农业发展优先的绩效考核评价，强化对农产品保障能力的评价。限制开发的重点生态功能区，实行环境保护优先的绩效考核评价，强化对生态产品能力评价；禁止开发区域，按照保护对象确定考核内容，强化对自然文化资源原真性和完整性保护情况的评价。

争取到 2020 年，全州开发强度控制在 2.09%，耕地保有量不低于 3450 平方公里，森林覆盖率达 81%。生态系统稳定性明显增强，主要污染物排放总量减少，环境质量明显改善，生物多样性得到有效保护，环境和资源的承载能力不断提高，应对气候变化能力明显增强。

二、边境地区产业发展评价指标体系

评价产业发展，需要从产业规模变化和产业结构变化两个维度进行刻画，本章赋予产业规模和产业结构两个二级指标分别以 50% 的权重，以充分体现兴边富民行动实施以来的产业发展概况。本章构建产业发展指标用到的数据为各个边境县的历年三次产业增加值。

在产业规模方面，本章选择了 3 个具体指标：各个边境县最近年份的产业增加值规模、历年产业增加值平均增速、产业规模增速的稳定性，3 个指标为等权重。在指标构建上主要采用映射的办法，以第一产业为例（第二和第三产业与之计算方法相同）具体的计算办法如下：首先找到该县该产业有记录以来最近年份的第一产业增加值作为影响因素之一，将所有边境县该影响因素的值域映射到 [0，100] 区间上。其次是计算有记录以来该县第一产业的平均增速作为影响因素之二，同理将所有边境县该影响因素的值域映射到 [0，100] 区间上。最后是计算第一产业年增长率的变异系数（即时间序列的标准差除以均值），取变异系数的倒数作为影响因素之三，代表了增长率的稳定性，同理将所有边境县该影响因素的值域映射到 [0，100] 区间上。最终按照等权重将三个因素加权，并映射到 [0，100] 区间上，取该值作为该县第一产业的产业规模指标。再依照此方法分别计算出一、二、三产业规模指标后，赋予三次产业等权重以计算边境县的产业规模指标，最终仍将其映射到 [0，100] 区间上，得到该边境县产业规模的分数和排名。

产业结构作为产业发展的重要方面，在衡量边境县兴边富民产业发展情况时应当和产业规模等量齐观，因此对其赋予了 50% 权重。由于产业结构中各产业占比多少才合理在理论界并没有定论，因此本章采取的思路是：选择有记录以来平均增速最高的产业作为该边境县的具有比较优势的产业，然后计算该县该产业的增速与该县所在省区该产业的平均增速的比值作为产业结构的代表，即以该省区的该产业增速作为基准，该边境县的产业增速超过基准越多越好（即更具有比较优势）。通过将该值映射到 [0，100] 区间上，得到产业结构的分数和排名。

整体而言，产业发展的指标构造权重分布及内涵如表 6 - 1 所示。需要注意的是，计算产业规模指标时，先按照三次产业分别计算三级指标，再按照产业加总得到各自二级指标细项，然后赋三次产业等权重得到规模指标，每一次计算前都要做 [0，100] 上的映射，最终的产业发展指标分数也如此。

表 6 - 1　　　　　　　　　　　**边境地区产业发展评价指标体系**

一级指标	二级指标	三级指标	定义	备注
兴边富民产业发展指标	产业规模指标（1/2）	产业增加值规模（1/6）	该产业最近年份的增加值	三次产业分别计算，最终等权重相加，每一次加总前都要映射到 [0，100] 区间
		历年产业增加值平均增速（1/6）	该产业增加值的年均增速	
		产业规模增速的稳定性（1/6）	该产业增加值年均增速的变异系数之倒数	
	产业结构指标（1/2）	具比较优势的产业相对增速（1/2）	找出增速最快的产业作为该县具有比较优势的产业，计算该产业平均增速与全省增速的比值	最终要映射到 [0，100] 区间

三、边境地区产业发展水平评价及排名

由于地理因素的影响，边疆 9 省区的产业分布分散、产业发展方向各异、产业基础天然差异较大，要比较边境县的产业发展效果，先从省级层面比较各省区的边境地区产业发展情况，再对边境县的产业发展进行排名打分，将有助于我们认识兴边富民行动实施以来的140个边境县产业发展情况。因此本节首先对边疆9省区（仅含边境县）的产业发展进行排名，继而对140个边境县进行排名。

（一）边疆9省区产业发展水平评价及排名

从省份维度来观察各个边境地区的产业指数增长情况和产业构成比率（见图6-9~图6-14），可以发现各省区涉及边境地区的产业发展轨迹十分不同，这可能和我国边境地区天然的地理条件差别较大，毗邻的国家发达程度各异有关，也与支撑边境地区发展的政策推动有关。

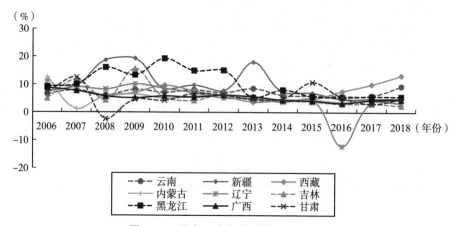

图6-9　分省区边境地区第一产业增速

资料来源：根据相应年份《中国民族统计年鉴》计算整理，本章以下图表均来源于此。

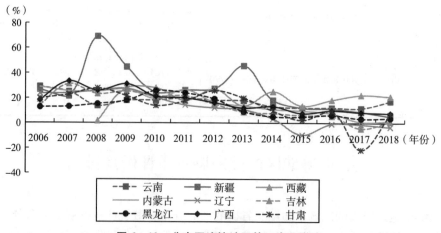

图6-10　分省区边境地区第二产业增速

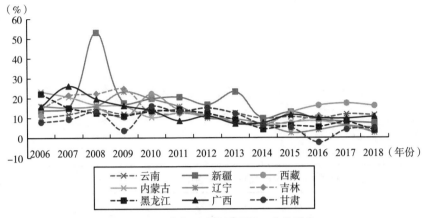

图 6-11 分省区边境地区第三产业增速

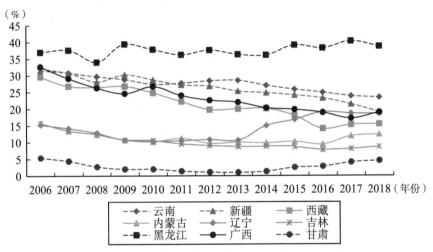

图 6-12 边疆 9 省区分省区边境地区第一产业占比

例如，近年来西藏的 18 个边境县三次产业增速均处在所有边境县前列；云南的 25 个边境县三次产业增长也有不俗的表现，其原因是受到 2014 年以来脱贫攻坚的影响，这两个边境省区出现了高速增长。新疆的 32 个边境县明显受到政策的驱动，在 2007~2009 年和 2012~2014 年两个阶段间出现了超出寻常的增长，而这两个阶段分别对应到兴边富民行动"十一五""十二五"期间，吉林省的 10 个边境县的农业增加值也出现了类似的特征。

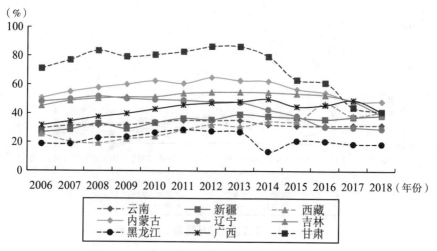

图 6-13　边疆 9 省区分省区边境地区第二产业占比

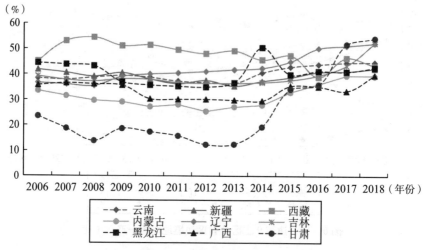

图 6-14　边疆 9 省区分省区边境地区第三产业占比

从三次产业的平均增速来看，边疆 9 省区的排名先后如表 6-2 所示。从各省区的增速排名来看，新疆的产业发展综合效应最好，而辽宁的产业发展最为落后。但是不同省份边境地区产业基数差别很大，只看增速或只看基数都只能对边疆 9 省区形成片面的认识，因此在边境县的规模排名中，本章引入了规模基数、平均增速、增速稳定性进行调整。

表 6 - 2   边疆 9 省区产业增速及排名   单位：%

三次产业及排名	云南	新疆	西藏	内蒙古	辽宁	吉林	黑龙江	广西	甘肃
第一产业	7.19	9.87	7.61	5.32	5.14	5.71	10.34	5.54	5.64
排名	4	2	3	8	9	5	1	7	6
第二产业	17.45	26.26	19.64	16.40	11.29	13.57	12.35	17.32	13.52
排名	3	1	2	5	9	6	8	4	7
第三产业	12.04	17.45	13.41	11.60	11.34	12.53	10.55	12.85	8.37
排名	5	1	2	6	7	4	8	3	9

从三次产业的占比来看，黑龙江的第一产业占比高达40%左右，而甘肃省不到5%；所有边境县的第二产业占比均有不同幅度的下降，黑龙江的第二产业占比最低，不到20%，云南和辽宁的占比约30%，内蒙古占比约50%，其他省区均在40%左右；边境县的第三产业占比均有不同幅度的上升，其中以甘肃的1个边境县占比上升幅度最大，从20%上升到50%以上，辽宁和吉林边境县第三产业占比也达到了50%以上，其他省区均在40%左右。若按照农村人口与城镇人口比例来看，西藏、广西和云南三个省区农村人口占比最高，但第一产业占比却都在持续下降且云南和西藏的第一产业增速名列前两名，说明兴边富民行动实施以来，这两个省区的农业发展向集约化、优质特色转型的过程较快。相比较而言，西藏、云南和广西的第三产业增速都比较快，说明三个省区在发展特色优势服务业上比较积极，而辽宁、吉林和甘肃的第三产业占比迅速上升，则是因为在其产业发展过程中，其他产业出现了较大幅度的下行。

从以上发展路径中可以看到，不同省区产业发展可能同时受到地方政策、中央政策的影响。我们通过构建产业发展的变异系数（即标准差除以均值）来刻画该省区边境地区产业发展的平稳性。首先是计算各省区各个产业增速的变异系数来刻画产业增长的平稳性，其结果如表 6 - 3 所示，其次是计算各省区各个产业构成的变异系数来刻画产业构成的平稳性，其结果如表 6 - 4 所示（变异系数值越大，越相对不稳定）。研究发现，从产业增速平稳性来看，云南、广西、西藏的三次产业增长最具稳定性；从产业构成来看，云南三次产业构成比较稳定，而新疆第三产业构成比较稳定，甘肃产业构成变异系数较大原因是其只包含1个边境县，受政策冲击较大。

表 6 – 3 边疆 9 省区边境地区产业增速平稳性

增速	云南	新疆	西藏	内蒙古	辽宁	吉林	黑龙江	广西	甘肃
第一产业	0.16	0.53	0.39	0.49	1.11	0.66	0.47	0.26	0.63
第二产业	0.30	0.68	0.39	0.60	1.11	0.78	0.63	0.51	0.96
第三产业	0.15	0.68	0.33	0.50	0.60	0.54	0.50	0.42	0.65

表 6 – 4 边疆 9 省区边境地区产业构成平稳性

构成	云南	新疆	西藏	内蒙古	辽宁	吉林	黑龙江	广西	甘肃
第一产业	0.09	0.14	0.24	0.16	0.24	0.24	0.04	0.19	0.54
第二产业	0.05	0.12	0.28	0.10	0.19	0.09	0.20	0.13	0.21
第三产业	0.07	0.06	0.09	0.15	0.13	0.11	0.11	0.10	0.57

（二）边境县产业发展水平评价及排名

根据边境县三次产业增加值自 2000 年以来的发展情况，我们按照产业规模和产业结构对 140 个边境县兴边富民行动实施以来的产业发展进行评价和排名。评级结果显示，各县的产业发展排名如表 6 – 5 所示，其中伊吾县、靖西市、新巴尔虎右旗、阿拉善左旗、腾冲市、伊州区、塔什库尔干塔吉克自治县、防城区、绿春县、奇台县排在 140 个边境县前 10 位，其中尤以新疆的边境县产业发展最好，前 10 位中占有 4 个席位，这与省级排名的结果保持一致。

表 6 – 5 边境县产业发展水平排名

省份	边境县	得分	排名
新疆	伊吾县	100.00	1
广西	靖西市	91.61	2
内蒙古	新巴尔虎右旗	85.66	3
内蒙古	阿拉善左旗	81.95	4
云南	腾冲市	79.73	5
新疆	伊州区	77.52	6
新疆	塔什库尔干塔吉克自治县	77.35	7
广西	防城区	76.77	8
云南	绿春县	76.17	9

续表

省份	边境县	得分	排名
新疆	奇台县	76.15	10
广西	龙州县	73.32	11
黑龙江	绥芬河市	70.97	12
新疆	霍尔果斯市	70.83	13
内蒙古	陈巴尔虎旗	68.67	14
云南	澜沧拉祜族自治县	68.30	15
广西	宁明县	67.28	16
广西	大新县	65.97	17
新疆	叶城县	65.89	18
广西	凭祥市	65.48	19
黑龙江	抚远市	64.93	20
云南	景洪市	63.74	21
内蒙古	达尔罕茂明安联合旗	63.55	22
黑龙江	东宁市	63.21	23
内蒙古	乌拉特中旗	63.18	24
云南	龙陵县	62.88	25
内蒙古	满洲里市	60.71	26
云南	耿马傣族佤族自治县	60.52	27
新疆	阿克陶县	60.37	28
新疆	乌恰县	60.21	29
广西	东兴市	60.06	30
新疆	博乐市	59.69	31
吉林	抚松县	59.23	32
云南	富宁县	58.96	33
黑龙江	同江市	58.93	34
云南	河口瑶族自治县	58.70	35
内蒙古	额济纳旗	58.60	36
云南	金平苗族瑶族傣族自治县	57.95	37
内蒙古	二连浩特市	57.78	38
黑龙江	饶河县	57.40	39

续表

省份	边境县	得分	排名
云南	勐海县	56.90	40
黑龙江	穆棱市	56.78	41
辽宁	振兴区	56.62	42
新疆	巴里坤哈萨克自治县	56.22	43
内蒙古	苏尼特左旗	54.93	44
云南	麻栗坡县	54.89	45
内蒙古	阿巴嘎旗	54.57	46
西藏	墨脱县	54.17	47
云南	马关县	54.12	48
云南	瑞丽市	53.32	49
内蒙古	东乌珠穆沁旗	53.30	50
云南	镇康县	52.89	51
云南	盈江县	52.31	52
新疆	皮山县	51.94	53
广西	那坡县	51.36	54
云南	孟连傣族拉祜族佤族自治县	51.21	55
辽宁	东港市	50.74	56
黑龙江	虎林市	50.60	57
内蒙古	乌拉特后旗	50.34	58
云南	泸水市	50.11	59
新疆	和田县	50.11	60
黑龙江	爱辉区	49.51	61
黑龙江	密山市	49.41	62
新疆	阿勒泰市	49.32	63
新疆	察布查尔锡伯自治县	49.24	64
新疆	哈巴河县	48.82	65
西藏	定日县	48.09	66
云南	贡山独龙族怒族自治县	47.73	67
新疆	阿图什市	47.68	68
云南	沧源佤族自治县	47.59	69

续表

省份	边境县	得分	排名
云南	江城哈尼族彝族自治县	47.44	70
云南	芒市	46.50	71
云南	福贡县	46.08	72
云南	勐腊县	45.58	73
新疆	温泉县	44.33	74
新疆	乌什县	44.30	75
西藏	仲巴县	44.08	76
新疆	昭苏县	43.88	77
云南	西盟佤族自治县	42.97	78
甘肃	肃北蒙古族自治县	42.74	79
新疆	塔城市	42.39	80
云南	陇川县	42.12	81
内蒙古	新巴尔虎左旗	41.51	82
西藏	康马县	41.43	83
内蒙古	四子王旗	40.85	84
辽宁	振安区	40.36	85
新疆	和布克赛尔蒙古自治县	39.31	86
新疆	霍城县	39.30	87
新疆	托里县	39.29	88
新疆	阿合奇县	39.17	89
黑龙江	逊克县	39.16	90
黑龙江	塔河县	39.15	91
新疆	富蕴县	39.03	92
吉林	珲春市	38.17	93
西藏	噶尔县	37.56	94
吉林	集安市	37.46	95
新疆	木垒哈萨克自治县	37.31	96
新疆	布尔津县	37.19	97
新疆	温宿县	37.03	98
西藏	浪卡子县	37.02	99

续表

省份	边境县	得分	排名
吉林	长白朝鲜族自治县	36.97	100
内蒙古	苏尼特右旗	36.89	101
新疆	青河县	36.51	102
新疆	额敏县	36.48	103
新疆	裕民县	35.44	104
内蒙古	阿拉善右旗	34.08	105
新疆	福海县	33.96	106
西藏	洛扎县	33.78	107
黑龙江	萝北县	33.73	108
内蒙古	科尔沁右翼前旗	33.44	109
黑龙江	漠河市	33.40	110
辽宁	元宝区	32.70	111
辽宁	宽甸满族自治县	31.18	112
西藏	错那县	30.92	113
黑龙江	孙吴县	30.75	114
西藏	察隅县	30.37	115
内蒙古	额尔古纳市	29.38	116
西藏	亚东县	29.09	117
内蒙古	阿尔山市	28.93	118
黑龙江	呼玛县	28.87	119
黑龙江	鸡东县	28.36	120
西藏	吉隆县	27.56	121
西藏	萨嘎县	26.88	122
吉林	临江市	25.85	123
黑龙江	绥滨县	25.39	124
黑龙江	嘉荫县	25.37	125
内蒙古	扎赉诺尔区	25.33	126
西藏	札达县	24.02	127
西藏	定结县	23.41	128
吉林	安图县	20.76	129

续表

省份	边境县	得分	排名
新疆	吉木乃县	20.22	130
西藏	聂拉木县	18.54	131
西藏	日土县	15.38	132
西藏	普兰县	12.74	133
吉林	龙井市	10.89	134
吉林	和龙市	8.98	135
西藏	岗巴县	6.80	136
吉林	图们市	3.18	137

表 6-5 所示的产业发展最终排名是以产业规模和产业结构等权重的办法加权而成，并最终将加权分数映射到［0，100］区间上而得出最终分数并排名。其中，产业规模是将一、二、三产业规模按照等权重的办法加权而成，而一、二、三产业规模则分别是按照最近的产业增加值规模、产业平均增速、产业增速的稳定性等权重加权而成。产业结构采取的办法是：找出该边境县具有比较优势的产业（平均增速最快的产业），以该县该产业的平均增速与该县所在的省份该产业的平均增速之比值作为衡量标准。

四、边境地区产业发展的基本经验

从数据表现来看，边境地区的产业发展往往受到当地自然资源、地理条件、战略定位等因素的影响，边疆 9 省区的产业发展表现出十分不同的发展特点和发展轨迹。兴边富民行动实施 20 年来，140 个边境县产业均得到了长足发展，表现在产业规模大幅增长、特色优势产业兴起、产业融合发展趋势渐显。

从边境县的产业发展动力来看，中央和地方政府对边境地区的产业支持十分必要，因为边境县的财力、人力、物力往往缺乏，需要以兴边富民行动这样的专项规划来对产业发展进行全方位培育，进而实现产业发展和产业结构优化升级。在边疆 9 省区中，新疆边境县作为发展工业的排头兵，走出了特色工业化道路，有力支撑了边境地区的产业发展，起到了兴边富民的作用，而这得益于国家政策的倾斜和支持。

从边境县的产业发展方向来看，边疆 9 省区的支柱型产业各不相同，而且与全国产业发展也呈现出不同的特征。在兴边富民行动实施 20 年中，国家注重对边境地区的优势特色产业的培育和发展，这使边境地区形成了一大批有潜力、能做大、可联动的产业，对兴边富民起到了强大的支撑作用。正确认识边境地区产业发展与我国新型工业化之间的联系和区别，对边境地区发展至关重要，而且边境地区的发展也需要一些个性化方案。在今后很长一段时间内，边境县的产业发展将需要循着当前这条产业发展道路，持续做大做强各具特色的优势产业，为边境地区发展注入强大动力。

从边境县的产业发展目的来看，产业兴边已是共识，是减缓边境地区人口快速外迁的有效方案；治边、稳边和兴边重在留住就业，就业要靠产业发展。虽然边境地区的户籍人口外迁是长期趋势，但稳住常住人口需要依靠边境县的产业发展。近年来，新疆哈密市伊州区、伊吾县的产业发展正体现出这样的特色：工业企业的开工吸引众多内地人口前往就业，达到了稳边、固边、兴边的目的。云南边境县的口岸发展也吸引了国内外大量人口就业，打造了与邻国间的新型和睦边境关系，为边境地区发展走出来一条特色化道路。

第七章

兴边富民行动 20 年边境
地区对外开放

我国实施改革开放以来，逐步形成了沿海开放、内地开放和沿边开放的全面对外开放格局。兴边富民行动自 2000 年 2 月 24 日正式启动实施以来，从正式启动到试点推广，从专项规划到国家战略，边境地区始终坚持"富民、兴边、强国、睦邻"的宗旨任务，把兴边富民行动作为"治国必治边"，践行"加快边疆发展，确保边疆巩固、边境安全"的重要举措。

一、边境地区对外开放的发展历程

兴边富民行动的发展历程，从侧面反映出我国边境地区对外开放与睦邻友好的发展进程，边境地区对外开放从酝酿到实施，大体经历了以下五个阶段。

（一）第一阶段：酝酿探索阶段（1978～1999 年）

1978 年，党中央重新恢复民族工作部门后，考虑到边疆建设极为重要，将全国民族工作座谈会改为全国边防工作会议。1979 年，全国边防工作会议召开，由国家计委牵头，十几个部委参与制定了《边疆建设规划（草案）》，中央财政连续 3 年每年拨出 4 个亿，支持规划实施。在这次会议上，还确定了内地发达省市对口支援边疆少数民族地区的具体方案。1987 年 4 月，中共中央、国务院批转的中央统战部、国家民委《关于民族工作几个重要问题的报告》提出，"促进边疆少数民族地区的建设，兴边富民，巩固边防"。

从 20 世纪 80 年代开始，对外开放逐步由沿海向内陆边境地区推进，国家实施沿边开放战略，陆续批准了 13 个沿边开放城市，批准设立了 14 个国家级边境经济合作区，进一步为边境地区的改革开放和发展注入了新的活力。同时，我国总结改革开放初期云南、内蒙古等边境地区的发展经验，结合我国沿海地区开发开放的措施，借鉴国际上设立内陆开发区和边境自由贸易区的做法，做出"试点先行"政策决策，发展边境贸易，兴边富民，巩固边防，为兴边富民行动的正式启动打下了坚实的基础，形成了兴边富民的基本理念和行动规划的基本脉络，兴边富民行动初具雏形。

（二）第二阶段：启动实施阶段（1999~2000年）

1999年1月，全国民委主任会议明确提出推进兴边富民行动，国家民委成立兴边富民行动领导小组，国务院各有关部门为顾问单位，各地建立相应机构。1999年9月召开的中央民族工作会议强调，"继续推进'兴边富民行动'，为富民、兴边、强国、睦邻做出贡献，巩固祖国的万里边疆"。

1999年12月，国家民委财政部出台《国家民委财政部关于进一步推动"兴边富民行动"的意见》，明确了兴边富民行动的指导思想、方针和主要任务。2000年2月，国家民委在人民大会堂召开兴边富民行动新闻发布会，兴边富民行动正式启动实施。同年6月，兴边富民行动现场会暨东西合作项目交流会在丹东召开。

这一阶段，兴边富民行动以"重点突破，逐步推进"为原则，力争使边境地区的基础设施条件明显改善，脱贫致富的步伐明显加快，各族人民群众生活水平显著提高，教育、文化、卫生等社会事业全面进步，为边境地区全面建设小康社会奠定基础，为一些基础较好的边境地区率先实现小康社会创造条件。

（三）第三阶段：全面推进阶段（2000~2010年）

2001年，国家民委印发《全国兴边富民行动规划纲要（2001—2010年）》（即"兴边富民行动'十五'规划"），并附交通运输、农业发展、水利建设、生态环境建设4个专项行动规划。2004年，国家民委和财政部联合发布《国家民委财政部关于继续推进兴边富民行动的意见》，在总结试点经验的基础上确定全国兴边富民行动重点县。同时，将"促进边境贸易发展和对外经贸合作，促进边境民族地区经济社会发展再上新台阶"写入兴边富民行动的指导思想。

2000~2005年，国家累计投入3.69亿元开展"兴边富民行动"。[1] 涉及基础设施、农业生产、生态建设、文化教育等经济社会发展的各个领域。兴边富民行动成为推动边境地区经济社会持续发展的加速器，从根本上改善了边境的生产

---

[1] 《中国六年来累计投入近3.7亿元开展兴边富民行动》，中国政府网，http://www.gov.cn/jrzg/2006-01/30/content_175584.htm。

生活条件，树立了良好的国门形象，取得了阶段性的成果。经过试点探索和重点推进的成功实践，2006 年在试点基础上，兴边富民行动面向全国边境地区全面铺开。

2007 年，国务院印发《兴边富民行动"十一五"规划》，兴边富民行动进入全面推进新阶段。《兴边富民行动"十一五"规划》是兴边富民行动开展以来编制发布的第一个国家专项规划，形成了兴边富民行动的基本框架，也为"十二五""十三五"规划的编制奠定了基础。

"十一五"规划提出了七大发展目标和五大主要任务，涵盖基础设施建设、脱贫致富保障民生、发展科教文卫事业、增强经济发展能力、加强边民互市和口岸建设、保护生态环境、边防巩固和民族团结等各个方面，将兴边富民行动提升至多层次、全方位的重大工程。其中，"十一五"规划指出要大力发展边境贸易，促进区域经济合作。这一时期，边民互市点和口岸建设得到加强，通关政策简化、便利化水平提高，边民和相邻国家边民的贸易往来扩大，建设了一批边民互市贸易示范点。同时，对外经济技术合作领域继续扩大，建设了一批具有物流贸易集散、进出口加工和国际商贸旅游等功能的边境城镇。口岸经济得到显著的发展，国际市场进一步扩大，带动了商品出口、技术和劳务输出。

（四）第四阶段：深入实施阶段（2011~2016 年）

2011 年，国务院印发《兴边富民行动规划（2011—2015 年）》，即"兴边富民行动'十二五'规划"，兴边富民行动步入深入实施阶段。为加强兴边富民行动的组织实施，健全工作机制，2012 年，经国务院批准同意，成立了由国家民委任组长单位、国家发展改革委和财政部为副组长单位、30 个部门为成员的兴边富民行动协调小组，负责全面统筹兴边富民行动推进工作。

兴边富民行动"十二五"规划在整体上衔接了"十一五"规划的任务和内容，但更多考虑深化改革开放，转变经济发展方式。在"因地制宜、分类指导"的基础上"突出重点、统筹兼顾"，在稳步推进基础设施建设、改善民生的基础上提高沿边开发开放水平、发展特色优势产业，落实了"十一五"规划中提出的实施一批兴边富民重点工程，包括基础设施重点工程、改善和保障民生重点工程、民族团结和边防稳固重点工程、沿边开放重点工程和特色优势产业重点工程五大工程，边疆地区发展成为我国经济发展的新空间。

这一阶段，兴边富民行动"开放睦边"承接了"十一五"的任务目标，提出一系列沿边开放重点工程，包括边民互市贸易点建设、承接产业示范区建设和跨境经济合作区建设。在各有关地方和部门共同努力下，边境口岸功能更加完备，便利化水平持续提高，边境贸易稳步发展，边境经济合作区辐射和示范作用增强，建立了东部沿海开发区与边境经济合作区对口协作机制，促进形成国际经济走廊和经济合作带，和周边国家的城市建立"友好城市"。

（五）第五阶段：高质量发展阶段（2017 至今）

"十三五"时期是我国全面深化改革的关键时期，是边境地区打赢脱贫攻坚战，全面建成小康社会的决胜阶段，同时也迎来了"一带一路"发展的新机遇，兴边富民行动提出了新目标和新要求。《兴边富民行动"十三五"规划》全面贯彻落实习近平总书记系列重要讲话精神和治国理政新理念、新思想、新战略，紧紧围绕统筹推进"五位一体"总体布局和协调推进"四个全面"战略布局，贯彻落实"创新、协调、绿色、开放、共享"的新发展理念，以保基本、补短板为重点，着力实施强基固边、民生安边、产业兴边、开放睦边、生态护边、团结稳边，确保全面建成小康社会，实现"两个一百年"第一个百年奋斗目标。

兴边富民行动"十三五"规划既与"十二五""十一五"规划一脉相承，又在此基础上紧扣全面建成小康社会进入决胜阶段和打赢脱贫攻坚战进入冲刺阶段的时代背景，积极融入"一带一路"倡议，从战略和全局高度，提出七个方面发展目标，六大任务及配套的六大工程、三十四项子工程，着眼捍卫国家主权和领土完整，建设繁荣稳定和谐边境，确保全面建成小康社会。

就兴边富民行动对外开放而言，"十三五"规划提出了四大工程，涵盖了口岸建设、产业培育、贸易点建设和往来便利化工程四个方面，对外开放做出了多层次、全方位的战略部署。"十三五"规划指出，要依托区位优势，充分发挥对外开放窗口作用，加快推动边境地区融入"一带一路"建设，在加强与周边国家的政策沟通、设施联通、贸易畅通、资金融通、民心相通方面发挥前沿作用。同时支持对外贸易转型升级，有序发展边境贸易，完善边贸政策，不断提升沿边开放便利化水平，加强边境地区开发开放平台建设。

二、边境地区对外开放的评价指标体系

（一）评价指标选取

为了较为全面地评价我国边境县对外开放的发展水平，设置如下（见表7-1）评价指标体系，通过边境对外贸易、开发开放程度、边境营商环境、边境口岸布局、边境口岸发展、边境贸易发展水平、开放便利化水平7个二级指标，16个三级指标，综合测度我国边境县对外开放发展水平。

表 7 - 1 边境县对外开放评价指标

一级指标	二级指标	三级指标
对外开放与口岸发展	边境对外贸易	外贸进出口总额 全年货物进出口总额
	开发开放程度	边合区数量 跨合区数量 自贸试验区数量 重点开发开放试验区数量
	边境营商环境	实际利用外商直接投资 国际旅游收入
	边境口岸布局	边境口岸数量 边境互市贸易点数量
	边境口岸发展	口岸进出口货物总量（万吨） 口岸出入境人数（万人次）
	边境贸易发展水平	边境贸易进出口总额 边境小额贸易进出口总额
	开放便利化水平	旅客周转量（亿人公里） 货物周转量（亿吨公里）

通过上述指标体系对我国边境 140 个县相关情况进行汇总分析，在一定程度上可以衡量边境地区对外开放水平。但在实际县级数据方面，边境县的相关指标统计数据中很多并未公开，故无法对其进行评价分析。在综合考量数据情况及指标完整性的基础上，将边境县对外开放发展水平的评价指标进行简化，从"外贸进出口总额""货物周转量""旅客周转量"三个维度进行评估，如表 7 - 2 所示。

表 7 - 2 边境县对外开放评价指标

一级指标	二级指标	三级指标	权重
对外开放与口岸发展	边境对外贸易（50%）	外贸进出口总额	—
	开放便利化水平（50%）	旅客周转量	0.5
		货物周转量	0.5

（二）数据来源

在数据来源方面，省份数据主要从《中国统计年鉴》中采集，在县级数据方面，由于《中国民族统计年鉴》未涉及边境县对外开放相关数据，因此根据各边境县国民经济和社会发展公报收集了"外贸进出口总额""旅客周转量""货物周转量"的相关数据。

（三）边境县对外开放水平测度

在指标评估的计算方法上，采用相对简便有效的逐级加权合成法，即先对指标的原始值用阈值法进行无量纲化处理，然后进行加权求和，比较决定出相对排序，得到相应的指标位次，如表7-3所示。

表7-3 边境县对外开放测度结果及排名

省份	边境县	得分	排名
广西	凭祥市	50.00	1
内蒙古	二连浩特市	37.65	2
云南	景洪市	28.07	3
内蒙古	阿拉善左旗	25.92	4
新疆	可克达拉市	25.72	5
云南	瑞丽市	24.31	6
新疆	伊州区	15.75	7
广西	靖西市	14.95	8
广西	东兴市	14.65	9
新疆	塔城市	14.07	10
内蒙古	额济纳旗	13.60	11
广西	宁明县	12.30	12
辽宁	东港市	9.90	13
内蒙古	东乌珠穆沁旗	9.80	14
内蒙古	满洲里市	9.21	15
吉林	珲春市	8.65	16
内蒙古	乌拉特中旗	7.81	17

省份	边境县	得分	排名
新疆	霍尔果斯市	5.18	18
辽宁	宽甸满族自治县	4.97	19
云南	腾冲市	4.90	20
云南	河口瑶族自治县	4.82	21
新疆	额敏县	4.61	22
吉林	抚松县	4.01	23
广西	防城区	3.68	24
云南	麻栗坡县	3.55	25
广西	龙州县	3.52	26
内蒙古	苏尼特左旗	3.48	27
甘肃	肃北蒙古族自治县	3.47	28
云南	澜沧拉祜族自治县	3.19	29
吉林	图们市	3.14	30
黑龙江	抚远市	2.78	31
内蒙古	苏尼特右旗	2.75	32
黑龙江	鸡东县	2.51	33
吉林	集安市	2.48	34
云南	耿马傣族佤族自治县	2.26	35
云南	西盟佤族自治县	2.25	36
云南	江城哈尼族彝族自治县	2.11	37
云南	孟连傣族拉祜族佤族自治县	2.03	38
云南	芒市	1.96	39
新疆	霍城县	1.82	40
内蒙古	阿巴嘎旗	1.78	41
吉林	和龙市	1.73	42
吉林	龙井市	1.43	43
新疆	青河县	1.25	44
内蒙古	科尔沁右翼前旗	1.15	45
黑龙江	穆棱市	1.09	46
黑龙江	孙吴县	1.07	47

续表

省份	边境县	得分	排名
新疆	哈巴河县	0.93	48
云南	龙陵县	0.77	49
黑龙江	绥滨县	0.75	50
内蒙古	阿拉善右旗	0.73	51
新疆	昭苏县	0.72	52
新疆	巴里坤哈萨克自治县	0.54	53
黑龙江	逊克县	0.47	54
新疆	吉木乃县	0.39	55
黑龙江	饶河县	0.39	56
黑龙江	虎林市	0.34	57
云南	镇康县	0.34	58
新疆	乌什县	0.25	59
内蒙古	额尔古纳市	0.21	60
云南	盈江县	0.20	61
新疆	温泉县	0.10	62
云南	泸水市	0.09	63
云南	绿春县	0.09	64
吉林	临江市	0.09	65
内蒙古	新巴尔虎右旗	0.06	66
吉林	浑江区	0.06	67
吉林	安图县	0.06	68
新疆	福海县	0.04	69
新疆	察布查尔锡伯自治县	0.04	70
云南	福贡县	0.00	71
内蒙古	达尔罕茂明安联合旗	0.00	71
内蒙古	陈巴尔虎旗	0.00	71
内蒙古	新巴尔虎左旗	0.00	71
内蒙古	乌拉特后旗	0.00	71
内蒙古	阿尔山市	0.00	71
辽宁	振兴区	0.00	71

续表

省份	边境县	得分	排名
黑龙江	绥芬河市	0.00	71
黑龙江	东宁市	0.00	71
黑龙江	同江市	0.00	71
黑龙江	爱辉区	0.00	71
黑龙江	呼玛县	0.00	71
广西	大新县	0.00	71
广西	那坡县	0.00	71
云南	沧源佤族自治县	0.00	71
云南	马关县	0.00	71
云南	富宁县	0.00	71
云南	金平苗族瑶族傣族自治县	0.00	71
云南	勐腊县	0.00	71
云南	陇川县	0.00	71
云南	贡山独龙族怒族自治县	0.00	71
新疆	伊吾县	0.00	71
新疆	和田县	0.00	71
新疆	皮山县	0.00	71
新疆	温宿县	0.00	71
新疆	阿图什市	0.00	71
新疆	阿合奇县	0.00	71
新疆	乌恰县	0.00	71
新疆	阿克陶县	0.00	71
新疆	奇台县	0.00	71
新疆	木垒哈萨克自治县	0.00	71
新疆	博乐市	0.00	71
新疆	阿拉山口市	0.00	71
新疆	和布克赛尔蒙古自治县	0.00	71
新疆	阿勒泰市	0.00	71
新疆	富蕴县	0.00	71
新疆	布尔津县	0.00	71

（四）边疆9省区对外开放水平测度

对边疆9省区依照上述方法进行得分计算，排名如表7-4所示。其中辽宁省各项指标均在9省区中位列第一，整体得分为100.00；广西位列第二，得分为60.62；云南、内蒙古、黑龙江、甘肃、新疆、吉林分别位列第三至第八位，得分均在20～30；排名最后的是西藏，得分仅为1.91。可见，边境各省区对外开放情况差距较大，发展极为不均衡。

表7-4　　　　　　　　　边疆9省区对外开放测度结果及排名

省区	得分	排名
辽宁	100.00	1
广西	60.62	2
云南	29.15	3
内蒙古	28.95	4
黑龙江	26.84	5
甘肃	25.65	6
新疆	25.36	7
吉林	24.40	8
西藏	1.91	9

三、边境地区对外开放的效果及主要制约因素

（一）对外开放的发展状况

1999～2018年，边境地区货物进出口额总体呈增长趋势。2018年，边疆9省区货物出口额为2963.0亿美元，与1999年相比增长1077.2%，年均增长率为13.14%（见图7-1）。占全国货物进出口总额（46224.2亿美元）的6.4%，所占比重与1999年（7.0%）相比降低了0.6个百分点。与非边境地区相比，2018年边境地区货物进出口额占全国货物进出口总额比重低87.2个百分点，1999～2018年边境地区增长率低0.5个百分点（见图7-2）。

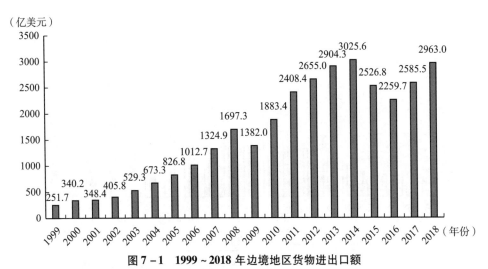

图 7 – 1　1999 ~ 2018 年边境地区货物进出口额

资料来源：根据《中国民族统计年鉴（2019）》整理，本章以下图表均来源于此。

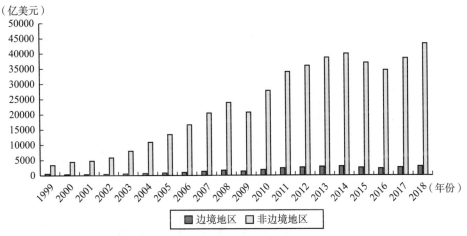

图 7 – 2　1999 ~ 2018 年边境地区与非边境地区货物进出口额

　　1999 ~ 2018 年，边境民族地区（内蒙古、广西、云南、西藏、新疆）货物进出口额从 66.4 亿美元增加到 1285.7 亿美元，增长了 18.36 倍；边境非民族地区（辽宁、吉林、黑龙江、甘肃）货物进出口额从 185.3 亿美元增加到 1677.3 亿美元，增长了 8.05 倍。边境非民族地区货物进出口额一直高于民族地区，但民族地区的增长速度高于非民族地区，两者差距在不断缩小（见图 7 – 3）。

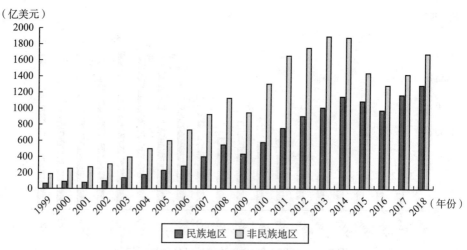

图 7 - 3　1999～2018 年边境民族地区与非民族地区货物进出口额

1999～2018 年，与民族非边境省区（宁夏、青海、贵州）相比，民族边境省区（内蒙古、广西、云南、西藏、新疆）货物进出口额较高，2018 年民族边境省区货物进出口额是民族非边境省区的 10.6 倍，远远高于民族非边境省区（见图 7 -4）。

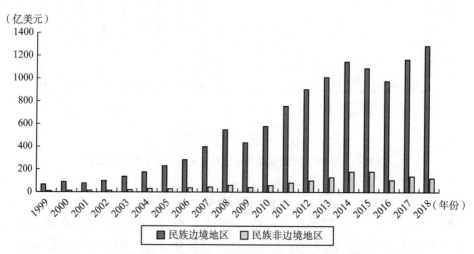

图 7 - 4　1999～2018 年民族非边境省区与民族边境省区货物进出口额

2018 年，东部地区货物进出口额为 37779.0 亿美元，是边境地区的 12.8 倍。与 1999 年（12.6 倍）相比基本持平。1999～2018 年，东部地区货物进出口额占全国总额一直保持在 80% 以上。与东部地区相比，边境地区的货物进出口额较小，仅为5%~8%（见图7-5）。

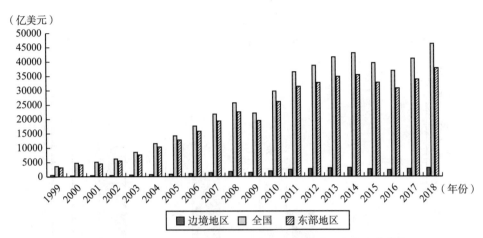

（亿美元）

图7-5 1999~2018年边境地区、全国、东部地区货物进出口额

根据五年规划阶段分析边境地区与非边境地区货物进出口额及年均增长率，如图7-6所示。在兴边富民行动"十五"至"十三五"时期，边境地区与非边境地区货物进出口额均有较大幅度增长。边境地区货物进出口额从2783.7亿美元增长至15086.5亿美元，增长了442.0%；非边境地区货物进出口额从42795.0亿美元增长至218816.4亿美元，增长了411.3%，增长幅度基本持平。五年间年均增长率变化趋势也基本相同，"十五"至"十二五"期间有所下降，"十二五"至"十三五"期间开始回升。

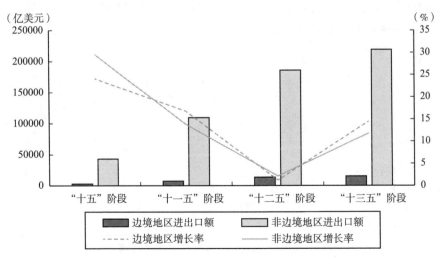

图7-6 "十五"至"十三五"边境地区与非边境地区货物进出口额

"十五"至"十三五"时期，边境民族地区与边境非民族地区货物进出口额平稳增长。边境民族地区货物进出口额从717.3亿美元增长至6597.7亿美元，增长了819.8%；边境非民族地区货物进出口额从2066.3亿美元增长至8488.9亿美元，增长了310.8%。边境民族地区增长幅度明显高于边境非民族地区（见图7-7）。

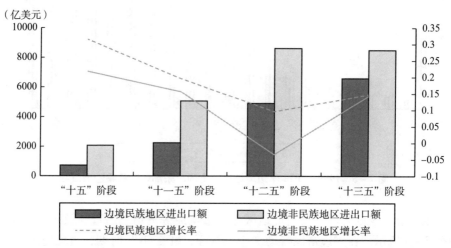

图7-7 "十五"至"十三五"边境民族地区与非民族地区货物进出口额

2018年，边疆9省区货物进出口额最高的省份为辽宁，进出口额1146.0亿美元；其次为广西，进出口额为623.0亿美元；200亿美元以上的省区还有云南、黑龙江、吉林、新疆，进出口额分别为298.6亿美元、264.4亿美元和206.8亿美元、200.0亿美元；内蒙古、甘肃、西藏的进出口额较低，分别为157.0亿美元、60.1亿美元、7.2亿美元。边疆省区货物进出口额差距较大，最高的辽宁和最低的西藏相差150多倍（见图7-8）。

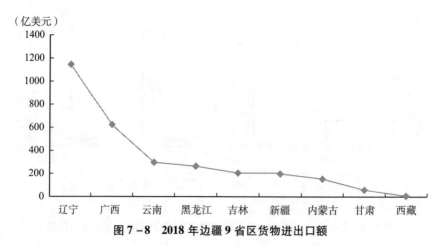

图7-8 2018年边疆9省区货物进出口额

通过观察兴边富民行动四个五年规划期间边疆9省区货物进出口额及排名可以发现，辽宁一直位居9省区之首，且进出口额远高于其他省份。广西、云南排名有所提高，黑龙江、吉林、内蒙古排名有不同程度下降，新疆排名在波动中也有降低，甘肃、西藏排名一直位于最后两位（见表7-5、图7-9、图7-10）。

表7-5　　兴边富民行动四个五年规划期间边疆9省区货物进出口额及排名

省区	"十五"规划		"十一五"规划		"十二五"规划		"十三五"规划	
	进出口额（亿美元）	排名	进出口额（亿美元）	排名	进出口额（亿美元）	排名	进出口额（亿美元）	排名
辽宁	1434.6	1	3239.4	1	5245.5	1	5843.5	1
广西	168.7	5	611.6	4	1773.1	2	3205.6	2
云南	153.7	7	460.9	6	1164.4	6	1545.8	3
黑龙江	294.2	2	950.3	2	1749.1	3	1376.1	4
吉林	263.8	3	601.3	5	1177.1	5	1027.4	5
新疆	228.1	4	761.1	3	1228.9	4	1021.8	6
内蒙古	159.0	6	381.2	7	624.7	7	805.7	7
甘肃	73.8	8	267.1	8	444.6	8	286.0	8
西藏	7.9	9	27.3	9	112.7	9	37.3	9

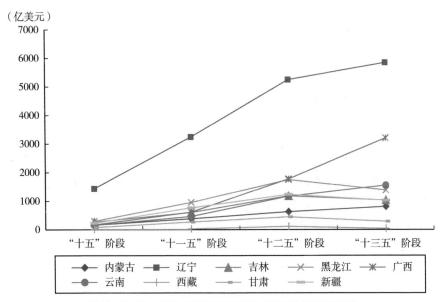

图7-9　四个五年规划期间边疆9省区货物进出口额

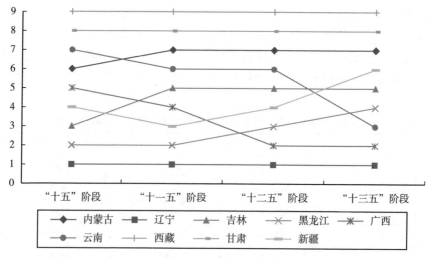

图 7-10 四个五年规划期间边疆 9 省区货物进出口额排名

综合以上分析可知，自 1999 年以来边境地区货物进出口额总体呈增长趋势，但与非边境地区、东部地区相比，仍存在较大差距。边疆 9 省区中，非民族地区货物进出口额一直高于民族地区，但民族地区的增长速度高于非民族地区。同时，民族边境地区货物进出口额远远高于民族非边境地区。兴边富民行动实施 20 年来，沿边开放水平显著提升，边境地区进出口额不断提高，但仍有较大的提升空间。

（二）边境地区对外开放的主要制约因素

兴边富民行动实施以来，边境地区在国家政策扶持、项目带动下，开放程度明显提升，但受我国经济下行及全球经济发展缓慢的影响，边境地区对外开放仍存在以下问题。

1. 基础设施投入仍然不足

国家不断加大对边境地区的资金投入力度，交通状况得到较大改善，但由于边境地区与内陆、沿海地区相比，经济总量小、财政实力弱、经济社会发展水平整体滞后，特别是边境口岸及互市贸易点基础设施资金投入相对不足，不利于提升沿边开放的广度和深度。由于资金不足，边境口岸和互市贸易的联检、货场配套设施滞后，便利化服务的硬件环境及各种交易、仓储、装卸、运输等设施不够完善，不仅滞后于口岸物流快速增长的需求、口岸吞吐能力和通关速度，也严重制约着边境口岸和互市贸易点综合功能的发挥、管理和监控。有的边境口岸城市对落户加工企业最基本的"三通一平"的条件也无法提供。

2. 边境贸易优势有所弱化

我国边境地区的贸易优势，被不断变化的经济形势、周边环境弱化，主要表现为三个方面：一是我国与周边国家签署自由贸易协定，区域经济一体化推进程度不一，使边境地区总体边贸关税减免优惠政策支持力度弱化；二是一般贸易便利化程度及基础设施发展水平的提升使快速通关和规模化交易变得更具竞争力，边贸的地缘优势弱化；三是中部和沿海地区开放政策更具吸引力，使传统边境地区营商吸引力下降。这些弱化使边境地区开展投资与生产等活动的难度加大，一定程度上制约了边境地区对外开放与合作。

3. 边境产业支撑力度仍然不足

兴边富民行动实施以来，边疆各省区大力调整产业结构，加快经济发展，但总体上对外开放的产业支撑力仍然不足，体现在以下两个方面：一是"以贸促工"水平仍然较低。边境地区大部分是矿产能源及农副产品等原材料初步加工产业，产品附加值低、效益不高、抗风险能力差、竞争力弱，缺乏产业支撑力。工业经济整体基础薄弱，工业化程度低，对地方财政贡献小，对经济的支撑和引领作用较小。二是"以贸兴边"水平仍然较低。由于边境贸易结构本地化，贸易方式初级化，贸易范围互补性、贸易附加值较低，使对外贸易竞争力不强。突出表现在边境地区对外贸易结构整体发展水平不高：出口商品集中于服装、家用电器、通信设备、化纤制品、玩具、钢材等初级产品，大多为技术含量低、粗加工的劳动密集型产品；进口商品主要为资源性低价值矿产品，缺乏高新技术、高附加值产品的进口，对产业结构调整、升级和技术更新作用不明显；互市贸易进口商品大多为生活用品，边民受益面窄。

4. 开放窗口与平台支撑力度不足

边境口岸和互市贸易点作为边境地区对外开放的窗口，作用明显。但边疆 9 省区除辽宁、广西两省区地处沿海外，其他 7 省区位于气候寒冷、海拔较高的边远地区。在同样的政策条件下，开放程度的高低与地理环境的优劣成正比。例如，新疆、西藏、黑龙江等地区的对外开放受到气候等自然条件影响，特别是在冬季口岸封闭时期，无法进行正常的贸易往来。因周边政策与环境影响，边境口岸与互市贸易点时常未能完全、正常开放，不能满足边贸需求。同时，我国边境地区的开放合作基本以边境贸易为主，由于边境地区的各种经贸合作区、开发开放试验区经济功能单一，缺乏创新驱动，层次不高，使开放平台对沿边省区的支撑力度不足，商品贸易层次较低，缺乏规模和品牌，对外经济合作的国际竞争力较弱。

5. 周边国家睦邻友好关系面临挑战

我国与周边国家相比，民族众多，历史文化传统、宗教信仰、经济发展模式、经济发展水平有所区别。因此，边境地区的地缘特殊性决定了环境的复杂性，我国边境地区对外开放面临新的挑战。一是东南亚方面。中国与东南亚国家的海洋权益冲突不断，包括南海争端、岛礁主权争议、专属经济区划分冲突、海洋渔业与油气矿产资源等矛盾，致使南海形势更加敏感复杂。二是东北亚方面。朝鲜半岛局势的发展仍存在较大不稳定和不确定因素，促进和解、推动谈判、制约战争的内外因素继续存在，朝鲜半岛和平进程有可能在曲折中前进。三是西北方面。我国西北边境地区面临非传统安全的挑战。

四、扩大边境地区对外开放的政策建议

（一）"以策兴边"：提高融入国家战略水平

对外开放是我国一项长期基本国策。边疆9省区在提高兴边富民行动融入国家对外开放战略水平、推动边境地区开发开放与"一带一路"建设过程中，应重点做好以下工作：

一是发挥内蒙古联通俄罗斯、蒙古国的区位优势，完善黑龙江对俄铁路通道和区域铁路网，加强吉林、辽宁与俄罗斯远东地区陆海联运合作，提高向北开放重要窗口建设进程和质量。

二是发挥新疆独特的区位优势和向西开放重要窗口作用，深化与中亚、南亚、西亚等国家交流合作，形成丝绸之路经济带上重要的交通枢纽、商贸物流和文化科教中心，打造丝绸之路经济带核心区。发挥甘肃综合经济文化和民族人文优势，加快兰州开发开放，形成面向中亚、南亚、西亚国家的通道、商贸物流枢纽、重要产业和人文交流基地。

三是发挥广西与东盟国家陆海相邻的独特优势，加快北部湾经济区建设，构建面向东盟区域的国际通道，打造西南、中南地区开放发展新的战略支点，形成21世纪海上丝绸之路与丝绸之路经济带有机衔接的重要门户。

四是发挥云南区位优势，推进与周边国家的国际运输通道建设，打造澜湄合作、大湄公河次区域经济合作新高地，建设成为面向南亚、东南亚的辐射中心。

五是加快推进西藏与尼泊尔等国家的边境贸易和旅游文化合作。

（二）"以通兴边"：加快互联互通建设步伐

以经济走廊为重点的互联互通建设，是兴边富民行动推动"打造陆海内外联动、东西双向开放的全面开放新格局"的关键。

一是统筹规划，合理布局，加快推进边境地区区际交通网络建设，推动对内通道与境外通道衔接，着力打通和完善面向东南亚、南亚、中亚、东北亚四个主要区域的国际综合运输通道，加快构建适度超前、功能配套、安全高效的现代化基础设施网络。加强铁路、公路、航空、航运、管道运输五大 运输方式的运输能力，加强口岸通关能力建设以及沿边地区通信和信息化建

二是推动中蒙俄、中国—中亚—西亚、中国—中南半岛、新亚欧大陆桥、中巴、孟中印缅等国际经济合作走廊建设，推进与周边国家基础设施互联互通，共同构建连接亚洲各次区域以及亚欧非之间的基础设施网络。

（三）"以贸兴边"：提升边境贸易发展质量

继续大力扶持边境地区进一步扩大对外开放的领域和层次，提高开放水平和质量。

一是依据区位优势，充分发挥边境口岸城市的作用，重点抓好边境地区毗邻国家的市场开拓。扶持边贸企业，特别是大型边贸企业发展，带动边境贸易发展。

二是继续对民族贸易和民族特需用品生产实行优惠政策，采取更加灵活的对外开放政策。特别是在出口退税、进出口专营权和进出口商品配额、出口商品报关、过境人员进出入签证等方面，进一步简化手续，放宽限制。

三是根据边境地区情况，将符合条件的边贸企业纳入民族贸易经营领域，使之享受民贸优惠政策，加大边民、互市贸易支持力度，带动当地经济社会发展。

（四）"以邻兴边"：深化与周边国家合作水平

进一步深化与周边国家的经贸、安全合作，维护国家主权、安全和发展利益，服务国家内外发展战略，促进边境地区开放开发。在面向东南亚、南亚、中亚、东北亚四个主要沿边区域方向时，各边疆省区应重点做好以下工作：

一是要加快沿边经济开发区、重点开发开放实验区、边境经济合作区、跨境经济合作区和自由贸易区等开放合作平台建设进度，努力构建形式多样、功能丰富、布局合理、可持续发展的开放合作平台。

二是依据区位特点、口岸布局、资源禀赋，发展一批陆路开放的重点边境城

市，大力发展口岸经济和通道经济，推动边境地区境内外资源共享，加强与周边国家互利合作，辐射带动边境地区发展。

三是根据沿边区位优势、产业基础、市场空间以及与周边国家毗邻地区的互补性强弱，加强资源开发合作，建设能源资源进口加工基地；加强双边自由贸易，建设面向周边市场的出口加工基地、区域性国际商贸物流中心；发展现代特色农业和跨境旅游业，提升边境地区产业层次和核心竞争力，逐步形成边境地区外向型特色优势产业体系。

第八章

兴边富民行动 20 年边境
地区生态文明建设

我国边疆 9 省区地域广阔，生物呈现多样性，森林、草原等自然禀赋具先天优势，是我国重要的生态屏障，并与其他地区的生态环境息息相关。然而，由于复杂的自然地理条件以及人为干预等各种各样的原因，我国边境地区的生态环境问题依然突出，主要包括土地荒漠化、生物多样性减少、生态恢复缓慢等。此外，林业投资不足、生态产业增长乏力等问题也对边境地区的生态文明建设造成不良影响。因此，着力解决突出的生态环境问题逐渐成为边境地区生态文明建设的重中之重。

本章利用内蒙古、辽宁、吉林、黑龙江、广西、云南、西藏、甘肃与新疆 9 省区数据，对党的十八大之后边疆 9 省区的生态文明建设的进展与成效（2013 ~ 2018 年）建立指标体系并进行评估，以期对《兴边富民行动"十三五"规划》所要求的"实现生态良好绿色发展"目标提供有价值且有针对性的建议。

一、边疆 9 省区生态文明建设指标构建与评估机制

（一）评价指标体系和数据来源

2020 年 5 月 18 日，《中共中央国务院关于新时代推进西部大开发形成新格局的指导意见》发布。该意见在生态环境方面提出了总体要求，即确保到 2020 年西部地区生态环境明显改善，2035 年西部地区基本实现社会主义现代化，民族边疆地区繁荣安全稳固、人与自然和谐共生。我国边疆 9 省区中，除了辽宁、吉林、黑龙江之外，其余 6 个省区全部或部分位于西部地区。因此，该意见对边疆 9 省区具有深远的影响。可以看出，边境地区生态文明建设主要包括生态环境明显改善以及人与自然和谐共生。总体而言，我国边疆 9 省区主要资源禀赋以森

林和草原为主，但历史原因使很多地区植被覆盖不断降低，水土流失严重。因此，近年来，边疆 9 省区生态文明建设主要以增加植被覆盖（如退耕还林）、增加林业及其他行业投资为主。在今后一段时期内，边疆 9 省区生态文明建设仍然以保护动植物资源、增加植被覆盖率，通过自身资源禀赋优势发展与林业、草原等相关的第一、第二、第三产业为主，特别是随着人们对美好生活需求的不断提升，生态旅游等第三产业可能成为边境地区生态文明建设的主要方向。

基于以上分析，本章的数据和指标主要来源于《中国林业统计年鉴（2013）》《中国林业统计年鉴（2014）》《中国林业统计年鉴（2015）》《中国林业统计年鉴（2016）》《中国林业统计年鉴（2017）》以及 2019 年 10 月出版的《中国林业和草原统计年鉴（2018）》[①]。同时还综合历年的《中国统计年鉴》、国家民族事务委员会发布的"各年份民族自治地方国民经济与社会发展主要指标"。此外，还参考了自然资源部、水利部、农业农村部等部门提供的官方数据，力求量化体系相对完善。

（二）评价指标体系的构建原则

本章希望通过连续的数据和对比分析，进一步把握边疆 9 省区生态文明建设的发展与变动情况，力图揭示和发现其潜在规律，并对未来边疆 9 省区生态文明建设的趋势及可行路径进行科学的评估和合理的预测。然而，如何结合边疆 9 省区的实际状况，科学量化及评估生态文明是一个难点和关键性问题，特别是在国内学术界并没有统一的生态文明量化体系的背景下，根据时间、地域等因素科学有效地建立边疆 9 省区适用的生态文明建设综合指标体系具有较强的理论和实际意义。本章力争在今后连续追踪边疆 9 省区生态文明建设的情况，逐步形成一套符合边疆 9 省区实际状况、强调该地区生态文明建设发展特色、能够为地区政府政策实施提出重要参考的指标体系。此外，边疆 9 省区生态文明建设指标体系构建的原则还基于以下几个方面的考虑：

第一，以"三元评价体系"构建指标体系框架。生态文明建设是生态环境、自然资源与政策绩效相耦合的有机循环系统，即由政策与制度环境决定生态文明建设的要素配置和流动方向；由政府投资主导、社会与民众积极参与决定生态文明建设的能力；由产业及相关行业发展绩效反映生态文明建设的溢出效应。环境、资源与绩效作为一个有机系统，在生态文明建设的进程中相互影响、相互制约且相互促进，逐渐形成合理的反馈机制和良性的结构优化。

---

① 自 2018 年开始，草原管理职能调至国家林业和草原局，其相关数据编入年鉴，《中国林业统计年鉴》更名为《中国林业和草原统计年鉴》。

　　第二，数据与指标需同时具备可获取性和科学严谨性。研究所建立的边疆 9 省区生态文明建设指标体系所需的数据主要来源为国家林业和草原局所编制的各年份《中国林业统计年鉴》（《中国林业和草原统计年鉴》），并同时利用前面所述的官方数据和参考资料，保证了数据来源的科学严谨性。因此，本章选择的主要指标在《中国林业统计年鉴》和其他年鉴、公报及资料中均有所涉及，从而保证数据的可获得性。此外，本章重点关注党的十九大报告、《兴边富民行动"十三五"规划》和《中共中央国务院关于新时代推进西部大开发形成新格局的指导意见》等重要指导文件中对生态文明建设所设定的战略任务，并以此为重要导向进行指标体系的构建，尽量保证选择的所有指标具有可靠的理论基础和充分的解释能力。

　　第三，注重指标设置体现的边疆 9 省区生态文明建设的特点和趋势。本章对边疆 9 省区生态文明建设的评估，仅是一个初步、有益的探索。由于目前国内尚无统一的生态文明建设指标体系，同时边疆 9 省区由于自然资源禀赋分布、气候条件、经济发展目标、生态功能定位等方面差异极大，且不同时空因素也需要着重考虑，故本章在基于官方数据评价的基础上，选取适用于边疆 9 省区生态文明建设的变量及指标。由于边疆 9 省区大都位于西部地区，自然禀赋以森林和草原为主，东部省区中的黑龙江、吉林森林资源较为丰富，因此建立统一的边疆 9 省区生态文明建设指标评价体系，应更多将林业及相关产业作为重点量化因素加以衡量，从而能够适用于边疆 9 省区的实际情况。然而，由于前面所述的困难无法均衡，故评价体系难免偏颇。例如，广西林业资源丰富，且其境内有国内大型造纸厂，故林业投资、产值等均在国内名列前茅，但我们受数据及资料的限制，也将其涉及的指标列入生态文明建设指标体系中。同时，内蒙古、新疆等地草原资源丰富，且生态文明建设也相对侧重于草原建设与草场恢复，但由于数据难以获得，且《中国林业和草原统计年鉴》在更名之前为《中国林业统计年鉴》，缺少草原方面的数据，故在最终的计算结果上，可能出现广西高估，而内蒙古、新疆等省区低估的状况。因此，本章对于边疆 9 省区生态文明建设指标体系建设及得分计算，只是对生态文明建设的一个有益探索，并旨在为此后研究边疆 9 省区生态文明建设量化体系的学者提供一定的定性和定量框架。

（三）评价指标体系构建与权重确定

　　边疆 9 省区生态文明建设指标体系采用"三元评价体系"构建指标体系框架，最大程度上构建可以科学反映边疆 9 省区生态文明建设的真实状况，从而评估生态文明建设的绩效和未来趋势。本章以边疆 9 省区的生态治理建设、生态文明投资、生态产业发展三个方面进行对标考察。边疆 9 省区生态文明建设指标体系包括 3 项一级指标、8 项二级指标和 29 项三级指标。本章中的一级、二级和三级指标的重要性均有所差异，故赋予各个指标的权重也不尽相同。具体如表 8-1 所示。

表 8-1 边疆 9 省区生态文明建设指标体系与指标权重

一级指标	二级指标	三级指标	权重（%）
生态治理建设（45%）	退耕还林工程建设（18%）	巩固退耕还林成果专项资金（万元）	5.0
		荒山荒地造林（公顷）	4.0
		年末实有封山（沙）育林面积（公顷）	4.0
		退耕地造林（公顷）	5.0
	营造林生产（12%）	人工造林面积（公顷）	4.0
		人工更新面积（公顷）	4.0
		育苗面积（公顷）	4.0
	野生动植物保护（15%）	年末实有自然保护区（个）	2.5
		国际重要湿地（个）	2.5
		野生动物种源繁育基地（个）	2.5
		野生植物种源培育基地（个）	2.5
		野生动植物保护管理站（个）	2.5
		从事野生动植物及自然保护区建设的职工人数（人）	2.5
生态文明投资（30%）	林业固定资产投资（9%）	本年计划投资（万元）	3.0
		本年新增固定资产（万元）	3.0
		本年实际到位资金（万元）	3.0
	林业投资（15%）	生态建设与保护（万元）	3.0
		林业支撑与保障（万元）	3.0
		林业产业发展（万元）	3.0
		林业民生工程（万元）	3.0
		其他（万元）	3.0
	林业外资利用（6%）	利用外资项目数（项）	3.0
		实际利用外资（万美元）	3.0
生态产业发展（25%）	涉林各产业产值（15%）	第一产业（万元）	4.5
		第二产业（万元）	4.5
		第三产业（万元）	6.0

续表

一级指标	二级指标	三级指标	权重（%）
生态产业发展（25%）	非林各产业产值（10%）	第一产业（万元）	3.0
		第二产业（万元）	3.0
		第三产业（万元）	4.0

首先，生态治理建设。生态治理建设主要是对人为活动干扰和破坏的生态系统进行恢复、修复及重建，力求达到环境、经济及社会效益的统一，其是生态文明建设的重要的组成部分，对于边疆 9 省区而言，现阶段生态文明建设更多关注"绿水青山"的加速实现以及动植物资源的有效保护，也就是说，生态治理建设是边疆 9 省区生态文明建设的核心内容，因此给予这个一级指标 45% 的权重。基于边疆 9 省区的资源禀赋和实际情况，我们将二级指标设定为退耕还林工程建设、营造林生产及野生动植物保护。三级指标中，退耕地造林包括 25% 以上坡耕地退耕、15%～25% 水源地耕地退耕及严重沙化耕地退耕；年末实有封山（沙）育林包括无林地和疏林地封山育林及有林地和灌木林地封山育林。

其次，生态文明投资。党的十八大后，生态文明的理念进一步落地形成了制度政策和产业发展，而这其中的关键纽带就是对生态文明的投资。对于边疆 9 省区总体而言，各级政府在林业投资方面占据比较大的比例（内蒙古等省区对草原方面的治理投资也较大，但草原数据的获取有较强的限制，同时与其他边疆省区横向对比也较为困难），故本章仍主要利用林业投资数据来衡量边疆 9 省区的生态文明投资，我们赋予这个一级指标 30% 的权重。二级指标设定为林业固定资产投资、林业投资与林业外资利用。三级指标中，生态建设与保护投资包括营造林抚育与森林质量提升、湿地保护与恢复、防沙治沙、野生动植物保护及自然保护地建设与修复等多项投资；林业支撑与保障投资包括林业改革补助、林木种苗、森林防火与森林公安、森林有害生物防治、森林科教法的宣传、林业信息化、林业管理财政事业费多项投资；林业产业发展投资包括工业原料林、特色经济林、木本油料、花卉、林下经济、木竹制品加工制造、木竹家具制造、木竹浆造纸、非木质林产品加工制造、林业旅游休闲康养等项目的投资；林业民生工程（2018 年指标变为林业基础设施建设，包含民生工程所涉及的指标）包含棚户区（危旧房）改造、林区公益性基础设施建设及国有林场国有林区道路建设等项目投资。

最后，生态产业发展。生态产业发展是生态文明建设的最终目标之一，而且生态产业迅速发展不会出现类似环境库兹涅茨曲线所描绘的场景，即经济发展必将带来环境污染。相反，生态产业不但会促进经济高质量发展，同时也会更加促进人与生态环境的和谐。对于边疆 9 省区总体而言，发展生态产业是最终目的，特别是促进生态第三产业的发展。因此，我们赋予这个一级指标 30% 的权重。二级指标设定为涉林各产业产值与非林各产业产值。三级指标中，涉林第一产业包括林木育种和育苗、营造林、木材和竹材采运、经济林产品的种植与采集（水果种植，坚果、含油果和香料作物种植，茶及其他饮料作物种植，森林药材种植，森林食品种植，林产品采集）、花卉及其他观赏植物种植、陆生野生动物繁育与利用等；涉林第二产业包括木材加工和木（竹、藤、棕、苇）制品制造、木（竹、藤）家具制造、木（竹、苇）浆造纸和纸制品、林产化学产品制造、木制工艺品和木质文教体育用品制造、非木质林产品加工制造等；涉林第三产业包括林业生产服务、林业旅游与休闲服务、林业生态服务、林业专门技术服务、林业公共管理及其他组织服务等。此外，非林各产业产值考察的是林业系统内部的非林第一、第二和第三产业产值。

（四）生态文明指数计算方法与说明

边疆 9 省区生态文明建设指数计算采用统计学中常用的极差变化法。采用这种方法的优点是计算简单、结果直观、运用方便，但是极差法计算仅仅取决于两个极端值的水平值，不能反映其间的变量分布情况，同时易受极端值的影响。因此，本章计算 2013～2018 年边疆 9 省区生态文明建设指数，计算出的得分只是能够大致反映出当年边境各省区各项指标及总体情况排名的对比，并不适合不同年份同一省区的横向对比。由于本章所有的三级指标均为正向指标，因此极差变化法的计算公式为：$A_{tj} = X_{tj} - min(X_{tj})/max(X_{tj}) - min(X_{tj})$。需要指出的是，数据发布机构公布数据有缺失的现象（如西藏很多数据缺失或为 0），如果缺失数据在测评年度之前可以获得，则用最近年份的数据来代替；如无法获得，则视情况进行相应合理的调整。

二、边疆 9 省区生态文明建设测度结果与综合分析

我们运用生态治理建设、生态文明投资和生态产业发展 3 个维度的 8 项二级指标和 29 项三级指标，通过对样本省区的相关数据进行采集、处理和计算分析，测度边疆 9 省区自党的十八大以来生态文明建设的总体情况。

（一）生态文明建设指标体系综合测评

表 8 - 2 为 2013～2018 年边疆 9 省区生态文明建设指标体系测评结果。总体

而言，在生态文明建设明确提出之后的六年中，广西生态文明建设一直处于边疆9 省区的榜首。云南、黑龙江、内蒙古、甘肃基本位列第二至五位。由于历史、文化等诸多特殊原因，西藏生态文明建设在六年中均得分最低。

表 8 - 2 边疆 9 省区生态文明建设指数（2013～2018 年）

省区	2013 年	2014 年	2015 年	2016 年	2017 年	2018 年
内蒙古	32.34	29.27	28.67	29.67	31.07	24.46
辽宁	30.14	29.49	29.11	19.92	18.20	16.20
吉林	23.63	22.32	25.84	17.99	18.11	16.40
黑龙江	40.81	32.05	33.18	29.39	32.80	31.05
广西	62.39	69.03	68.81	64.67	67.88	70.48
云南	37.62	35.91	40.71	41.16	31.48	30.42
西藏	1.46	2.95	1.15	1.95	3.38	5.29
甘肃	21.33	26.35	29.20	27.71	31.06	30.45
新疆	17.93	17.07	23.17	22.04	21.90	20.40

2018 年，广西生态文明建设指数达到了 70 分以上，而其余各年度的得分也在 60 分以上。从这一点可以看出，广西在生态文明建设方面的优势是比较明显的，而生态文明投资是取得这一优势的关键因素。同时，西藏虽然历年生态文明建设得分最低，但 2018 年得分（5.29 分）较历年出现大幅上升的情况，说明西藏在兴边富民行动深入推进中，生态文明建设与其他边境地区的差距基本呈历年缩小的态势。

我们进一步分析历年边疆 9 省区生态文明建设指数，可以得出以下两个结论：

第一，边境民族地区生态文明建设总体优于其他边境非民族地区。前面已提及，由于西藏历史、文化、习俗等多重原因，具有一定的特殊性。与此同时，在年鉴所提供的数据中，西藏有较多的数据缺失（或是 0 的情况），这也严重影响了其最终得分。我们将历年边疆 9 省区民族地区（内蒙古、广西、云南、西藏、新疆）与非民族地区（辽宁、吉林、黑龙江、甘肃）进行对比（见图 8 - 1），可以发现，除了西藏之外，边境民族地区生态文明建设总体水平要高于边境非民族地区，特别是广西，其历年生态文明建设指数均远高于其他各省区。此外，2018年总指数显示，生态文明建设水平高于 30 分的有黑龙江、甘肃和云南，高于 20的有内蒙古和新疆，而吉林与辽宁均低于 20 分。我们通过研究认为，由于资源禀赋优势、政策倾斜以及发展生态产业的诸多有利条件，边境民族地区较边境非民族地区更适合也更应该优先发展生态产业，加快生态文明建设。实际上，党的十八大正式提出生态文明建设之后，广西已成为生态文明建设的样板及典型省区，这与兴边富民行动战略及国家对民族地区的支持有着较大的关系。

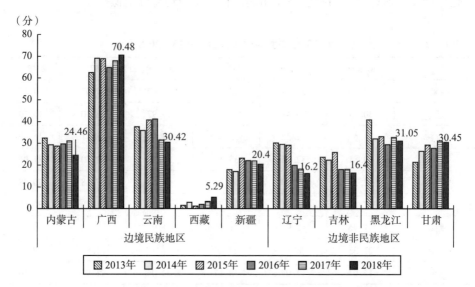

图8-1　边境民族地区与边境非民族地区生态文明建设指数对比

第二，各边境民族地区生态文明建设水平差异较大。如图8-1所示，2013～2018年六个测评年份中，广西生态文明建设指数均排在榜首，西藏均排在末尾，云南、内蒙古及新疆的生态文明建设指数也呈现差异较大、依次递减的特征。其中，历年云南生态文明建设得分均在30分以上，内蒙古在24～30分左右，而新疆在20分左右。因此，边境民族地区5省区生态文明建设水平呈现出差异性。我们认为，这主要是由于资源禀赋分布不均、优势产业不同等原因造成的。因此，兴边富民行动在推动边境地区整体生态文明建设水平上升的同时，应根据具体区域的实际情况，实施"差异化"的生态文明建设政策和措施。

（二）生态治理建设维度测评结果

表8-3所示的是历年边疆9省区生态治理建设维度的测评结果。在生态治理建设维度上，2013～2016年云南位居榜首，2017年和2018年均处于第三位，第一位分别被内蒙古和甘肃所取代。同时，东北三省、新疆和广西生态治理建设处于中游位置，但治理能力和建设力度方面呈现稳中有升的可喜态势。西藏生态治理建设在六年中仍得分最低，但兴边富民行动的深入开展，西藏生态治理建设方面也在不断加强。

表 8 - 3　　　　　　　边疆 9 省区生态治理建设维度测评结果（2013～2018 年）

省区	2013 年	2014 年	2015 年	2016 年	2017 年	2018 年
内蒙古	23.19	20.06	19.67	20.30	24.36	16.44
辽宁	11.99	13.09	17.00	10.25	9.49	8.77
吉林	9.59	9.02	12.10	7.05	8.80	8.09
黑龙江	18.08	13.75	14.59	11.39	14.12	12.24
广西	13.38	16.73	16.08	14.66	15.95	20.36
云南	27.65	25.17	28.86	28.65	19.93	16.82
西藏	1.46	2.60	1.15	1.19	1.99	3.73
甘肃	14.41	17.88	21.18	18.00	23.16	21.27
新疆	11.24	10.57	15.45	13.78	14.99	13.06

我们进一步分析历年边疆 9 省区生态治理建设的某些三级指标指数，并将其与全国典型省区进行对比有以下发现。

首先，退耕还林资金对比。2018 年，由于巩固退耕还林成果专项资金执行接近尾声，故本章采用新一轮退耕还林补助资金作为替代指标。我们将 2015 年各省区巩固退耕还林成果专项资金和 2018 年新一轮退耕还林补助资金作为观察变量，将非边境非民族地区（四川）、边境地区（内蒙古、云南、甘肃、新疆）及非边境民族地区（贵州、青海）进行对比。比较结果如图 8 - 2 所示。

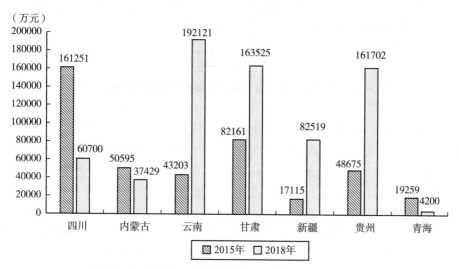

图 8 - 2　边境地区与非边境地区退耕还林资金量对比

由图 8 - 2 可以看出，边境地区新一轮退耕还林补助资金金额较大，特别是云南和甘肃的补助金额远超出除贵州之外的其他省区，分别占新一轮退耕还林补助资金全国总额的 18.81% 和 16.01%，而在 2015 年，这两个省的巩固退耕还林成果专项资金在全国占比并不占优，且远小于四川。此外，非边境民族地区，如贵州，其新一轮退耕还林补助资金也较多，占全国比例的 15.83%。可见，兴边富民行动推进过程中，边境 9 省区得到了最大力度的扶持，其生态治理也取得了良好的成绩。

其次，野生动植物保护管理站数量对比。野生动植物保护管理站的数量是衡量一个地区野生动植物保护力度的标志，更是生态文明建设与生态治理的重要指标。我们仍然采用 2015 年与 2018 年的数据，对比区域为边境地区（内蒙古、黑龙江、甘肃、广西）、非边境非民族地区（福建、湖北）、非边境民族地区（贵州、青海、宁夏）。比较结果如图 8 - 3 所示。

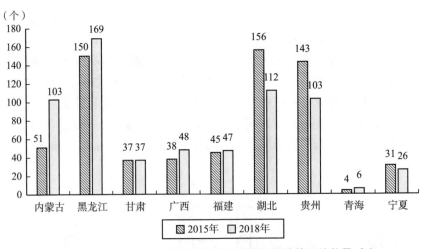

图 8 - 3　边境地区与非边境地区野生动植物保护管理站数量对比

由图 8 - 3 可以看出，在野生动植物保护管理站数量上，边境地区无论是从数量，还是从增量上，都占据一定的优势。列举的 4 个边境地区中，除了甘肃 2015 年野生动植物保护管理站数量与 2015 年持平之外，其余 3 个省区均稳中有升。相反，湖北、贵州和宁夏 2018 年野生动植物保护管理站的数量较 2015 年出现了一定程度上的下降。边境地区自然资源丰富、动植物种类繁多，是天然的"活资源库"，而野生动植物保护管理站数量的增加，能够体现生态治理的积极性与成效。兴边富民行动加速了边境地区野生动植物的保护强度，提高了对边境地区生态治理的贡献率。我们认为，随着兴边富民行动的持续深入，边境地区动植物的保护和有效利用是一个必然的要求和方向，同时会愈加成为边境地区生态文明建设的重要度量指标。

（三）生态文明建设投资维度测评结果

如表 8-4 所示，在生态文明建设投资维度上，广西以较大的优势位列历年的榜首。同时，甘肃、黑龙江、内蒙古和云南基本排名第二至第五位。东北三省除黑龙江之外，辽宁与吉林在生态文明建设投资方面得分相对较低，不过作为经济强省的辽宁，由于林业等自然资源禀赋较其他省区处于劣势，且生态产业并非传统强项，故不难理解其为何生态文明建设投资相对较低。西藏生态文明建设投资在历年中得分均为最低，特别是 2013 年和 2015 年，其生态文明建设投资涉及的所有三级指标均位于边疆 9 省区最后一名。然而，兴边富民行动使西藏生态文明建设投资不断增加，投资环境不断改善，截至 2018 年，其生态文明建设投资得分大幅度提高。

表 8-4   边疆 9 省区生态文明建设投资维度测评结果（2013~2018 年）

省区	2013 年	2014 年	2015 年	2016 年	2017 年	2018 年
内蒙古	5.85	5.53	5.18	6.15	3.97	5.41
辽宁	5.20	4.14	2.46	3.86	3.55	3.25
吉林	4.26	3.24	3.77	2.39	2.22	2.26
黑龙江	6.10	3.77	5.03	4.70	5.98	6.33
广西	27.15	29.50	28.93	26.69	29.25	28.59
云南	2.82	2.76	4.14	4.87	3.42	5.06
西藏	0.00	0.35	0.00	0.76	1.39	1.56
甘肃	5.16	6.46	6.13	7.55	5.90	7.20
新疆	2.65	2.57	3.43	4.17	3.59	4.10

我们进一步分析历年边疆 9 省区生态文明建设投资的某些三级指标指数，并将其与全国典型省区进行对比有以下发现。

首先，林业固定资产投资当年实际到位资金。实际到位资金可以有效衡量各级政府对林业固定资产的投资力度，并且从侧面反映生态文明建设的相关投资强度。我们将 2015 年和 2018 年代表性省区林业固定资产投资当年实际到位资金作为观察变量，挑选其他投资金额较大的省区，并将非边境非民族地区（江苏、山东、四川）、边境地区（黑龙江、广西、云南、甘肃）及非边境民族地区（青海）及全国数据进行对比。比较结果如图 8-4 所示。

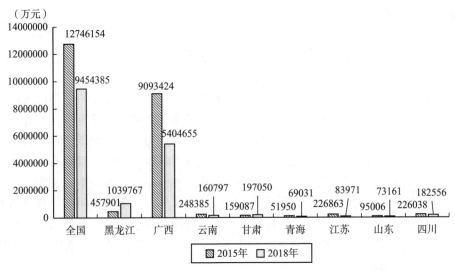

图 8 - 4　边境地区与非边境地区林业固定资产投资当年实际到位资金对比

由图 8 - 4 可以看出，广西在林业固定资产投资当年实际到位资金方面占绝对优势，2015 年和 2018 年分别占全国总额的 71.34% 和 57.17%，这也说明了为何广西在生态文明建设投资维度上历年得分处于大幅领先；黑龙江林业固定资产投资当年实际到位资金占全国总额的百分比由 2015 年的 3.59% 迅速提升至 2018 年的 10.99%。此外，云南、甘肃两年的实际到位资金较大多数其他省区也占据一定优势。因此，边境地区，特别是广西是林业固定资产投资的最大受益者。各级政府对边境地区的林业固定资产投资要远高于非边境民族地区和其他省区。可见，兴边富民行动给边境地区带来了大量、充足的林业固定资产投资，这也直接提升了边境地区生态文明建设的步伐，并在投资维度远远优于其他省区。

其次，（林业）生态建设与保护投资。这一指标更为直观地反映各级政府对于（林业）生态建设与保护方面的投资，并且是衡量生态文明建设投资维度的关键性变量之一。我们将 2015 年和 2018 年代表性省区的（林业）生态建设与保护投资作为观察变量，将边境民族地区（内蒙古、广西、云南）、边境非民族地区（吉林、黑龙江、甘肃）、非边境民族地区（青海、宁夏），以及非边境非民族地区（山东、四川）进行对比，结果如图 8 - 5 所示。

从图 8 - 5 中可以看出，内蒙古和广西在生态建设与保护投资方面占较大优势，2015 年和 2018 年在此方面的投资分别为 1253300 万元、1583069 万元和 1312389 万元、1254190 万元。此外，黑龙江 2018 年生态建设与保护投资为 1175065 万元，也大大超过代表性的省区。因此，数据可以说明：第一，边境民族地区在生态建设与保护投资方面的力度最大，除内蒙古与广西外，截至 2018 年，云南生态建设与保护投资总额无论从总量还是从增幅而言，均远远高于全国

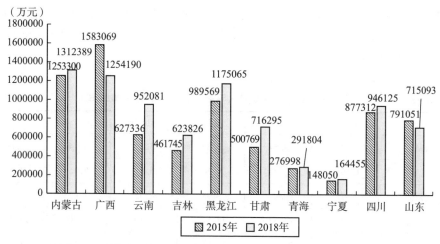

（万元）

图 8 - 5　边境地区与非边境地区（林业）生态建设与保护投资对比

平均水平及平均增速；第二，边境非民族地区由 2015 年到 2018 年生态建设与保护投资总额及增速也基本远高于除边境民族地区之外的地区，特别是黑龙江，成为为数不多的投资超 100 亿元以上的省区；第三，非边境民族地区在生态建设与保护方面投资规模较一些非边境非民族地区要小，但投资增幅却大都出现上升的态势。可见，边境地区是生态建设与保护投资的主要地区，其规模和增速大都高于其他非边境地区。我们认为，兴边富民行动通过多方面的政策工具，直接提升了边境地区，特别是边境民族地区的生态建设与保护方面的投资，边境地区的生态文明建设处于全国先进水平，使"绿水青山就是金山银山"的理念在边境地区得到贯彻落实。

（四）生态产业发展水平测评结果

如表 8 - 5 所示，在生态产业发展水平上，广西仍位居历年榜首。同时，黑龙江、云南和吉林在历年排名中均得分较高，占据了历年第二到第四的位置。实际上，前面提及，辽宁由于自然禀赋等因素，生态产业并非强项；同时，内蒙古、新疆与草原相关的产业相对发达，而指标体系中无法对这一类指标进行横向类比，这也在无形中拉低了两个自治区的生态产业发展得分。需要指出的是，西藏生态产业发展的所有三级指标在历年中均处于边疆 9 省区的最后，主要有两个原因：一是涉林各产业产值较低，与其他省区有一定差距；二是林业系统非涉林各产业的数据在各年年鉴中并未提供，但我们发现，各年西藏所有产业总产值等于涉林各产业总产值，可以断定非涉林各产业产值为 0 或极小，这也在一定程度上对西藏生态产业发展得分造成了低估现象。总体而言，随着兴边富民行动的持续推进，边疆 9 省区生态各产业均得到了不同程度的发展。我们认为，在各边境地区所有产业发展的同时，兴边富民行动应在下一步工作中对西藏的生态产业发展给予更多的支持。

表 8 - 5　　　　　边疆 9 省区生态产业发展水平测评结果（2013 ~ 2018 年）

省区	2013 年	2014 年	2015 年	2016 年	2017 年	2018 年
内蒙古	3. 31	3. 67	3. 82	3. 22	2. 74	2. 60
辽宁	12. 95	12. 26	9. 64	5. 81	5. 15	4. 17
吉林	9. 78	10. 07	9. 98	8. 55	7. 09	6. 05
黑龙江	16. 63	14. 52	13. 57	13. 29	12. 70	12. 48
广西	21. 86	22. 81	23. 81	23. 31	22. 68	21. 53
云南	7. 14	7. 98	7. 71	7. 64	8. 13	8. 54
西藏	0. 00	0. 00	0. 00	0. 00	0. 00	0. 00
甘肃	1. 76	2. 01	1. 89	2. 16	2. 00	1. 98
新疆	4. 04	3. 93	4. 29	4. 09	3. 31	3. 24

具体分析边疆 9 省区生态产业的发展，我们可以发现：

首先，涉林各产业产值。涉林的第一产业、第二产业和第三产业产值可以直接反应以林业为主的生态文明建设成果，并且从侧面反映生态相关产业的协调程度。我们将 2015 年和 2018 年代表性省区的涉林各产业产值作为观察变量，并将边境民族地区（内蒙古、广西、云南）、边境非民族地区（吉林、黑龙江、甘肃）、非边境民族地区（贵州、宁夏）和非边境非民族地区（山东、四川）数据进行对比，结果如图 8 - 6 所示。

由图 8 - 6 可以得到以下几个结论：一是边境民族地区生态文明建设成效显著，第一、第二产业发展迅速，但第三产业的发展似乎未能与第一和第二产业同步。二是边境非民族地区第二产业产值相对较高，但与边境民族地区和非边境非民族地区有一定的差距。三是非边境非民族地区由于经济体量大、人口多、资源有效利用程度高等多方面因素，涉林各产业产值较高，但某些地区涉林产业结构存在一定的失调现象，且涉林产业产值占 GDP 的比重明显小于边境地区。四是非边境民族地区涉林各产业产值差异较大，这与资源禀赋、习俗、文化等因素有较大关系。总之，兴边富民行动的积极推进，大大拉动了边境地区，特别是边境民族地区涉林各产业的发展，在全国的位置整体靠前。

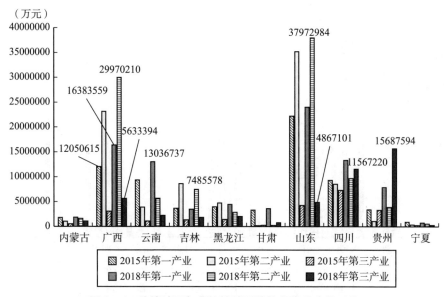

（万元）

图 8 – 6　边境地区与非边境地区涉林各产业产值对比

注：图中数据标签仅列举了代表性省区 2018 年第二产业的具体值。

其次，非涉林各产业产值。非涉林的第一产业、第二产业和第三产业产值反映的是林业以外的产业发展状况，是直接衡量生态文明建设绩效的重要指标。我们将 2015 年和 2018 年代表性省区的非涉林各产业产值作为观察变量，并仍旧按照涉林产业分析所选择的省区样本，将边境民族地区（内蒙古、广西、云南）、边境非民族地区（吉林、黑龙江、甘肃）、非边境民族地区（贵州、宁夏）和非边境非民族地区（山东、四川）数据进行对比，结果如图 8 – 7 所示。

由图 8 – 7 可以得到以下两个结论：第一，与其他省区相比，边境民族地区与边境非民族地区非涉林各产业的产值具有较大优势。边境地区中，广西与黑龙江非涉林各产业的产值较为突出，黑龙江非涉林各产业发展相对均衡，广西非涉林第一产业产值在 2015 年和 2018 年均位居全国第一，且增长率也较高，但如何使其非涉林第三产业加速发展，是广西以及边境民族地区未来几年需要重点解决的问题。第二，非边境地区非涉林产业发展不均衡，除了与资源禀赋因素有关外，还受经济发展水平，生态文明建设投资等多重因素的制约，如贵州与宁夏。总之，我国一些边境地区非涉林各产业在近年来无论是产值还是增长率均位居全国前列，这也充分显示了《兴边富民行动"十三五"规划》在生态文明建设方面的落实力度和政策绩效。

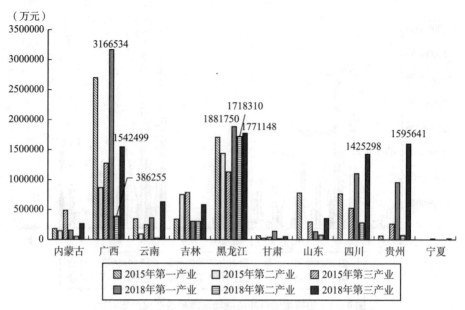

图8-7　边境地区与非边境地区非涉林各产业产值对比

注：图中数据标签仅列举了代表性省区2018年第三产业的具体值。

三、边疆9省区加强生态文明建设的政策建议

本章对边疆9省区生态文明建设从生态治理建设、生态文明投资和生态产业发展3个维度的8项二级指标和29项三级指标设立了指标体系，测度了边疆9省区2013～2018年六年跨度的生态文明建设总体情况，并从侧面评价了兴边富民行动对边疆9省区生态文明建设的作用，得出以下结论：

首先，边境民族地区生态文明建设总体优于边境非民族地区，各边境民族地区生态文明建设水平差异较大。总体而言，边境民族地区较边境非民族地区更适合也更应该优先发展生态产业，加快生态文明建设。实际上，党的十八大正式提出生态文明建设之后，广西已成为全国生态文明建设的样板及典型省区，这与兴边富民战略及国家对民族地区的支持有着较大的关系。

其次，生态治理建设维度评估显示，边境地区生态治理能力和资源保护力度均呈现稳中有升的可喜态势。兴边富民行动推进过程中，边境地区与民族地区在生态治理（如退耕还林资金）方面得到了最大力度的扶持，生态治理也取得了良好的成绩。此外，边境地区在野生动植物保护管理方面也占据一定优势。

再次，生态文明建设投资维度评估显示，近年来边境地区的林业固定资产投资要远高于非边境民族地区和其他省区，特别是广西林业固定资产投资位列全国

榜首。此外，边境地区获得的生态建设与保护、林业基础设施与民生工程等方面的林业投资在全国亦处于较高水平。可见，兴边富民行动给边境地区带来的林业投资直接提升了边境地区生态文明建设水平。

最后，随着兴边富民行动的持续推进，边疆 9 省区生态各产业均得到了不同程度的发展，特别是边境地区在非涉林各产业产值较全国其他省份相比具备一定优势。然而，边境地区涉林第三产业的发展似乎未能与第一和第二产业同步。总之，《兴边富民行动"十三五"规划》在生态文明建设方面的落实力度和政策绩效对边境地区产业发展提供了强大动能。

但是，边疆 9 省区生态文明建设仍然存在一些问题和不足，对此，边疆 9 省区生态文明建设应在以下几个方面继续加大力度：

第一，由于资源禀赋分布不均、优势产业不同等原因，并受经济发展状况、文化、习俗等多方面因素的制约，兴边富民行动在推动边境地区整体生态文明建设水平上升的同时，应根据具体区域的实际情况，实施"差异化"的生态文明建设政策措施。

第二，在各边境地区所有产业发展的同时，兴边富民行动应在下一步工作中对西藏等生态文明发展相对滞后的省区发展给予更多的支持，特别是如何加速边境地区生态第三产业的发展，同时逐步缩小各边境地区产业发展差距。

第三，继续加强兴边富民对边境地区生态建设的支持力度。兴边富民行动通过多方面的政策工具，直接提升了边境地区的生态文明建设能力和水平，边境地区的生态文明建设处于全国先进水平，真正使"绿水青山就是金山银山"的发展理念在边境地区得到贯彻落实。因此，有必要继续深入推进兴边富民行动，使边境地区的生态文明建设水平再上新台阶。

第九章

兴边富民行动 20 年边境地区文化建设

习近平总书记指出，体现一个国家综合实力最核心的、最高层的，还是文化软实力，这事关一个民族精气神的凝聚。[①] 文化软实力日益成为区域稳定、繁荣和持续发展的不竭动力和重要源泉，也成为衡量边境地区综合实力和竞争力的重要标尺。在新时代背景下，探索边境地区文化如何依托政治力量、经济基础、社会条件实现自身的建构与发展，在此基础上反哺于政治、经济、社会、生态文明等建设，是历史赋予兴边富民行动的时代使命。未来只有结合边境地区文化传承和发展的特点，把"文化活边"作为兴边富民行动的重要补充和根本指向，才有可能真正实现"兴边富民"的目的。

一、边境地区文化建设的发展历程

文化兴则民族兴，文化强则国家强。从党的十六大提出"文化体制改革"，到党的十八大明确"文化强国"，再到党的十九大强调要"坚定文化自信"，文化建设的重要性日益凸显。经过近 20 年的努力，我国边境地区的文化设施建设步伐逐渐加快，各族民众的精神文化条件不断改善，民族传统文化表现形式也因之得到更为有效的保护和传承，兴边富民行动的文化建设效果已初步显现。

（一）文化建设的历史沿革

作为促进边境地区经济与社会发展的伟大工程，兴边富民行动与推动"万里边疆文化长廊"建设有机结合，已在一定程度上成为边境地区文化建设的"加速器"和"催化剂"。从"万里边境筑长廊"至"文化活边"，边境地区文化建设

---

① 顾伟玺：《人民日报新知新觉：用制度保障社会主义先进文化繁荣发展》，载于《人民日报》2019 年 12 月 20 日。

的历程大致划分为以下几个阶段。

1. 酝酿探索阶段（1992～1999 年）

1992 年 6 月，文化部提出在全国边疆 9 省区及新疆生产建设兵团建设"万里边疆文化长廊"的战略部署，启动边境地区各级政府筹措配套经费，旨在以边境人文地理为前提，以主要交通线穿越的地区为基础，以文化活动中心为基点，点动成线、线连成片，形成一条文化设施有较大密度的"廊"形文化地带，着力解决边境地区公共文化建设的"短板"问题。如黑龙江的"图们江文化走廊"，广西的"千里文化长廊"，甘肃的"丝绸之路文化长廊建设"，新疆军区的"万里边疆文化长廊"工程等。同年，首次中央民族工作会议提出要重视沿边的发展，采取必要的政策和措施，实现兴边富民；1999 年，国家民委针对边疆工作的特点，提出兴边富民行动，旨在加快边疆少数民族和民族地区的发展，促进民族团结和边疆建设。

这一阶段，万里边疆文化长廊建设的成绩显著，显示出巨大的文化综合效应。如新疆 100% 的边防团队建起了集学习、教育、娱乐为一体的多功能文化活动中心，连队图书室藏书均达到 1200 册以上，形成了边防处处有文化、时时有文化的格局。① 当然，在这一阶段，兴边富民行动的基本理念和规划还多侧重"政策兴边""经济兴边""教育兴边"等方面，对于文化建设的构想涉及不多。

2. 正式启动阶段（1999～2000 年）

随着兴边富民行动的方向和目标趋于明晰，如何认识兴边富民与文化建设的关系，成为关键议题。1999 年，兴边富民行动正式提出，其核心内容在于富民、兴边、强国、睦邻。同年 12 月，国家民委出台《关于进一步推动"兴边富民行动"的意见》，明确了兴边富民行动的指导思想、方针和主要任务，指出要通过增加政策补助，促进边境地区文化设施建设、广播电视有效覆盖率增加、文物保护和文化创作，推动边境地区和少数民族地区文化事业发展。2000 年，文化部、国家民委共同印发的《关于进一步加强少数民族文化工作的意见》提出要将文化长廊建设范围进一步扩大到 18 个省、自治区、直辖市的沿边、沿海地区的有边境线和海岸线（含岛屿）的 94 个地（市、州、盟）的 737 个县（市、区、旗）、9895 个乡（镇）、171111 个村（寨），393 个开放口岸。

这一阶段，边境地区的文化建设重点解决少数民族地区尚未实现"县县有文化馆、图书馆，乡乡有文化站"，边民看戏难、看书难、看电影难等问题与困难，

---

① 郑清风、胥金章：《新疆军区建起"万里边防文化长廊"》，光明新闻网，https://www.gmw.cn/01gmrb/2000－01/04/GB/gm%5E18291%5E12%5EGMC4－018.htm。

《关于进一步加强少数民族文化工作的意见》也为未来推动兴边富民行动与搞好万里边疆文化长廊建设有机结合提供了政策依据。

3. 重点突破阶段（2001～2010 年）

2001 年印发的《全国兴边富民行动规划纲要（2001—2010 年）》和 2004 年、2007 年相继出台的《关于继续推进兴边富民行动的意见》《兴边富民行动"十一五"规划》提出，加大教育、文化、卫生等领域的公益性项目建设力度，并将"大力发展文化事业，促进边民教育、卫生、文化等基本公共服务条件明显改善"写入兴边富民行动的指导思想，具体提出"加强公共文化服务体系建设，推进文化遗产保护工作，实施边境农村文化建设工程"的具体举措。2001～2010 年，国家投资加上地方筹措，兴边富民行动资金累计超过 150 亿元，吸引和带动大量其他各类资金投向边境地区，兴建了 2 万多个项目[1]，涉及基础设施建设、产业培育、生态建设、文化教育等诸多领域。

这一时期，各级政府的文化服务体系建设战略意识加强，相关的政策与规划已经初步建立[2]，如 2004 年《云南省加快文化产业发展的若干政策》、2007 年《黑龙江省人民政府关于加强文化遗产保护工作的意见》、2009 年《国务院关于进一步繁荣发展少数民族文化事业的若干意见》等政策陆续出台。文化服务设施建设势头良好，文化信息体系建设大见成效，覆盖面加大，服务能力增强。截至 2010 年，我国边境县的图书馆、文化馆、博物馆总数分别达到 139 个、140 个和 72 个[3]，各族群众获得知识、学习技能的渠道进一步得到拓宽。边境地区兴起民族文化旅游热，文化产业日益成为推进兴边富民行动不断向纵深发展，加快推进边境地区经济快速持续发展的重要举措。

4. 全面提升阶段（2011～2016 年）

针对边境地区公共文化服务效能和覆盖辐射能力还处于较低水平，边境地区人民群众的基本文化权益还得不到有效保障等问题，2011 年出台的《兴边富民行动规划（2011—2015 年）》将"边民文化需求基本得到满足，边境文化安全得到加强"纳入指导思想，重点实施边境文化固边工程和基层公共文化保障工程，从文化遗产保护、文化生态保护、文化安全屏障、文化设施建设、文化内容建

---

① 《国家民委介绍中国政府扶持人口较少民族发展有关情况》，中国网，http：//www. china. com. cn/zhibo/2005 – 09/06/content_8784761. htm？show = t。

② 曹萌、丛淑洋：《东北边境少数民族地区公共文化服务体系建设现状、问题与对策》，载于《民族教育研究》2011 年第 2 期。

③ 张丽君、赵钱、巩蓉蓉：《兴边富民行动 20 年政策实施效果评价及展望研究——基于陆地边境 140 个县域经济的调查》，载于《中央民族大学学报（哲学社会科学版）》2020 年第 6 期。

设、文化队伍建设等方面落实推动。与此同时，2012 年提出"边疆万里数字文化长廊"建设，计划运用互联网与移动通信等技术手段，构建环绕我国边疆地区的广覆盖、高效能公共数字文化服务网络，打造边疆公共文化服务品牌。

这一阶段，中央和边境省区在边境地区实施了大批特色优势文化产业项目和文化基础设施建设项目，强力推进边境地区的文化建设，形成了兴边富民行动与"边疆万里数字文化长廊"建设相结合的建设格局。截至 2015 年底，我国各边境县拥有图书馆 211 个、文化馆 152 个，较 2011 年分别增加 67 个和 17 个[①]，基本实现了"县县有图书馆、文化馆"的目标，广播电视除特殊地区外基本实现全覆盖，文化事业呈现出蓬勃发展的良好局面。

5. 深入推进阶段（2017 年至今）

2017 年出台的《兴边富民行动"十三五"规划》和《关于加强边境地区文化建设的指导意见》，紧扣文化小康建设任务和"一带一路"倡议的时代背景，立足实际，正视边境地区经济与社会发展不平衡不充分现象以及民族文化多样性存在的社会事实[②]，深耕经济、文化双核驱动，使其成为兴边富民行动的一种新选择、新进路。规划提出要以边境地区文化建设工程、边境地区少数民族特色村镇工程、边境文化产业园区建设工程等子项目工程为着力点，从艺术传承发展、公共文化设施和资源建设、文化遗产保护利用、特色文化产业发展、文化市场监管、文化睦邻合作等方面入手，满足边民的精神文化需求，加强民族文化保护、传承和发展，全面提升边境地区文化建设水平。

这一阶段，中央出台深入推进兴边富民行动文件，把兴边富民行动及边境地区文化建设提到新的高度。边境县进一步发挥边境地区丰富的文化资源优势，加大对公共文化服务领域的投入，文化建设再上新台阶。截至 2018 年底，边境县共拥有文化馆 143 个、图书馆 139 个、博物馆 126 个，每百万人拥有文化馆/图书馆/博物馆17.2 个，远高于全国平均水平，边境地区各族群众在实现物质富裕的同时，精神世界也在不断丰富。截至 2019 年末，边境县共获批特色村寨 202个、特色小镇 18 个，分别占全国特色村寨、特色小镇的 12.25% 和 4.47%。[③]

（二）文化建设的发展特征

对兴边富民行动中的文化建设政策进行梳理可以发现（见表 9 - 1），边境地

[①③]　张丽君、赵钱、巩蓉蓉：《兴边富民行动 20 年政策实施效果评价及展望研究——基于陆地边境 140 个县域经济的调查》，载于《中央民族大学学报（哲学社会科学版）》2020 年第 6 期。

[②]　吕俊彪、赵业：《"文化兴边"：兴边富民行动的另类选择》，载于《广西壮族自治区民族研究》2019 年第 1 期。

区文化建设呈现出以下主要特征：

表 9 - 1　　国家兴边富民行动规划和文件中确定的边境地区文化建设内容

规划和文件	发展目标	主要任务和重点工程	政策措施
《关于进一步加强少数民族文化工作的意见》（2000 年）	加强少数民族文化工作，加快少数民族和民族地区文化事业发展	1. 加强民族地区文化基础设施建设 2. 搞好重点文化工程建设 3. 繁荣少数民族文艺创作 4. 加强民族地区文化队伍建设 5. 加强少数民族传统文化的保护和利用	1. 落实和完善文化经济政策和文化建设"四优先"的政策 2. 增加民族地区文化建设的投入
《国务院关于实施西部大开发若干政策措施的通知》	发展科技教育和文化卫生事业。到 21 世纪中叶，要将西部地区建成一个经济繁荣、社会进步、生活安定、民族团结、山川秀美的新西部	加强文化卫生建设	1. 国家补助倾斜； 2. 进一步落实国家文化宣传单位经济政策 3. 自然村"村村通"广播电视
《关于继续推进兴边富民行动的意见》	教育、文化、卫生等社会事业全面进步	加大教育、文化、卫生等领域的公益性项目建设力度	1. 总结试点经验，确定全国兴边富民行动重点县 2. 加大政策和资金支持力度 3. 落实兴边富民行动建设项目
《兴边富民行动"十一五"规划》	社会事业得到较快发展，边民教育、卫生、文化等基本公共服务条件明显改善	大力发展文化事业 ● 加强公共文化服务体系建设 ● 加强面向边民的各类信息服务 ● 推进文化遗产保护工作	实施一批兴边富民重点工程 ● 边境农村文化建设工程
《兴边富民行动规划（2011—2015 年)》	1. 边民文化需求基本得到满足 2. 边境文化安全得到加强 ● 丰富村民精神文化生活，抵御境内外不良文化侵害和宗教渗透设施	1. 边境文化固边工程 ● 文化遗产保护、文化生态保护、文化安全屏障 2. 基层公共文化保障工程 ● 文化设施建设、文化内容建设、文化队伍建设	1. 加大对边境地区文化事业支持力度 2. 建立健全文化设施运行经费保障机制

续表

规划和文件	发展目标	主要任务和重点工程	政策措施
《兴边富民行动"十三五"规划》	1. 边民文化需求基本得到满足 ● 文化设施、文化服务体系、文化安全、文化产业、文化交流 2. 加强民族文化保护、传承和发展 ● 开发民族文化资源、保护文化遗产	1. 边境地区文化建设工程 2. 边境地区少数民族特色村镇工程 3. 推进边境地区特色产业服务业发展 ● 边境文化产业园区建设工程	继续设立兴边富民行动专项，重点支持民族文化传承等领域项目建设
《关于加强边境地区文化建设的指导意见》	解决边境文化建设亟待解决的重点难点问题	艺术传承发展、公共文化设施和资源建设、文化遗产保护利用、特色文化产业发展、文化市场监管、文化睦邻合作等	

一是不同时期对文化建设的需求不同。兴边富民行动"十一五"规划期间，重在改善边境地区文化、教育等基本公共服务条件，发展文化事业；"十二五"规划着重满足边民基本文化需求，加强边境文化安全，发挥文化在稳边、固边中的作用；"十三五"期间，文化建设成为贯穿兴边富民六大行动的重要建设工程，主要为了满足边民的基本文化需求，加强民族文化保护、传承和发展。

二是文化建设涉及的内容不断完备。兴边富民行动"十一五"规划期间主要包括文化服务、文化事业及文化遗产；"十二五"规划增加了文化设施和文化队伍建设；"十三五"规划期间增加了少数民族特色村镇及文化产业园区建设并将文化建设内容进一步聚焦到艺术传承发展、公共文化设施和资源建设、文化遗产保护利用、特色文化产业发展、文化市场监管、文化睦邻合作等方面，以确保工程、项目和政策落地生根，全面提升边境地区文化建设水平。

三是文化建设政策措施愈加细化。尤其是"十三五"规划文件，对相关责任单位逐一明确，并出台《关于加强边境地区文化建设的指导意见》，围绕边境地区文化建设亟待解决的重点难点问题和基层群众诉求，针对性地提出一系列指向性强、含金量高的工程项目和政策措施，推动"十三五"规划期间边境地区文化建设加快发展。

四是各省区加强落实，逐步确立配套政策体系。边疆九省区以国家兴边富民规划等纲领性文件为指导，制定并出台了一系列配套文件和政策（见表 9 - 2），全面推进边境地区文化建设，不断满足人民群众对美好精神文化生活的需要。

表 9－2　　　　　　　　边疆 9 省区关于文化建设的部分政策文件

省区	年份	名称
云南	2017	《云南省兴边富民工程"十三五"规划》
云南	2018	《云南省深入实施兴边富民工程改善沿边群众生产生活条件三年行动计划（2018—2020 年）》
西藏	2017	《关于贯彻落实〈中央关于深化文化体制改革推动文化大发展大繁荣若干重大问题的决定〉的实施意见》
西藏	2017	《藏羌彝文化产业走廊西藏自治区专项计划》
西藏	2018	《西藏自治区"十三五"时期文化发展规划》
新疆	2017	《新疆维吾尔自治区文化事业"十三五"发展规划》
广西	2017	《广西壮族自治区文化产业跨越发展行动计划（2017—2020）》
广西	2017	《广西壮族自治区文化发展"十三五"规划》
广西	2020	《关于加快提振文化和旅游消费若干措施的通知》
辽宁	2017	《辽宁省"十三五"时期文化改革发展规划》
辽宁	2017	《辽宁省兴边富民行动"十三五"规划》
辽宁	2019	《深入推进兴边富民行动实施意见》
黑龙江	2016	《中共黑龙江省委关于推进文艺事业繁荣发展的实施意见》
吉林	2017	《吉林省文化厅"十三五"时期文化发展改革规划》
内蒙古	2017	《内蒙古自治区"十三五"文化改革发展规划》
内蒙古	2017	《关于推进自治区文化旅游融合发展的实施意见》
甘肃	2016	《甘肃省"十三五"公共文化服务体系建设规划》

二、边境地区文化建设水平测度

（一）指标选取和评价方法

基于上述对文化建设政策的相关梳理，可以发现，兴边富民行动的文化建设主要包括文化生产与消费、文化设施、文化资源。其中，文化生产是边境地区文化得以持续稳健发展的动力，直接影响着边境地区文化生活的质量；文化消费是直接推动边境地区文化生产得以良性循环的"助推器"和"润滑剂"，是不断创

造物质财富与精神财富的内因；文化设施和文化资源则反映了文化建设的设施服
务、文化资源状况和文化多样性等，虽然它不直接影响边境地区的文化生产与文
化消费质量，但它是间接影响边境地区文化可持续健康发展的重要因素。边境地
区文化建设指标体系的构建应遵循其内在逻辑加以科学合理地设计，具体指标如
表 9-3 所示。

表 9-3　　　　　　　　　**边境地区文化建设水平评价指标体系**

一级指标	二级指标	单位	类型
文化生产与消费	文化、体育与娱乐城镇单位从业人员	%	正向
	文化产品展会数量	个	正向
	教育文化和娱乐的居民人均消费支出	%	正向
	电话普及率	部/百人	正向
	互联网普及率	%	正向
	国内外旅游人数	万人	正向
文化设施	万人博物馆拥有率	%	正向
	万人文化馆拥有率	%	正向
	每万人公共图书馆拥有率	%	正向
	每万人公共图书馆藏书	册、件	正向
	艺术表演团体数量	个	正向
	每万人乡镇文化站拥有率	%	正向
文化资源	广播人口覆盖率	%	正向
	电视人口覆盖率	%	正向
	国家级非物质文化传承人数量	个	正向
	3A 及以上景区数量	个	正向
	国家级非物质文化遗产数量	个	正向

　　基于上述指标体系对我国边境 140 个县的文化建设情况进行汇总分析，在一
定程度上可以衡量边境地区文化建设水平。但因很多边境县的相关指标统计数据
并未公开，故无法对其进行分析排序。在综合考量数据可获得性及指标完整性的
基础上，本章将 60 个边境县剔除，并将边境地区文化建设的评价指标进行简化，
如表 9-4 所示。

表 9 - 4   边境地区文化建设水平评价指标体系

一级指标	权重	二级指标	单位	类型	权重
文化生产与消费	1/3	电话普及率	部/百人	正向	0.5
		互联网普及率	%	正向	0.5
文化设施	1/3	万人博物馆拥有率	%	正向	1/3
		万人文化馆拥有率	%	正向	1/3
		每万人公共图书馆拥有率	%	正向	1/3
文化资源	1/3	国家级非物质文化传承人数量	个	正向	1/3
		3A 及以上景区数量	个	正向	1/3
		国家级非物质文化遗产数量	个	正向	1/3

（二）数据来源

根据所构建的文化建设指标体系，本章中省级数据主要源自边疆 9 省区统计年鉴和《中国区域经济统计年鉴》，县级层面的数据源自《中国民族统计年鉴》和各省县统计公报数据。其中，国家级非物质文化遗产数量等在内的文化数据主要来源于各省区市民宗局、中国非物质文化遗产网等网站。

（三）数据处理

根据边境县现有数据，我们对以下几项指标进行标准化处理，并赋予 1/3 的权重，计算加权数值，作为边境县文化建设的评价指标。在此基础上，将得分按照从高到低的顺序逐一排序，表 9 - 5 中列示了边境县名称、所属省份、加权得分和排名。在对各指标进行标准化时，应用如下公式：

表 9 - 5   边疆 9 省区文化建设水平测度结果与排名

省区	得分	排名
云南	100. 0000	1
内蒙古	71. 3218	2
新疆	49. 1612	3
广西	41. 5103	4
辽宁	36. 2123	5
吉林	34. 3396	6

续表

省区	得分	排名
甘肃	31. 5820	7
西藏	14. 3135	8
黑龙江	1. 9421	9

$$X'_{ij} = \frac{X_{ij} - \min(X_{1j}, X_{2j}, \cdots, X_{nj})}{\max(X_{1j}, X_{2j}, \cdots, X_{nj}) - \min(X_{1j}, X_{2j}, \cdots, X_{nj})}, \ i = 1, 2, \cdots, n;$$
$$j = 1, 2, \cdots, m$$

其中，下角标 i 表示指标，j 表示区县，X_{ij} 表示区县 j 在第 i 项指标上的得分，最终计算得到的文化建设指标的值域为 [0, 100]。

(四) 测度结果与排名

1. 边疆 9 省区的测度结果与排名

对边疆 9 省区依照上述方法计算文化建设得分，排名如表 9 – 5 所示。其中云南各项指标均在 9 省区中位列第一，整体得分为 100.0000；内蒙古位列第二，得分为 71.3218；新疆、广西、辽宁、吉林、甘肃、西藏分别位列第三至第八位，得分均在 10 ~ 50；排名最末的是黑龙江，得分仅为 1.9421。可见，边疆 9 省区的文化建设水平差距较大，发展极为不均衡。

2. 边境县的测度结果与排名

总体而言，内蒙古、广西和新疆的边境县文化建设水平较高。其中，排名前 50 个县中，分别有 14 个来自内蒙古，5 个来自广西，3 个来自黑龙江，4 个来自吉林，21 个来自新疆，3 个来自云南。塔什库尔干塔吉克自治县、二连浩特市、瑞丽市、阿拉善左旗、阿拉善右旗、景洪市、皮山县、额济纳旗、和布克赛尔蒙古自治县和陈巴尔虎旗排在边境 140 个县的前 10 名，其中有 5 个隶属于内蒙古（见表 9 – 6）。

表 9 – 6　　　　边境县文化建设水平测度结果与排名

边境县	省区	得分	排名
塔什库尔干塔吉克自治县	新疆	34. 1993	1
二连浩特市	内蒙古	28. 2407	2

续表

边境县	省区	得分	排名
瑞丽市	云南	27.9187	3
阿拉善左旗	内蒙古	25.1847	4
阿拉善右旗	内蒙古	25.1326	5
景洪市	云南	23.8599	6
皮山县	新疆	21.7569	7
额济纳旗	内蒙古	21.7169	8
和布克赛尔蒙古自治县	新疆	20.9751	9
陈巴尔虎旗	内蒙古	19.9955	10
东兴市	广西	19.3994	11
满洲里市	内蒙古	19.0838	12
托里县	新疆	19.0696	13
凭祥市	广西	19.0261	14
伊吾县	新疆	18.8629	15
防城区	广西	18.7033	16
苏尼特左旗	内蒙古	18.5082	17
新巴尔虎左旗	内蒙古	18.4868	18
东乌珠穆沁旗	内蒙古	18.4048	19
霍城县	新疆	18.3387	20
博乐市	新疆	18.1089	21
塔城市	新疆	18.0535	22
那坡县	广西	17.8791	23
乌恰县	新疆	16.7429	24
芒市	云南	16.5961	25
安图县	吉林	16.4560	26
新巴尔虎右旗	内蒙古	16.3695	27
额敏县	新疆	16.2363	28
阿勒泰市	新疆	15.6761	29
抚远市	黑龙江	15.4202	30
阿合奇县	新疆	14.8724	31
哈巴河县	新疆	13.6687	32
富蕴县	新疆	13.5413	33

续表

边境县	省区	得分	排名
抚松县	吉林	13.3769	34
福海县	新疆	13.3114	35
阿巴嘎旗	内蒙古	13.2534	36
青河县	新疆	12.3429	37
温宿县	新疆	12.2291	38
同江市	黑龙江	12.1178	39
额尔古纳市	内蒙古	12.1153	40
阿图什市	新疆	11.9014	41
密山市	黑龙江	11.5167	42
珲春市	吉林	11.3937	43
长白朝鲜族自治县	吉林	11.2079	44
科尔沁右翼前旗	内蒙古	10.5307	45
奇台县	新疆	10.0431	46
布尔津县	新疆	9.8264	47
龙州县	广西	9.7453	48
乌拉特后旗	内蒙古	9.7231	49
木垒哈萨克自治县	新疆	9.6025	50
虎林市	黑龙江	9.0162	51
勐腊县	云南	8.8544	52
阿克陶县	新疆	8.7705	53
和龙市	吉林	8.6907	54
东港市	辽宁	8.6259	55
昭苏县	新疆	8.6240	56
绥芬河市	黑龙江	8.4989	57
集安市	吉林	8.2778	58
孟连傣族拉祜族佤族自治县	云南	8.0259	59
宁明县	广西	7.9775	60
大新县	广西	7.8225	61
图们市	吉林	7.7536	62
察布查尔锡伯自治县	新疆	7.7251	63

续表

边境县	省区	得分	排名
耿马傣族佤族自治县	云南	7.5973	64
四子王旗	内蒙古	7.4216	65
吉木乃县	新疆	7.2969	66
临江市	吉林	7.2302	67
穆棱市	黑龙江	7.0400	68
温泉县	新疆	6.3475	69
叶城县	新疆	6.3101	70
达尔罕茂明安联合旗	内蒙古	6.0372	71
江城哈尼族彝族自治县	云南	5.1794	72
龙井市	吉林	5.1520	73
苏尼特右旗	内蒙古	5.0727	74
乌拉特中旗	内蒙古	4.9687	75
逊克县	黑龙江	4.4206	76
宽甸满族自治县	辽宁	4.2778	77
乌什县	新疆	3.4988	78
阿尔山市	内蒙古	3.0872	79
振安区	辽宁	2.5729	80

三、边境地区文化建设绩效分析

（一）文化生产与消费

自兴边富民行动实施以来，边境地区通过组织文化产品展会、增加文化产品供给等举措，为边民提供了更优质的公共文化产品和服务，进一步提升了边境地区的文化惠民水平，满足边民的精神文化需求，边民的文化生产和消费水平不断提高，主要体现为过境游客人数和农村居民的人均消费支出（娱乐教育文化服务）显著增加，边民的文化生活质量显著提升；边境地区的电话普及率和互联网宽带用户接近于全国平均水平，边民的文化参与程度逐年提高。

2006～2018 年，边境地区农村居民的人均娱乐教育文化消费支出显著增加。2018 年，边疆 9 省区农村居民的人均娱乐教育文化消费支出为 925 元，与 2006 年相比增长 4305.52%，其中，兴边富民行动"十一五"规划期间为 1128.57%，"十二五"规划期间为 147.29%，"十三五"规划期间为 45.01%（见图 9-1）。

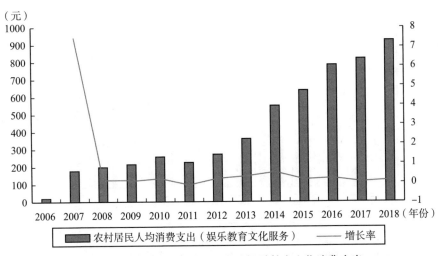

图 9 – 1　边境地区农村居民人均娱乐教育文化消费支出

1999～2018 年，边境地区的电话普及率呈波动性增长，与全国平均水平的差距逐渐缩小。2018 年，边疆 9 省区电话普及率为 118 部/百人，与 1999 年相比增长 1561.88%，与全国平均水平（216 部/百人）相差 8 部/百人（见图 9 – 2）。1999～2018 年，边疆 9 省区民族地区（内蒙古、广西、云南、西藏、新疆）的电话普及率从 7.05 部/百人增加到 116.49 部/百人，增长了 1552.3%；边境非民族地区（辽宁、吉林、黑龙江、甘肃）的电话普及率从 7.15 部/百人增加到 120.4 部/百人，增长了 1583.9%（见图 9 – 3）。边境民族地区的电话普及率及增长率均低于非民族地区。

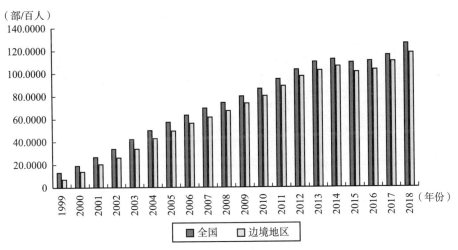

图 9 – 2　1999～2018 年边境地区与非边境地区电话普及率

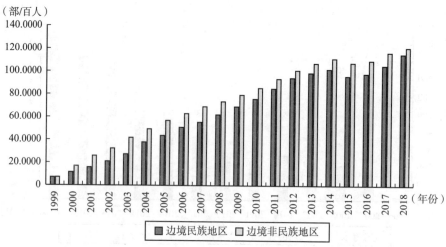

图 9 - 3　1999 ~ 2018 年边境民族地区与边境非民族地区电话普及率

　　根据五年规划阶段分析边境地区与非边境地区电话普及率，如表 9 - 7 所示。在兴边富民行动"十五"规划至"十三五"规划期间，边境地区的电话普及率均有较大幅度增长。边境地区的电话普及率从 7.09 部/百人增长至 117.86部/百人。2018 年，边疆 9 省区的电话普及率排名为：吉林、内蒙古、辽宁、新疆、甘肃、黑龙江、广西、西藏、云南。通过观察四个五年规划期间边疆 9省区的电话普及率及排名可以发现，各省区的排名变化波动较大，内蒙古、西藏、黑龙江和吉林的排名下降，辽宁的排名不变，而甘肃、云南和新疆的排名上升。

表 9 - 7　　　　　　　　边疆 9 省区四个五年规划期间电话普及率排名

省区	"十五"规划		"十一五"规划		"十二五"规划		"十三五"规划	
	电话普及率增长率（%）	排名	电话普及率增长率（%）	排名	电话普及率增长率（%）	排名	电话普及率增长率（%）	排名
内蒙古	497.70	1	94.38	1	6.44	9	18.07	6
西藏	428.99	2	92.33	2	34.85	5	19.67	4
黑龙江	314.29	3	30.03	9	36.56	4	10.50	8
甘肃	285.16	4	85.51	3	36.78	3	24.51	2
吉林	251.67	5	41.31	8	27.84	6	11.33	7
广西	249.36	6	56.36	5	39.73	2	30.81	1
新疆	200.00	7	51.81	7	22.60	7	18.66	5

续表

省区	"十五"规划		"十一五"规划		"十二五"规划		"十三五"规划	
	电话普及率增长率（％）	排名	电话普及率增长率（％）	排名	电话普及率增长率（％）	排名	电话普及率增长率（％）	排名
云南	191.17	8	82.60	4	41.41	1	22.09	3
辽宁	168.18	9	55.97	6	10.05	8	4.23	9

1999～2018 年，边境地区入境过夜旅游人数呈波动性增长趋势。2018 年，边疆 9 省区入境过夜旅游人数为 2154.03 万人，与 1999 年相比增长 481.2%。1999～2018 年，边疆 9 省区民族地区（内蒙古、广西、云南、西藏、新疆）的入境过夜旅游人数从 250.37 万人增加到 1603.41 万人，增长了 540.42%；边境非民族地区（辽宁、吉林、黑龙江、甘肃）的入境过夜旅游人数从 120.25 万人增加到 550.62 万人，增长了 357.9%。边境民族地区的入境过夜旅游人数及增长率均高于非民族地区（见图 9 - 4）。

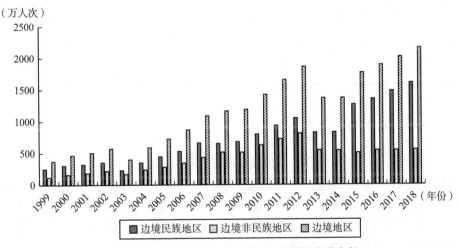

图 9 - 4　1999～2018 年边境地区入境过夜旅游人数

根据五年规划阶段分析边境地区入境过夜旅游人数，如表 9 - 8 所示。在兴边富民行动"十五"至"十三五"时期，边境地区的入境过夜旅游人数均有较大幅度增长。边境地区入境过夜旅游人数从 370.62 万人增长至 2154.03 万人。2018 年边疆 9 省区的入境过夜旅游人数排名为：云南、广西、辽宁、内蒙古、吉林、黑龙江、西藏、新疆、甘肃，通过观察四个五年规划期间边疆 9 省区入境过夜旅游人数增长率及排名可以发现，各省区的排名变化波动较大，辽宁、内蒙古、新疆和吉林的排名下降，黑龙江的排名不变，而甘肃、云南、广西和西藏排名上升。

表9－8　　　边疆9省区四个五年规划期间入境过夜旅游人数增长率及排名

排名	"十五"规划		"十一五"规划		"十二五"规划		"十三五"规划	
	入境过夜旅游人数增长率（%）	省区	入境过夜旅游人数增长率（%）	省区	入境过夜旅游人数增长率（%）	省区	入境过夜旅游人数增长率（%）	省区
1	171.88	内蒙古	177.88	辽宁	80.59	吉林	263.67	甘肃
2	165.01	辽宁	119.75	吉林	79.97	广西	85.20	西藏
3	133.98	吉林	119.02	云南	73.20	云南	38.55	广西
4	101.79	黑龙江	109.88	黑龙江	28.16	西藏	32.61	黑龙江
5	99.52	甘肃	88.21	西藏	12.59	内蒙古	29.63	云南
6	91.66	广西	69.41	广西	4.32	新疆	21.80	内蒙古
7	47.94	新疆	53.85	新疆	-22.36	甘肃	11.41	辽宁
8	44.50	云南	42.57	内蒙古	-27.03	辽宁	-7.78	吉林
9	20.34	西藏	-75.67	甘肃	-51.59	黑龙江	-34.76	新疆

（二）文化设施建设

随着兴边富民行动的实施，边疆9省区积极实施农村文化大院、广播电视村村通和"三馆一站"建设等文化惠民工程，初步形成了"县有文化馆、图书馆、博物馆，乡有文化站，村有文化大院和农家书屋、社区有文化中心"的基层文化网络，边境地区的图书馆、文化馆等文化设施明显增加，但每万人拥有率则呈波动式平稳或下降的趋势，我们以图书馆数量为例进行分析。

1999～2018年，边境地区图书馆总体呈增长趋势。2018年，边疆9省区图书馆为980个，与1999年相比增长8.17%，占全国图书馆总量（3176个）的30.86%，所占比重与1999年（33.95%）相比降低了3.09个百分点。与非边境地区相比，2018年边境地区图书馆数量占全国图书馆总量的比重低32.11个百分点，1999～2018年边境地区增长率低39.62个百分点（见图9－5）。

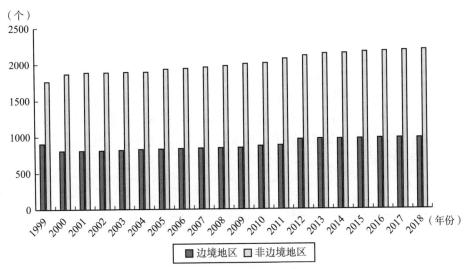

（个）

图 9 - 5　1999 ~ 2018 年边境地区与非边境地区图书馆数量

1999 ~ 2018 年，边疆 9 省区民族地区（内蒙古、广西、云南、西藏、新疆）图书馆数量从 529 个增加到 572 个，增长了 8.13%；边境非民族地区（辽宁、吉林、黑龙江、甘肃）图书馆数量从 377 个增加到 408 个，增长了 8.22%。边境民族地区的图书馆数量高于非民族地区，增长率低于非民族地区（见图 9 - 6）。

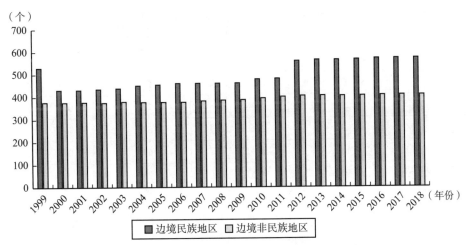

（个）

图 9 - 6　1999 ~ 2018 年边境民族地区与边境非民族地区图书馆

根据五年规划阶段分析边境地区与非边境地区图书馆增长数量及增长率，如表 9 - 9 所示。在兴边富民行动"十五"至"十三五"时期，边境地区和非边境地区的图书馆数量均有较大幅度增长。边境地区图书馆数量从 906 个增长至 980 个，非边境地区图书馆数量从 1763 个增长至 2196 个。五年间年均增长率变化趋势也基本相同，边境地区、边境非民族地区的图书馆数量在"十五"期间至"十二五"期间均呈增长趋势，非边境地区、边境民族地区"十五"期间下降，"十一五"至"十三五"期间开始回升。2018 年，边疆 9 省区的图书馆数量排名为：云南、辽宁、内蒙古、广西、黑龙江、新疆、甘肃、西藏、吉林，通过观察四个五年规划期间边疆 9 省区图书馆数量增长率及排名可以发现，各省区的排名基本保持平稳波动。

表 9 - 9　　　　　　　　边疆 9 省区四个五年规划期间图书馆数量增长率及排名

省区	"十五"规划		"十一五"规划		"十二五"规划		"十三五"规划	
	图书馆量增长率（%）	排名	图书馆量增长率（%）	排名	图书馆量增长率（%）	排名	图书馆量增长率（%）	排名
西藏	300.00	1	33.33	1	1875.00	1	0.00	4
新疆	21.52	2	5.10	4	3.88	2	0.00	4
吉林	5.00	3	1.56	8	1.54	6	0.00	4
内蒙古	1.85	4	2.73	5	2.63	5	0.00	4
云南	1.36	5	0.67	8	-0.66	9	0.00	4
甘肃	1.10	6	2.17	6	3.00	4	0.97	3
黑龙江	-1.03	7	12.63	2	0.00	8	1.85	1
辽宁	-2.33	8	1.59	7	0.78	7	0.00	4
广西	-51.03	9	8.00	3	3.70	3	1.75	2
边境地区	-8.28		4.18		10.22		0.51	
非边境地区	9.53		3.66		4.68		1.75	
边境民族地区	-14.18		3.91		17.67		0.35	
边境非民族地区	0.00		4.51		1.25		0.74	

1999～2018 年，边境地区每万人图书馆拥有率总体呈波动式平稳趋势。2018 年边疆 9 省区每万人图书馆拥有率为 0.0343 个，与 1999 年相比增长 0.1%。与非边境地区相比，2018 年边境地区每万人图书馆拥有率高 0.0145，1999～2018 年边境地区增长率低 11.4 个百分点（见图 9 - 7）。边疆 9 省区民族地区（内蒙古、广西、云南、西藏、新疆）每万人图书馆拥有率从 0.0398 个下降到 0.0378 个，降低了 5%；边境非民族地区（辽宁、吉林、黑龙江、甘肃）每万人图书馆

拥有率从 0.0286 个增加到 0.0303 个，增长了 5.94%。边境民族地区的每万人图书馆拥有率高于非民族地区（见图 9 - 8）。

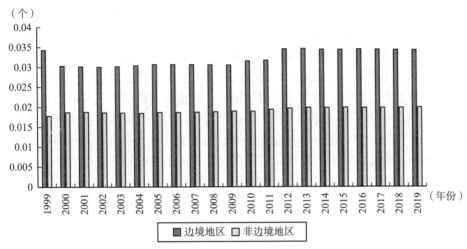

图 9 - 7 1999~2018 年边境地区与非边境地区每万人图书馆拥有率

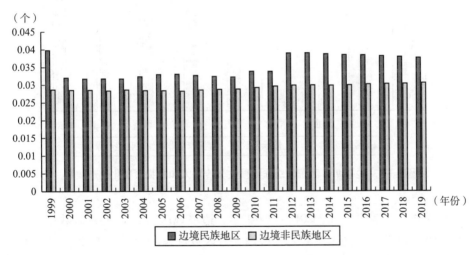

图 9 - 8 1999~2018 年边境民族地区与非民族地区每万人图书馆拥有率

（三）文化资源

自兴边富民行动实施以来，边疆 9 省区保护与发展边境少数民族传统文化，举办各种民族文化活动，积极打造边境地区少数民族艺术精品，促进在加强保护基础上盘活少数民族历史文化资源，形成具有地域和民族特色的文化产业和品牌，国家级非物质文化遗产、非物质文化传承人和 A 级及以上景区等文化资源数量显著增加。

在国家级非物质文化传承人方面，各省区数量排名依次为云南、新疆、西藏、内蒙古、甘肃、广西、辽宁、广西、黑龙江和吉林；在国家级非物质文化遗产方面，各省区数量排名依次为云南、新疆、西藏、内蒙古、甘肃、广西、吉林、辽宁和黑龙江（见图 9-9）。通过实地调研，我们发现，边境地区文化类型大致可总结为七类：一是激励中华儿女为理想和信仰拼搏奋斗的红色文化；二是由少数民族歌舞、服饰、建筑、饮食、节庆、风俗等组成的多元民族文化；三是独特自然生态条件下形成的极具特色的山水文化；四是历史与现在一脉相承的边关文化；五是集开放、交融、互惠于一体的边贸文化；六是有共同民族认同而分属不同国家的跨境文化；七是不同自然历史背景下形成的特有文化类型。

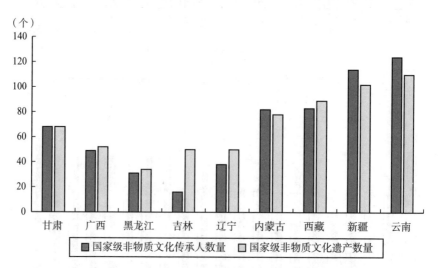

图 9-9　边疆 9 省区国家级非物质文化传承人和非物质文化遗产数量

在 A 级以上景区方面，2010～2017 年，边境地区 A 级以上景区数量总体呈增长趋势。2017 年，边疆 9 省区 A 级以上景区数量为 2913 个，与 2010 年相比增长 136.64%，占 A 级以上景区（10806 个）的 26.96%，所占比重与 1999 年（27.23%）相比降低了 0.27 个百分点。与非边境地区相比，2017 年边境地区 A 级以上景区数量占全国总量的比重低 46.09 个百分点，2010～2017 年边境地区增长率低 3.27% 个百分点（见图 9-10）。边疆 9 省区民族地区（内蒙古、广西、云南、西藏、新疆）A 级以上景区数量从 645 个增加到 1537 个，增长了 138.29%；边境非民族地区（辽宁、吉林、黑龙江、甘肃）从 586 个增加到 1376 个，增长了 134.81%。边境民族地区的 A 级以上景区数量及增长率一直高于非民族地区（见图9－11）。

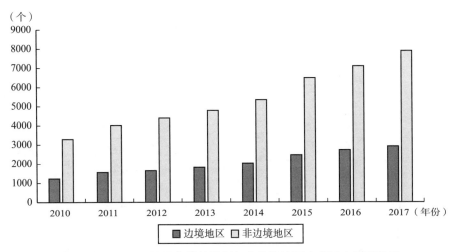

图9－10　2010～2017年边境地区与非边境地区A级以上景区数量

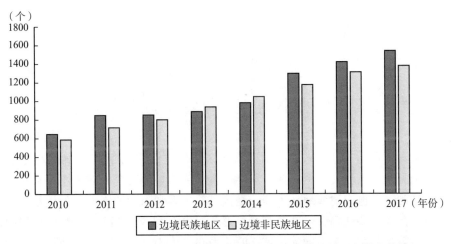

图9－11　2010～2017年边境民族地区与非民族地区A级以上景区数量

　　根据兴边富民行动五年规划阶段分析边境地区与非边境地区A级以上景区数量增长及增长率，如表9－10所示。在"十二五"至"十三五"时期，边境地区和非边境地区的A级以上景区数量均有较大幅度增长。边境地区A级以上景区数量从1231个增长至2913个，非边境地区A级以上景区数量从3290个增长至7893个。五年间年均增长率变化趋势也基本相同，边境地区、非边境地区的A级以上景区数量在"十二五"规划期间至"十三五"规划期间均呈增长趋势。2017年，边疆9省区的A级以上景区数量排名为：辽宁、广西、黑龙江、新疆、内蒙古、甘肃、吉林、云南、西藏，通过观察两个五年规划期间边疆 9 省区 A 级以上景区数量及排名可以发现，各省区的排名变化波动较大，辽宁、甘肃、内蒙古和广西的排名上升，新疆和云南的排名保持不变，而黑龙江、西藏和吉林的排名下降。

表 9－10　　　　边疆 9 省区两个五年规划期间 A 级以上景区数量增长率　　　单位：%

省区	"十二五" 规划		"十三五" 规划	
	A 级以上景区数量增长率	排名	A 级以上景区数量增长率	排名
黑龙江	177.42	1	－4.65	9
西藏	160.00	2	10.58	6
广西	133.59	3	41.14	2
吉林	131.07	4	0.00	7
新疆	94.32	5	15.50	5
内蒙古	93.29	6	17.98	4
甘肃	73.68	7	18.61	3
云南	69.34	8	－0.43	8
辽宁	40.00	9	66.30	1

四、边境地区加强文化建设的政策建议

兴边富民行动实施以来，我国边境地区文化建设成就巨大，公共文化设施、公共文化服务体系和文化产业体系不断健全，为边境地区全面建成小康社会奠定了坚实基础。但也应清醒地认识到，受到某些主客观因素的影响，边境地区的文化建设仍存在一些问题，主要包括：一是因边境地区文化资源禀赋存在异质性，加之各地政策落实情况不同，边境 140 个县的文化建设水平呈现出明显的差异，且整体上落后于经济发展水平。二是公共文化设施数量日益增加，但人均拥有率的增长幅度甚微，公共文化服务体系仍难以满足边民日益增长的美好生活需要。三是边境地区民族文化产业发展层次亟待提高，文化生产的经济功能受限，如文化产业集中度不高且缺乏通联互动、文化产品创新性不足且品牌不足。四是文化资源传承开发机制不完善，文化专业人才断层严重，文化资源开发广而不精。

兴边富民行动不仅要兴经济，还要兴文化，不仅要富物质，更要富精神。随着我国经济社会发展进入新时代，兴边富民行动必须适应新时代的新特点、新要求，实现边境地区在经济、政治、文化、社会、生态文明等方面的全面发展。基于此，"十四五"期间，兴边富民行动应将文化建设与经济发展放在同等地位进行统筹，使"文化活边"成为新时代我国边境地区经济社会发展的目标指向，重点要做好以下几方面的工作。

（一）因时因地因人而异，提高边民文化自觉性

文化建设的关键在于有赖以生长发育的土壤和环境，即"文化生境"。边境地区要实现文化建设均衡发展，关键在于因时因地因人而异地制定文化守边、文化兴边、文化睦邻的边境文化发展战略，在边境地区"铸牢中华民族共同体意识"，提高边民的文化认同感和文化自觉性，尤其是对外交流意识，培育"文化生境"。

一方面，各边境县要因时因地因人而异地制定本地区文化建设方案。针对文化生产与消费得分较低的地区，应着力提高文化资源的开发利用率，从文化基础设施建设、非物质文化遗产申报、扩建旅游景区等方面促进文化产业建设，推动文化资源有效转化为文化资本。针对文化资源得分较低的地区，应在继续保持文化产业发展投入的同时，着力提高边民的文化保护传承意识，自上而下地树立正确的文化资源开发理念，同时政府应促进边贸红利更多更广地惠及边民，提高边民的文化认同感。针对文化设施得分较低的地区，应继续实施"边疆万里数字文化长廊""春雨工程"等，加强口岸公共文化基础设施建设，创新群众文化活动载体，不断满足群众多层次文化需求。

另一方面，边境地区要以铸牢中华民族共同体意识为主线，构建口岸"人和"特色文化，构建包容性的文化交流交融体制机制与实践路径，通过文化构建增强人与口岸、人与人、人与文化之间的黏性，促进优秀民族文化跨区域交融，提高边民的文化自觉性和文化自信心，使其主动参与到文化建设中来；以跨境文化、民族文化为着力点，打造特色鲜明民族节庆活动，如中缅胞波狂欢节等，引导边民树立整体发展意识，强化民族文化认知和对外交流意识。

（二）积极打造"三区一工程"，构建文化交流的双循环格局

边境地区应依托"一带一路"建设、兴边富民行动及六大经济走廊的政策优势，围绕"两种资源，两种优势"，积极打造"三区一工程"，构建文化交流的双循环格局。其中，"三区"是指跨境旅游合作区、跨境经济合作区、自由贸易区，"一工程"是指边境产业园区建设工程。

一方面，完善要素保障机制，积极打造"三区一工程"。一是健全"三区一工程"的人才、土地、融资等配套政策，如探索设立文化产业促进基金，开展文

化产品展会等，推动边境地区文化可持续性发展。二是健全边境地区博物馆、纪念馆、文化馆、图书馆、学校等实体场馆、校舍以及文化传播渠道设施和载体等文化场所，保存并传承语言文字、风俗习惯、生活方式等文化特色，提供文化建设和发展的硬件基础，潜移默化地提高边民文化传承和保护意识。

另一方面，构建文化交流"双循环"格局。一是围绕国内大循环，边境地区要充分利用"一带一路"节点城市的地缘与文化优势，积极发挥核心边境县的辐射带动作用，加强内陆毗邻省份的互联互通，实现文化的要素流通和联动发展，形成文化交流交融集聚网络。二是围绕国际大循环，在专项财税、金融贷款优惠等方面提供针对性政策，依托沿边口岸、边境城市开展文化产业合作与对外文化贸易，构建双边文化产业商贸关系，打造沿边文化带；建设传统文化、体育文化、旅游文化、民族文化等的国际交流平台，实施"亮名片""交朋友"工程，从文化交流、跨境教育、医疗卫生、跨境劳务、跨境婚姻、跨境旅游等方面深化文化合作内容，促进中国文化走出去。

（三）传承、开发边境特色文化资源，为文化建设注入"活水"

文化资源作为文化生产与消费的基础。边境地区要以"文化"视角为主，辅以"民族"和"边境"视角，实现文化资源到文化资本、文化产业的转变，提高文化资源的再造力和生产力。

一方面，边境地区要从本源起步，正确认识文化资源的特有属性，自上而下地树立正确的保护传承理念。一是由政府主导，将民族文化的保护和传承纳入文化建设工作中，健全有关民族文化保护和传承工作的制度法规，完善传承保护机制，提升边民及民间团体对民族文化的自信心和认同感。二是边境地区要着眼长远，建立大区域的文化资源开发生产循环使用链，摒弃短视、急功近利盲目搞商业开发，而忽视民族文化资源保护的现象及行为，形成具有边境地区特色的文化资源开发模式，在保护中最大化开发，在开发中最优化保护。

另一方面，文化建设问题归根到底是人才问题。边境地区要有针对性地制定"人才引育＋本地培养＋技能培训"的人才队伍建设机制，确保高层次专业人才"引进来，留得住"，解决传统手工艺的传承人断层问题；构建"政府＋高校"的联合培养机制，推动校企合作，建立实训基地，为文化建设培养专业技能人才；加大对边境地区文化保护项目的申报力度，积极申报各类各级文化遗产，将传承人群的研修、研习和培训作为非物质文化遗产保护的根本性和常态化工作，鼓励以"带徒弟""集中培训"的方式进行传习，厚植文化建设的人才土壤。

（四）大力发展文化产业，构建"经济－文化双核心"

边境地区要围绕"文化＋"，大力发展文化创意、民俗手工艺、文艺创作等文化产业，培育民族文化品牌，延长上下游产业链，促进文化产业规模化发展，实现经济与文化的良性互动。

一方面，要创新口岸文化产品，培育民族文化品牌。边境地区应重点培育根植于边民日常生活的文化产业，形成"文化＋特色生物资源""文化＋农产品""文化＋旅游""文化＋民族医药"等特色产品，以文创产品等形式满足文化消费市场的需求。与此同时，边境地区要基于自身优势，将国门文化、屯垦戍边文化、边贸文化、遗址遗迹、特色建筑民居或特色村寨、民族传统文化、节日庆典活动等与文化产业相融合，打造专属于边境地区的特色文化品牌。

另一方面，要延长上下游产业链，促进文化产业规模化发展。一是边境地区应推动文化产业与公共服务建设、数字经济、物流电商、生态旅游、人工智能等融合，打造"文化＋新基建""文化＋电商""文化＋跨境旅游""文化＋餐饮"等文化产业新业态，形成实现文化产业链的纵向延伸和横向拓展；二是推进"文化＋城镇化"，支持边境地区地区探索以文化产业规划引领"多规合一"，营造特色口岸城镇风格，完善商贸旅游中心功能，打造特色文化村镇和城市。

第十章

新时代推进兴边富民行动的机遇与挑战

"十四五"时期是我国全面建成小康社会、实现第一个百年奋斗目标之后，乘势而上开启全面建设社会主义现代化国家新征程、向第二个百年奋斗目标进军的第一个五年。"十四五"时期我国发展仍然处于重要战略机遇期，但机遇和挑战都有新的发展变化。20 年来，国务院出台了一系列政策和措施，兴边富民行动取得显著成效。展望未来，加快边境地区经济社会发展，与全国其他地区一道走向现代化是今后兴边富民行动的重要使命。抢抓机遇、迎接挑战，深化兴边富民行动是"十四五"时期乃至未来一段时间内，兴边富民行动的重要任务。

一、新时代推进兴边富民行动的国内外环境

在中华民族伟大复兴和世界百年未有之大变局中，我国所处的国际国内发展环境都发生了全面、深刻的变化。

（一）国际发展环境

从国际上看，当今世界正处于百年未有之大变局，随着中国等新兴经济体的快速崛起，国际经济政治格局发生深刻变化。新冠肺炎疫情的突发，加快了国际经济政治格局的演变。

1. 国际政治格局面临重塑

"十四五"时期，全球治理格局将更加复杂多变，传统发达国家主导的全球经济治理格局将发生深刻变革，一大批新兴经济体和发展中国家群体性崛起，新兴经济体和发展中国家在全球经济治理中的话语权逐步提升。美国对中国遏制逐渐升级，最直接的原因是中国经济总量同美国日趋接近，中华民族伟大复兴已成不可阻挡之势。

2. 国际经济格局面临变革

进入 21 世纪以来，欧美反全球化倾向明显，经济全球化遭遇逆流，反全球化思潮涌现。在此思潮的影响下，世界贸易组织（WTO）改革受阻，导致以货物贸易和直接投资为动力的经济全球化动能明显不足。全球供应链格局面临重构，国际分工体系将发生深刻变化。以美国为首的发达国家，为了继续保持在国际经济政治格局中的主导地位，对我国在欧美发达国家的直接投资设置种种非经济壁垒，同时对我国实施更为严格的技术管制，试图延缓我国技术进步的步伐。同时，受新冠肺炎疫情影响，各国更加重视供应链安全，努力推动供应链本地化、区域化，但各国已经从全球化中得到巨大利益，全球化的格局很难发生根本改变，未来，全球供应链将呈现出全球化、本土化、区域化的多元特点，生产成本最小化的全球产业链布局格局会逐渐转变为成本最小和风险最低同时兼顾的布局。

3. 国际科技竞争日趋激烈

技术创新是支持一国经济增长的根本动力。为了在国际经济政治竞争中占据主动，国际范围内科技创新主导权的争夺将愈演愈烈。未来五年，世界主要大国在新一代信息通信技术、量子计算、人工智能、现代生物技术、航天科技等新兴科技领域的竞争或封锁与反封锁将更加激烈，科技强国与弱国之间的科技鸿沟将继续加宽加深。在这些领域，中国都拥有一定的科技竞争力，也在不断加大科技创新和市场开发投入力度，可以预见，在这些领域，中国、美国与其他发达国家之间的科技竞争将日趋激烈。

4. 国际疫情冲击常态化

此次的新冠肺炎疫情对国际生产和消费都带来了无法估量的冲击。目前，疫情依然在全世界范围内肆虐，依然没有得到有效控制。疫情对生产和消费的影响将从短期冲击转变为长期冲击。疫情使全球部分产业链和供应链停摆，制造业即时生产和按时交付遭受较大冲击，广泛参与全球价值链分工的汽车、电子、机械、医药等产业面临断链、转链的风险，疫情后全球产业链、供应链的重新接续将会存在巨大摩擦成本，短期内难以迅速完成，且一定程度上会出现不可逆的变化。此外，金融市场大幅动荡加大实体经济下行压力，爆发国际金融危机甚至经济危机的风险大幅上升。

（二）国内发展环境

我国坚持以深化供给侧结构性改革为主线，以改革创新为根本动力，以满足人民日益增长的美好生活需要为根本目的，坚持系统观念，科学推进"六稳""六保"工作，坚持扩大内需这个战略基点，构建以国内大循环为主体，国内国际双循环相互促进的新发展格局，我国经济社会将继续平稳健康发展。

1. 我国已转向高质量发展阶段

党的十九大报告指出，我国社会主要矛盾已经转化为人民日益增长的美好生活需要和不平衡不充分的发展之间的矛盾。解决不平衡不充分，就必须坚持以人民为中心的发展思想，在发展的基础上，更好满足人民在经济、政治、文化、社会、生态等方面日益增长的需要，更好推动人的全面发展、社会全面进步。

我国经济已由高速增长阶段转向高质量发展阶段，追求增长的质量和效益。高质量发展就要求贯彻新发展理念，坚持创新、协调、绿色、开放、共享的发展理念。我国制度优势显著，治理效能提升，经济长期向好，物质基础雄厚，人力资源丰富，市场空间广阔，发展韧性强劲，社会大局稳定，"十四五"时期我国高质量发展仍然处于重要战略机遇期。

2. 深入实施区域协调发展战略

党的十九大报告指出，"实施区域协调发展战略"，"加大力度支持革命老区、民族地区、边疆地区、贫困地区加快发展"，"建立更加有效的区域协调发展新机制"。① 2018 年 11 月，中共中央国务院发布的《中共中央国务院关于建立更加有效的区域协调发展新机制的意见》明确指出，"实施区域协调发展战略是新时代国家重大战略之一，是贯彻新发展理念、建设现代化经济体系的重要组成部分"。该意见指出，"到 2035 年，建立与基本实现现代化相适应的区域协调发展新机制"，"在显著缩小区域发展差距和实现基本公共服务均等化、基础设施通达程度比较均衡、人民基本生活保障水平大体相当中发挥重要作用，为建设现代化经济体系和满足人民日益增长的美好生活需要提供重要支撑"。《中华人民共和国国民经济和社会发展第十四个五年规划和 2035 年远景目标纲要》明确指出："推进兴边富民、稳边固边，大力改善边境地区生产生活条件，完善沿边城镇体系，支持边境口岸建设，加快抵边村镇和抵边通道建设。推动边境贸易创新发展。加大对重点边境地区发展精准支持力度。"

3. 构建新发展格局

党的十九届五中全会指出，要加快构建以国内大循环为主体、国内国际双循

---

① 习近平：《决胜全面建成小康社会　夺取新时代中国特色社会主义伟大胜利——在中国共产党第十九次全国代表大会上的报告》，中国政府网，http：//www.gov.cn/zhuanti/2017 - 10/27/content_5234876.htm。

环相互促进的新发展格局。《中共中央关于制定国民经济和社会发展第十四个五年规划和二〇三五年远景目标的建议》明确指出，"畅通国内大循环，依托强大国内市场，贯通生产、分配、流通、消费各环节，打破行业垄断和地方保护，形成国民经济良性循环"，"实现上下游、产供销有效衔接，促进农业、制造业、服务业、能源资源等产业门类关系协调"。

4. 巩固拓展脱贫攻坚成果

《中共中央关于制定国民经济和社会发展第十四个五年规划和二〇三五年远景目标的建议》明确指出，"建立农村低收入人口和欠发达地区帮扶机制，保持财政投入力度总体稳定，接续推进脱贫地区发展。健全防止返贫监测和帮扶机制，做好易地扶贫搬迁后续帮扶工作，加强扶贫项目资金资产管理和监督，推动特色产业可持续发展。健全农村社会保障和救助制度。在西部地区脱贫县中集中支持一批乡村振兴重点帮扶县，增强其巩固脱贫成果及内生发展能力。坚持和完善东西部协作和对口支援、社会力量参与帮扶等机制。"

5. 繁荣发展文化事业与文化产业

《中共中央关于制定国民经济和社会发展第十四个五年规划和二〇三五年远景目标的建议》明确指出，"繁荣发展文化事业与文化产业，提高国家文化软实力"。"提升公共文化服务水平"，"传承弘扬中华优秀传统文化，加强文物古籍保护、研究、利用，强化重要文化和自然遗产、非物质文化遗产系统性保护，加强各民族优秀传统手工艺保护和传承"。"推动文化和旅游融合发展，建设一批富有文化底蕴的世界级旅游景区和度假区，打造一批文化特色鲜明的国家级旅游休闲城市和街区，发展红色旅游和乡村旅游"。

6. 坚持实施更高水平对外开放

《中共中央关于制定国民经济和社会发展第十四个五年规划和二〇三五年远景目标的建议》明确指出，"坚持实施更大范围、更宽领域、更深层次对外开放，依托我国大市场优势，促进国际合作，实现互利共赢"，"完善自由贸易试验区布局，赋予其更大改革自主权"，"推动共建'一带一路'高质量发展，坚持共商共建共享原则，秉持绿色、开放、廉洁理念，深化务实合作，加强安全保障，促进共同发展。推进基础设施互联互通，拓展第三方市场合作。构筑互利共赢的产业链供应链合作体系，深化国际产能合作，扩大双向贸易和投资"。

二、新时代推进兴边富民行动面临的新机遇

"十四五"期间，是边境地区大有作为的重要战略机遇期，是边境地区加快

发展实现区域协调，巩固拓展脱贫攻坚成果、加快沿边开放、繁荣发展文化事业与文化产业的历史机遇期，是开启社会主义现代化新征程的重要阶段。

（一）深入实施区域协调发展战略的机遇

区域协调发展是贯彻新发展理念，实现高质量发展的重要机制。边境地区经济发展基础薄弱，经济社会发展绝对水平还不高，在市场机制下很难依靠自身与全国同步实现现代化，而实施区域协调发展新机制意味着对边境地区实施政策倾斜，帮助边境地区加快发展。《中共中央关于制定国民经济和社会发展第十四个五年规划和二〇三五年远景目标的建议》明确指出，"加强边疆地区建设，推进兴边富民、稳边固边"。根据《中共中央国务院关于建立更加有效的区域协调发展新机制的意见》《中共中央国务院关于新时代推进西部大开发形成新格局的指导意见》等文件，边境地区将在道路交通、土地、人才、产业等方面将享受差别化的区域政策。

（二）巩固拓展脱贫攻坚成果与实现乡村振兴的机遇

2020年12月3日，中共中央政治局常务委员会召开会议，听取脱贫攻坚总结评估汇报，会上习近平指出，要保持帮扶政策总体稳定，严格落实"四个不摘"要求，保持现有帮扶政策、资金支持、帮扶力量总体稳定。持续跟踪收入变化和"两不愁三保障"巩固情况，定期核查，及时发现，及时帮扶，动态清零。① 除个别口岸城市外，边境地区普遍地理位置偏僻、交通成本高、自然条件恶劣、农村居民收入水平不高。尽管已经消除了绝对贫困，但农村居民进一步增收，从小康生活进入中高收入水平还面临不少的困难。党中央做出的巩固拓展脱贫攻坚成果的决策对于边境地区稳固扶持力量，建立农村农业长效发展机制极为重要。此外，党中央做出了乡村振兴的战略部署，2018年9月，中共中央　国务院印发的《乡村振兴战略规划（2018—2022年）》提出，"改善农村交通物流设施条件，以示范县为载体全面推进'四好农村路'建设，保障农村地区基本出行条件"，"加大对革命老区、民族地区、边疆地区、贫困地区铁路公益性运输的支持力度"。这些政策为边境地区加快农村农业发展提供了历史机遇。

---

① 《习近平主持中央政治局常委会会议并发表重要讲话》，中国政府网，http：//www.gov.cn/xinwen/2020-12/03/content_5566906.htm。

（三）加快沿边开发开放的机遇

边境地区具有毗邻周边国家的独一无二的区位优势，在我国"一带一路"建设中占据重要的地位。我国继续深化对外开放，加快沿边开发开放的政策为边境地区建设成为"一带一路"窗口和示范区提供了历史机遇。《中共中央国务院关于新时代推进西部大开发形成新格局的指导意见》明确提出，"完善沿边重点开发开放试验区、边境经济合作区、跨境经济合作区布局，支持在跨境金融、跨境旅游、通关执法合作、人员出入境管理等方面开展创新"，"扎实推进边境旅游试验区、跨境旅游合作区、农业对外开放合作试验区等建设。统筹利用外经贸发展专项资金支持沿边地区外经贸发展。完善边民互市贸易管理制度。"《中共中央国务院关于推进贸易高质量发展的指导意见》也指出，"加快边境贸易创新发展和转型升级，探索发展新型贸易方式"。加快沿边开发、创新边境贸易的政策将为边境地区发挥区位优势，接收东中部地区转移产业，积极利用国际国内两个市场，发展跨境合作提供了重要机遇。

（四）繁荣发展文化事业和文化产业的机遇

边境地区文化资源丰富，开发潜力巨大，目前文化旅游产业已经成为边境地区经济发展的支柱产业，但文化事业和文化产业发展绝对水平距离东中部地区仍有一定差距。边境地区总体上财政自给率低、财政支出紧张，文化事业投入不足；文化产业结构比较单一，产业发展还比较粗放，数字化、文创等现代化文化产业业态极少。国家提出的繁荣发展文化事业与文化产业为边境地区加快发展文化事业，丰富文化产业提供了难得的机遇。

三、新时代推进兴边富民行动面临的新挑战

20 年的兴边富民行动使边境地区综合经济实力显著增强，边民生产生活水平显著提升，民族团结进一步巩固，国家边防更加稳固，为边境地区全面建成小康社会奠定了坚实基础，但由于自然环境、地理位置、历史因素等原因，边境地区的经济社会发展与中东部地区相比存在一定差距，还存在经济发展动能不足、基础设施欠账过多、公共服务水平不高、特色产业不强等问题。

（一）经济发展动能不足

"十三五"期间，兴边富民行动有效促进了边境地区经济发展，边境地区的

经济总量、固定资产投资、财政收入、农牧民人均收入等都有了显著提升，但经济发展绝对水平与全国平均水平相比还有一定差距。从产业结构上看，2018 年边境县三次产业结构为 20.7∶35.8∶43.5，仍处于工业化的初期阶段，而 2018 年全国三次产业结构为 7.2∶40.7∶52.2，已经处于工业化中后期阶段，从产业结构上看边境地区距离全国平均水平差距明显。人均指标上，2018 年边境地区人均生产总值 39012 元，只相当于全国平均水平的 60.35%；2018 年边境地区农牧民人均可支配收入 12075 元，只有全国平均水平的 82.61%。[1]

与全国其他地区相比，边境地区 GDP 增速、投资效率、城镇化发展都不太乐观，经济增长动能略显不足。从 GDP 增速上来看，2010~2018 年，边境县整体而言 GDP 年均增速高于全国平均水平，但甘肃、辽宁、吉林和内蒙古 4 省区的边境县 GDP 年均增速低于全国平均水平 7.45%（按可比价格计算）。此外，2015~2018 年，边境县 GDP 年均增速只有 4.32%（按可比价格计算），明显落后于全国平均增速 6.7%（按可比价格计算），增长动能不足。[2]

从产业结构变动上来看，2010~2018 年间，边境地区第一产业占比几乎没有变化，第二产业占比下降了 7.9 个百分点，对于工业化初期的地区而言，这表明工业化进展偏慢。而同期全国第一、第二产业占比分别下降了 2.4 和 5.8 个百分点。[3] 边境地区如果仅依靠农牧业和服务业，带动经济增长难度大，且更容易受到国际国内经济波动的影响。

从常住人口城镇化率上来看，2018 年边境县城镇化率仅为 38.71%，大幅低于全国平均水平 59.58%。从变化幅度上看，2010~2018 年，边境县城镇化率仅增长了 8.37 个百分点，而同期全国城镇化率提高了 19.28 个百分点。边境省区中，只有吉林和甘肃边境县城镇化率超过了全国平均水平，西藏、广西和云南边境县城镇化率不足 30%。[4] 边境地区城镇化发展明显偏慢，通过新型城镇化发展推动经济增长难度大。

（二）基础设施历史欠账较多

自兴边富民行动实施以来，边境地区公路、铁路、农村道路、农村危旧房改造、饮水设施、电网建设与改造、农田水利设施、信息网络等基础设施领域一直都是行动重点，20 年来基础设施建设成就巨大，边民生产生活条件显著改善。但边境地区自然环境比较恶劣，地形地貌复杂，高原、山地居多，平原较少，基础设施建设难度大、成本高、投资周期长，成本收益率偏低，基础设施建设主要

---

① 2018 年《中国民族统计年鉴》。
②③④ 2010~2018 年《中国民族统计年鉴》。

依赖国家投入。由于兴边富民行动涉及140个边境县和58个边境团场，中央财政平摊到每个边境县和团场的资金有限，导致目前基础设施建设水平还较落后，历史欠账过多。截止到2019年，云南、新疆的边境县高速公路通达率还不到80%，黑龙江和内蒙古边境县高速公路通达率只有55.6%和40%，西藏边境县则全部未通高速公路。新疆和广西边境县铁路（含货运专线）通达率不到60%，云南边境县铁路通达率仅为12%，西藏边境县全部未通铁路。[①]

（三）公共服务仍是明显短板

尽管边境地区民生保障水平有了明显提升，公共服务大幅改善。但由于基础薄弱，目前公共服务仍是边境地区明显的短板。以卫生事业为例，边境地区卫生事业发展绝对水平与全国平均水平相比，差距依然明显。2018年边境县每万人医院、卫生院床位数仅相当于全国平均水平的75.58%，边境县每万人卫生技术人员数相当于全国平均水平的70.86%。且边境县人均床位数和人均卫生技术人员数增长速度也不尽如人意，边境县上述两个指标增速比全国平均水平分别低1.72和0.75个百分点。[②]边境地区医护人员技术水平不高的局面未有彻底改变，边境县的居民不得不外出看病就医，尽管医保异地实时结算已逐渐推广实施，但交通、住宿、陪护等非医疗成本居高不下，导致医疗消费支出大幅增加。

边境地区整体教育水平落后的局面仍未得到根本扭转。一方面，边境地区对教育资金投入少，目前缺乏直接针对全国边境县的教育扶持政策，有限的资金主要投入边境地州中心城市，投向边境县的比重较低；另一方面，有限的资金主要用于教育事业硬件投入，教育机构师资水平不高的局面未得到明显改善，优秀师资力量流失到周边中心城市问题突出。

边境地区人才匮乏的局面也未能根本解决。边境省区由于地理位置僻远，多数地区自然条件恶劣，加上经济发展水平低，教育、卫生等公共服务水平低，不仅难以吸引内地人才流向边境地区，而且自身优秀人才也难以留住。中央各部委和各省区的人才政策，直接作用于边境县的较少，由于人才政策实施力度有限，边境地区各类专业技术人才匮乏的局面并未根本扭转。

（四）特色产业发展潜力尚未充分发挥

实现边民收入长期稳定增长，提升边民自我发展能力，产业发展是根本。但是由于边境地区产业发展起点低、基础薄弱，自我发展能力不足，在市场机制作

---

①②　2018年《中国民族统计年鉴》。

用下很难吸引人才、资金、技术、产业等优质资源流入，加之不少边境地区属于我国生态保护区，禁止开发或限制开发，生态发展与经济发展之间还存在一定矛盾。

边境地区现有特色产业发展层级不高，抗风险能力较弱。边境地区农牧业在产业发展中占有重要地位，但目前农业产业化、市场化程度较低，限制了农业进一步发展。边境地区农牧业生产经营模式还比较粗放，农业合作社虽然也有建立，但规模小，缺乏经营管理和技术人才，一些合作社生产方式与家庭户生产方式没有本质区别，产业规模化程度低。此外，农牧产品粗加工比例低，精深加工产业更是匮乏，有些边境县规模以上工业企业一家都没有。由于农业及其加工业规模化程度低，即使一些边境地区成功地申请了农产品地理标志，也很难形成品牌，农产品及制成品市场竞争力不高。

边境地区文化旅游产业受制于区位和交通条件，潜力还未能彻底发挥出来。旅游业的发展能够带动餐饮、住宿等相关产业的发展，对就业拉动作用大，可以有效解决当地就业岗位不足的问题。尽管边境地区旅游业收入占 GDP 比重很高，但旅游业与内陆地区相比，发展层次明显偏低，如云南边境地州人均旅游收入比全省平均水平低17.6%。边境地区旅游业发展面临以下困难：一是边境地区的基础设施配套不足，道路等级低、路况差、交通成本居高不下，无法满足游客的出行需求；二是边境地区旅游服务设施建设相对滞后，"吃、住、行、游、购、娱"旅游六要素还存在部分缺位。许多景区目前处于低层次管理和开发阶段，无法满足游客的体验式需求；三是出入境旅游手续办理烦琐，办证时间长，影响国内外游客的旅行安排，不能很好地将沿边的跨国旅游资源转化为经济效益；四是边境旅游业产品单一、主要以自然景观为主，景点重复化建设严重，没有很好地将旅游产品与丰富的文化资源深度融合，旅游业态发展不充分。

边贸产业受地缘经济政治、国家边贸政策的影响，潜力未充分发挥，东北、北部和西北边境口岸主要是作为物流通道，对当地经济带动作用较小，西南边境地区边贸发展较好，但辐射力有限。目前边境经济合作区、跨境经济合作区等沿边开放平台产业发展还比较薄弱，产业结构单一，大多以附加值较低的初级产品加工为主，外贸对地区经济增长作用不明显。现有的跨境经济合作领域较窄，许多形态的经济合作还没有有效开展，土地利用效率不高。

政府资金投入有限，金融机构帮扶作用尚未充分发挥。从目前看，来源于金融机构的支持资金相对有限，金融机构发挥的作用不明显。一是资金总量偏少，由于产业发展程度不高，大部分信贷资金以分散的形式发放给了农牧民或者合作社，但由于还是以传统的生产方式为主，金融支持产业发展的效果不很明显；二是由于边境地区以传统产业为主，市场较为狭小，传统金融机构利润率不高，服务边境地区的动力不强；三是边境地区贷款使用者抗风险能力偏弱，只有当政府提供相应的补贴或者担保后，金融机构才愿意向边境地区投入金融产品，导致政府财政压力较大。

（五）巩固拓展脱贫攻坚成果实现乡村振兴难度大

边境地区减贫事业取得了显著成就，到 2020 年底边境地区贫困县实现了全部脱贫摘帽，彻底消除了绝对贫困和区域性整体贫困，与全国其他地区一道进入全面小康社会。但由于边境县受地理、历史等诸多因素的影响，自身财力投入十分有限，基础设施建设和公共服务水平不高，尤其是边境贫困地区脱贫基础不很牢固。确保"十四五"期间边境地区巩固拓展脱贫攻坚成果，与乡村振兴实现有效衔接，仍面临较大压力。

此外，在精准扶贫政策的扶持下，贫困户的产业发展了，就业稳定了，收入提高了，但也应当注意到，大规模的、持续的扶持政策，也在一定程度上滋生了部分贫困人群"等、靠、要"思想。这些贫困家庭产生了较为严重的政策依赖心理，缺乏依靠自身奋斗而致富的内生动力，较难适应当前的市场机制，一旦扶贫政策退出极有可能返贫。

精准脱贫战略由国家启动，从中央到地方层层推进，以政府为主，带动企业等社会组织实施的扶贫开发方式。由于边境地区市场培育程度低，市场力量在边境地区扶贫工作中起到的作用极为有限，实际上政府承担了大量的扶贫工作，表现在扶贫资源过分依赖政府投入，没有充分建立起从市场和社会筹集动员资源的必要制度。此外，扶贫开发主要依靠地方政府各部门以项目形式进行，各个政府部门按照各自渠道逐级向上申报，资金自上而下逐级拨付，导致项目实施还存在部门分割的问题，项目综合统筹和协调不足，不能很好地集中扶持力量。

（六）做好稳边固边工作压力大

边境地区作为我国发展的前沿阵地，对外开放的窗口，承担着巩固祖国边防、维护边疆稳定的历史重任。兴边富民行动实施 20 年里，特别是"十三五"期间，兴边富民行动以广大边民的根本利益为出发点，深入开展民族团结工作，增强了各族人民的凝聚力、向心力，对巩固边防、强国睦邻产生了积极作用。但由于国际形势的复杂多变，国内不稳定因素尚未彻底根除，边境地区稳边、固边工作仍不能掉以轻心。

四、新时代推进兴边富民行动的政策建议

2019 年 9 月 27 日，习近平总书记在全国民族团结进步表彰大会上的讲话中

强调，"实施好促进民族地区和人口较少民族发展、兴边富民行动等规划，谋划好'十四五'时期少数民族和民族地区发展"；① 党的十九届五中全会通过的《中共中央关于制定国民经济和社会发展第十四个五年规划和二〇三五年远景目标的建议》提出，"加强边疆地区建设，推进兴边富民、稳边固边"。党中央的这些政策充分体现了新时代兴边富民行动在国家发展、民族团结、边疆治理中的重要地位和作用。

"十四五"时期，兴边富民行动要以筑牢中华民族共同体意识为主线，优化政策实施路径，补齐基础设施和公共服务的短板，增强自我发展动力，巩固拓展小康社会成果，努力实现边疆地区繁荣安全稳固。

（一）以铸牢中华民族共同体意识为主线

党的十九大报告明确要求，"加快边疆发展，确保边疆巩固、边境安全"。边疆稳定与发展的关键在边境，边境兴则边疆兴，边境治则边疆治，边民富则边防固。兴边富民行动的最终目的是通过加快边境地区发展，实现富民、兴边，建设繁荣稳定和谐边境，巩固祖国边防。做好稳边、固边工作的根本在于坚持铸牢中华民族共同体意识。中华民族共同体意识是国家统一之基、民族团结之本、精神力量之魂。习近平总书记在中央第七次西藏工作座谈会上强调，要深刻认识到中华民族是命运共同体，促进各民族交往交流交融；在第三次中央新疆工作座谈会上强调，要以铸牢中华民族共同体意识为主线，不断巩固各民族大团结。② "十四五"期间，兴边富民行动各项工作要以铸牢中华民族共同体意识为主线，要促进各民族之间交流、交往、交融，将各族群体紧密地团结起来，实现团结稳定与繁荣发展的统一。

（二）不断优化兴边富民行动政策实施路径

边境地区发展基础薄弱，属于全国经济社会现代化发展的薄弱环节。在市场起决定性作用的大背景下，仅靠自身，边境地区很难追赶东中部地区，实现区域协调发展。因此，"十四五"期间必须坚定实施兴边富民行动，还需要国家的政策倾斜和社会各界的扶持。未来推进兴边富民行动要统筹经济、政治、文化、社会和生态文明建设等发展目标，实现"五位一体"，要理顺政府与市场关系，找

---

① 《习近平在全国民族团结进步表彰大会上的讲话》，新华社，https：//baijiahao. baidu. com/s？id = 1645814662663164355&wfr = spider&for = pc。

② 《习近平在第三次中央新疆工作座谈会上发表重要讲话》，中国政府网，http：//www. gov. cn/xinwen/2020 - 09/26/content_5547383. htm？gov。

到政府和市场作用的有效边界，形成适应兴边富民行动的有效体制机制，不断优化政策实施路径。

一是要加大协调力度。兴边富民行动是一项国家战略，是当前我国边疆发展影响最大、最重要、最能凝聚民心的国家政策之一，应进一步提升协调小组组长的责任和权利，提高协调小组工作效率。协调小组工作要制度化、明晰化，进一步明晰各成员单位的工作任务和职责。对于需要几个部委协作完成的项目需要明确各部门分工、职责、合作方式等内容。

二是要明确制定兴边富民行动规划目标，发挥规划对实施兴边富民行动的指导作用。在之前的三个兴边富民行动五年规划中，对一些规划目标都未做明确的界定。建议"十四五"期间明确规定边境地区生产总值增长率，基础设施建设、对外贸易、城镇化水平、人均收入、社会保障应达到的具体目标。只有明晰的规划目标，才能明确地界定国务院、中央各部委、各省（区）政府的责任，才能准确地评价各个省（区）兴边富民行动实施成效，才能更有效地推进兴边富民行动。尽管全国140个边境县经济社会发展情况差异较大，但可以将这些县域单元按照经济社会发展水平分为几大类，对于不同发展水平边境县，允许规划目标适当地小幅调整。

（三）加快补齐基础设施和公共服务短板

边境地区基础设施是经济社会发展的基础，也决定着边民生产生活的基本条件，没有完善的基础设施，无法吸引资金、技术、人才等要素，产业的发展便无从谈起，边民稳定增收也将是"无源之水、无本之木"。"十四五"期间兴边富民行动要继续加大对边境地区基础设施建设的投入，有序推进公路、铁路、航空等交通基础设施建设，打造边境地区立体交通网。加快农田水利设施升级、电网改造、扩大新能源使用率、提高网络通信能力，更好地满足边民生产生活需要。在基础设施财政资金投入方面，要考虑到边境贫困地区财政压力极为紧张的现实，逐步取消县级配套资金，减轻边境县财政压力。中央财政支持建立基础设施和公共服务补短板的基金，并向边境贫困地区倾斜。支持边境省区、边境地州政府在风险可控前提下多渠道融资，拓宽边境地区资金来源。

大力提升公共服务水平是未来推进兴边富民行动的重点，这是以人民为中心，贯彻共享发展理念的根本要求。边境地方政府财政紧张，社会事业发展上投入有限，公共服务水平与周边中心城市差距大，边民不满意程度高，是迫切需要解决的问题。提升公共服务水平切实改善边民生活质量，留住边民是当务之急，也是实现稳边、兴边的前提。

在教育方面，要切实把教育摆到兴边富民行动推进的突出位置，把这一事关经济和社会发展的基础性工作做好。要加大对边境地区教育直接扶持政策，优化教育资源布局，让更多孩子实现就近就读，提高边民教育满意度。要优化边境地区教育结构，完善边境地区学前教育、义务教育、职业教育体系，重视国家通用语教育推广。逐步提高教师补助水平，建设高素质教师队伍。在医疗、卫生等方面，要加快形成以社会保险、社会救助、社会福利为基础，以基本养老、基本医疗、最低生活保障制度为重点，各种保障制度相衔接的覆盖沿边城乡的社会保障制度体系。要强化基层医疗卫生机构服务能力建设，降低边民看病成本，提高边民看病便利性，让边民在"家门口"就能看病、治病。提高公共卫生建设水平，做好公共卫生安全宣传工作，提高群众健康意识。

（四）不断增强边境地区自我发展内在动力

国家要加大扶持力度，支持边境地区发挥自身优势，增强自我发展动力。边境地区具有参与"一带一路"建设的区位优势，应充分利用国家深化对外开放，加快"一带一路"建设的契机，大力发展跨境贸易、加工、物流、金融、物流、旅游等跨境产业，将区位优势转变为增长动力。国家要支持边境重点口岸城市发展，将其打造成为"一带一路"开放交流的门户和发展合作的平台，衔接国内国外两个市场的枢纽。为此，我们提出以下建议：一是强化口岸基础设施建设。着重完善海关检验、物流仓储、园区管理等方面的功能。继续提升口岸电子化、智能化和智慧化水平，提升安检等现代化水平，持续促进通关便利化。二是统筹协调口岸功能定位，避免重复建设。建立各口岸信息共享平台，对进出口货物、交通工具、集装箱、出入境旅客等数据实现各口岸的数据互通、资源共享。同时也要引入竞争机制，引导各口岸努力提高管理水平。三是围绕边境经济合作区、跨境经济合作区建设，积极承接东中部地区产业转移，打造具有竞争力的优势产业。要充分利用国家的优惠政策支持，根据边境城市区位特点和两国产业结构特点，引导域外资金、技术、人才向边境城市集聚，逐步形成以边合区、跨合区为平台，以龙头企业为主导，配套企业充分发展的优势产业集群，发挥其对整个沿边地区的辐射带动作用。以两国市场或国际市场为导向、整合双方优势资源，以交易会、展览会、推介会等国际活动为媒介，通过知名品牌、重点项目、特色产业等吸引有实力的大型企业进行投资，并发展具有较强竞争力的优势产业。

边境地区边关文化、红色文化、民族文化等文化资源丰富，应抓住国家支持边境地区旅游发展的契机，积极申请试点，建立边境旅游试验区、跨境旅游合作区，将边境地区文化旅游业打造成特色鲜明、优势突出的主导产业。为此，我们提出以下建议：一是继续完善"吃、住、行、游、娱、购"旅游产业链。充分利用数字经济，构筑线上线下新型多样化营销模式。充分发掘边境地区民族特色村镇旅游、休闲度假旅游、生态旅游、红色旅游等多样化题材，积极兴办发展各具特色的农家乐、牧家乐、民俗旅游度假村、特色村镇等。二是简化出入境通关手续。跨境自驾车审批权限下放至相应边境城市，实现自驾游"一站式"审批。在条件适宜的边境地区，争取在与对方国家合作下实现互免旅游签证，双方人员自由来往、货物自由流通、货币自由换汇、车辆自由通行等旅游便利。加快边境旅游一体化进程，与对方国家共同开发客源市场，互为旅游目的地，双方向输送客源，相互促销，在旅游发展规划、项目投资、产品设计、产业资源共享等方面进行全面而深入的合作。三是加快传统旅游业向多元化、现代化发展，与文化、教育、体育、医疗、农牧业、商业等相关产业和行业深度融合。面向国内外市场，开发教育培训旅游、医疗养生休闲旅游、口岸购物旅游、商务旅游等各种特色主题旅游产品。将服务标准化与个性化相结合，满足多元化和个性化的旅游需求。边境地区应努力将新的商业模式和业态转化为边境旅游高质量发展的新增长点。

（五）全面推进乡村振兴战略

边境地区脱贫基础还不很牢固，要坚决执行党中央的决策部署，继续巩固拓展脱贫攻坚成果，实现乡村振兴。为此，要做好以下几方面：一是建立多维度的防返贫机制，做好贫困监测工作，为边境地区防止返贫提供数据支持。监测工作不仅要关注住房质量、饮水水质，是否能够获得足够的教育和卫生医疗资源，对于收入波动、教育负担、医疗负担同样需要重视。二是要关注特殊困难群体。一类是50岁以上的脱贫人员，他们普遍劳动技能单一、学习能力弱，外出打工受到限制，本地就业竞争力不足，就业困难；另一类是高于贫困线的低收入群体，也就是所谓的"夹心层"。调研中发现，部分低收入农户家庭人均可支配收入甚至低于已脱贫户，一旦面临大额支出时，低收入人群享受的扶持政策远不及脱贫人群，落入"贫困陷阱"的风险高，很容易成为新的贫困户，如特殊类型地区的群体，如生态退化、石漠化、高寒的边境地区，这些地区产业发展困难，脱贫基础不牢，返贫风险更高。三是要强化产业扶贫和就业帮扶，从根本上解决边民增长缓慢的难题。要发挥企业在解决就业的核心作用，产业扶持、就业培训要与企业需求相结合。发挥对口支援、东西协作中企业的作用，鼓励东部地区企业到民族地区投资建厂。四是调动全社会力量。扶贫不能仅依靠政府的力量，要依靠全社会的资源。要扩大企业扶贫的参与度，特别是鼓励企业加强电商扶贫、金融扶贫、保险扶贫、消费扶贫等多种形式。要发挥社会组织的力量，积极引导一些社会组织参与边境地区的扶贫工作，鼓励、引导社会组织关心帮助边境地区。

边境地区要抓住国家实施乡村振兴战略的有利契机，积极探索实践城乡融合发展新模式、新路径，加快边境地区乡村振兴。要统筹规划城乡基础设施、公共服务，不断提高农村牧区的基础设施和公共服务水平。建立城乡人才双向流动的新机制。要改革人才培养模式，激励、鼓励、支持更多的高素质年轻人才加入农村建设队伍。农村人才培养工作的重点是培养本地人才，最大限度地发挥本地人才的优势。拓宽大学生村官、选调生、特岗计划等人才向乡村流动的渠道，根据新进人才的能力和特点，将其分配至合适的岗位。建立城市发展反哺农业农村的机制，建立农村人员赴城市培训的机制，加快双向流动、学习和培养，有效提升乡村人才质量。

（六）提高兴边富民行动政策的有效性

要加强兴边富民政策研究，让兴边富民行动政策更好地发挥加快边境地区经济社会发展的功效。为此，应做好以下几方面工作：一是建立和完善兴边富民行动监测管理体系，开展对边境地区经济社会发展状况的监测，不断规范信息的采集、整理、反馈和发布工作，及时准确地反映边境地区经济社会发展状况，为各级政府科学决策提供依据。二是要加强兴边富民行动科研能力建设。智库建设是推进兴边富民行动的重要基础，好的智库研究成果能够助推兴边富民政策的顺利实施。要发挥民族院校、边疆地区高校和相关科研机构的作用，不断加强对兴边富民行动战略研究以及政策实施情况的调研、分析，形成一批基础好、能力强、有思想、能吃苦并且由学术带头人带领、梯次分布合理、有较强创新能力的学术队伍，为国家和地方兴边富民行动提供政策咨询。

第十一章

民族地区同步实现现代化的战略途径

随着我国现代化建设新征程的开启，民族地区经济社会发展面临新的挑战和机遇，从而需要在实现全面小康基础上做出新的战略谋划，推动民族地区到2035年与东部地区同步基本实现社会主义现代化。

一、民族地区同步实现现代化目标定位与现实的矛盾

党的十九届五中全会提出了到2035年基本实现社会主义现代化、人均GDP达到中等发达国家水平的远景目标，这虽然是就全国平均水平而言的，但这个平均数是以中等收入群体显著扩大、基本公共服务均等化、城乡和区域居民收入差距显著缩小为前提的，标志着我国要实现的现代化必须是"一个不能少"的全面现代化，从而决定了民族地区到2035年必须与东部地区同步基本实现社会主义现代化。此外，《中共中央、国务院关于新时代推进西部大开发形成新格局的指导意见》中也明确指出，到2035年西部地区同步基本实现社会主义现代化，人民生活水平与东部地区大体相当。当然，民族地区也不能掉队，也绝不允许掉队。

我国到2035年如期基本实现现代化，将创造世界经济发展史上新的"中国奇迹"，从而决定了这无疑是一场任务相当艰巨的攻坚战。

1. 从全国平均水平来看，这是一个必须经过努力奋斗才能完成的目标

人均GDP达到中等发达国家的水平，就具体数量指标而言，根据我们的测算，我国2021~2035年将保持5%~6%的经济增长速度，到2035年人均GDP将达到2.5万美元左右（按2018年美元计算）。我国2019年人均GDP首次超过1万美元，达到1.02万美元，这意味着我国再经过15年的发展，人均GDP需要增加1.5万美元左右。从我国人均GDP 2011~2019年8年时间增加了大约5000美元来看，我国在未来15年增加1.5万美元的发展任务还是相当艰巨的。

2. 从我国区域经济发展不平衡来看，民族地区同步实现现代化的目标更加艰巨

我国 2019 年人均 GDP 达到 1 万美元以上的省份，除了湖北和重庆外，均为东部发达省份。民族 8 省区的人均 GDP 分别为：内蒙古（9847 美元）、新疆（7926 美元）、宁夏（7897 美元）、西藏（7158 美元）、青海（7127 美元）、云南（6971 美元）、贵州（6752 美元）和广西（6250 美元），这意味着民族地区到 2035 年人均 GDP 达到 2.5 万美元左右需要付出更大的努力。

3. 从我国区域经济发展的未来趋势看，民族地区到 2035 年人均 GDP 达到 2.5 万美元左右还要面临比现在更大的压力

一是从产业和人口的集聚规律来看，民族地区不具有明显的吸引产业和人口集聚的效应。按照区域经济发展的一般规律，在市场对资源配置发挥决定性作用的情况下，产业和人口会由于集聚效应而趋向集聚。《2009 年世界银行发展报告》明确指出：全球资源配置的趋势是集聚、集聚，再集聚。世界半数生产活动位于 1.5% 的陆地区域内，如果以单位面积总产值为海拔高度，世界经济的图景是：10 多个大都市圈形成的高耸入云的山峰，星罗棋布的城市组成的高低不一的小山包，农村地带构成的广阔平原和萧条地区形成的洼地。[①] 按照以上变动规律，缺乏集聚效应的民族地区，将难以形成产业和人口集聚，增加了推进现代化的难度。

二是从未来产业和人口的集聚趋势来看，我国产业和人口还会从民族地区净流出。以三大经济圈的集聚为例，美国的纽约、洛杉矶、五大湖三大经济圈产出的 GDP 占美国 GDP 的比重为 68%，人口占全国人口的 33% 以上；日本的东京、大阪、名古屋三大经济圈产出的 GDP 占日本 GDP 的 70%，人口占全国人口的 50.2% 以上。美国和日本在国土面积、人口数量上虽然存在巨大差异，但在经济和人口的集聚程度上差异不大，说明经济集聚一般规律的存在。我国长三角、珠三角和京津冀三大经济圈产出的 GDP 占全国的比重为 40%，与日本和美国相差 30 个百分点，人口占全国人口的 24% 左右，比美国低近 10 个百分点。这就意味着我国产业和人口仍将会继续向三大经济圈集聚，从而对民族地区推进现代化带来严峻挑战。

三是从区域中心城市的发展水平来看，民族地区中心城市与东部中心城市相比辐射力、带动力不强。2019 年人均 GDP 达到 2 万美元以上的城市全国有 14

---

① 世界银行：《2009 年世界发展报告：重塑世界经济地理》序，胡光宇译，清华大学出版社 2009 年版。

个，其中民族地区只有鄂尔多斯一个，其余全部为东部发达地区的城市；2019年按 GDP 总量进行城市排名，民族地区排在最前的城市是昆明，位于第 30 位，GDP 总量为 6475.88 亿元，低于东部地区的温州市。这对民族地区以中心城市为核心，加快城市群建设，推进现代化建设形成压力。

四是从人口的流向来看，民族地区不同省区出现了分化，但仍然存在明显的净流出。2016～2019 年，新疆有明显的净流入，西藏、广西和宁夏有微弱的净流入，其他民族地区仍处于净流出状态。同期，民族地区中心城市的人口流动也表现出同样的特征，只有贵阳、南宁和昆明等城市出现了明显的人口净流入。这对民族地区释放人口红利，特别是人才红利推进现代化建设造成压力。

五是从经济增长速度来看，民族地区已不具有明显的整体性优势。2019 年全国 GDP 增速为 6.1%，与全国 GDP 增速相比，民族地区只有贵州、云南和西藏达到 8% 以上，宁夏（6.5%）、青海（6.3%）和新疆（6.2%）仅略高于全国增速，甚至内蒙古（5.2%）和广西（6.0%）都低于全国增速，这意味着民族地区近些年快速追赶东部发达地区的势头有所减弱，特别是随着东部发达地区经济转型的加速，经济增长逐步形成新的竞争优势，如浙江 GDP 增速达到 6.8%，甚至全国 GDP 第一大省广东的 GDP 增速都达到了 6.2%。因此，民族地区经济增长的新旧动能转换已经迫在眉睫。

综上所述，民族地区 2035 年同步实现现代化的发展目标定位与目前发展的现实基础之间存在着矛盾，这就决定了民族地区在开启全面建设社会主义现代化新征程中必须转变经济发展思路，闯出一条"换道超车"的现代化新路。

二、纳入国家新发展格局是民族地区同步现代化的必由之路

党的十九届五中全会提出的加快构建以国内大循环为主体、国内国际双循环相互促进的新发展格局，是我国深化新时代经济发展规律认识而提出的重大战略举措，对全面建设社会主义现代化具有统领作用。因此，民族地区必须将同步现代化纳入国家构建新发展格局的总体布局中加以推进。习近平总书记在第三次中央新疆工作座谈会上就新疆的发展方向明确指出：要把新疆自身的区域性开放战略纳入国家向西开放的总体布局中。[1] 实际上，这不仅适用于新疆，也适用于整个民族地区，是党和国家对新时代民族地区现代化建设的战略定位和要求。

---

[1] 《习近平在第三次中央新疆工作座谈会上强调 坚持依法治疆团结稳疆文化润疆富民兴疆长期建疆 努力建设新时代中国特色社会主义新疆》，新华网，http://www.xinhuanet.com/politics/leaders/2020-09/26/c_1126544720.htm。

为什么必须把民族地区的现代化建设纳入国家构建新发展格局的总体布局中加以推进？主要原因有以下几点。

一是必须跳出民族地区才能发展民族地区。新中国成立以来，民族地区纵向比较，经济社会发展取得了翻天覆地的根本变化，甚至是历史性的跨越式发展，但由于历史、自然、文化、交通等各方面的原因，民族地区的整体经济发展水平还是相对落后。从工业化来看，东部地区已经基本实现了工业化，但民族地区有的省份仅完成了50%左右，这就无法为推进现代化提供必要的物质基础；从发展能力来看，民族地区的经济总量、人均收入、一般财政收入基本排在全国的最后梯队，严重缺乏推进现代化的人力、物力和财力，极易被锁定在低收入陷阱中。因此，面对2035年同步实现现代化的艰巨任务，民族地区只有坚持全面对内对外开放，才能积聚起推进现代化的磅礴力量。

二是必须先富带动后富才能发展民族地区。改革开放初期，为了更好地解放和发展生产力，我国实行允许一部分地区先富起来的政策，但同时要求先富起来的地区必须先富带动后富，实现共同富裕。随着我国完成了从站起来到富起来的历史飞跃，我国经济发展进入了先富带动后富，实现共同富裕的新发展阶段。这就要求：一方面先富起来的地区主动帮助后富地区；另一方面后富地区主动融入先富地区。民族地区只有以自己的独特优势主动融入先富地区借势发展，共同繁荣，才是2035年同步现代化的首选。

三是必须坚持全国一盘棋才能发展民族地区。从全面小康建设到全面现代化建设，最关键的是全面。这就必须坚持系统观念，在统筹国内国际两个大局，办好发展安全两件大事中，对民族地区的现代化进行前瞻性思考、全局性谋划、战略性布局、整体性推进，形成全国一盘棋的发展格局。因此，民族地区只有主动将自身的发展纳入全国一盘棋的发展格局中进行战略谋划和布局，才能在全国整体性推进经济发展中找到自己不可或缺的位置顺势发展，确保2035年同步实现现代化的发展目标。

因此，把民族地区的现代化建设纳入国家构建新发展格局的总体布局中加以推进，就是要通过健全区域战略统筹、市场一体化发展、区域合作互助、区际利益补偿等机制，把民族地区的发展直接融入全国的现代化建设进程中，形成功能互补、相互促进、协调发展、共同繁荣的新型区域经济关系，加快推进民族地区的现代化。

构建功能互补、相互促进、协调发展、共同繁荣的新型区域经济关系，就可以使民族地区在现代化建设进程中避开短板，做长长板，以资源优势、区位优势等融入国内大循环；以优势特色产业和产品畅通国内大循环；以向西开放的中心联通国内国际双循环。这样，民族地区就可以在构建新发展格局中实现"换道超车"，与东部地区同步实现现代化。

民族地区把现代化建设纳入国家构建新发展格局的总体布局中加以推进,努力做长长板,大力发展优势特色产业,会不会形成不合理的地区产业结构? 实际上,产业结构合理与不合理的判断标准是就一个主权国家而言的,目的是统筹发展与安全。但这个标准不能简单地移植到一国国内的各个地区,因为在一国国内,市场是消除地区分割的全国统一大市场,在市场对资源配置起决定性作用的情况下,资源将在全国统一市场中自由流动,并根据效率原则进行优化配置,这时区域间的分工协作就成为提高国家整体效率的必然选择。因此,党的十九届五中全会坚持系统观念,要求各地区立足资源环境承载能力,发挥各地比较优势,逐步形成不同地区主体功能明显、优势互补、高质量发展的国土空间开发保护新格局。这就意味着各地区要在发挥各地比较优势上做足文章,形成各具特色、有竞争力的产业体系。因此,对我国各个地区而言,产业结构合理化的标准就是各地的比较优势是否充分发挥出来了,就是长板做的是否足够长,从而以自己的产业优势嵌入全国一盘棋的发展格局中。例如,北京作为首都,其产业结构就以服务业为主,占比达到83.52%,第二产业为16.16%,第一产业为0.32%,充分体现了首都的基本功能。民族地区的贵州省,2019年旅游总收入占地区生产总值的比重已经达到73.48%,但贵州在"十四五"规划和2035年远景规划中仍然要求大力推动旅游产业化。

三、纳入国家新发展格局、推动民族地区同步现代化的现实可能性

把民族地区的现代化建设纳入国家构建新发展格局的总体布局中加以推进,为民族地区到2035年同步实现现代化创造了巨大的可能性。

(一)融入国内大循环带来的巨大市场需求空间

把民族地区的现代化建设纳入国家构建新发展格局的总体布局中加以推进,就是要求民族地区依托国内大市场推进现代化建设,因为国内大市场为民族地区利用自身优势"换道超车"建设现代化创造了巨大的市场需求空间。具体体现在以下几点。

一是我国具有的超大市场规模优势为民族地区现代化建设创造了巨大的消费需求。在拉动经济增长的三驾马车中,消费已经成为经济增长的第一拉动力。2019年最终消费支出对国内生产总值增长的贡献率达到57.8%,远远高于资本形成总额31.2%的贡献率。随着我国中等收入群体的显著扩大,以及居民收入差

距和生活水平差距的显著缩小，消费需求的市场规模还将加速扩大，我国社会消费品零售总额与世界第一大消费市场美国的差距从 2017 年的 3400 亿美元缩小到 2019 年的 2700 亿美元，我国有望在 2～3 年内超越美国成为世界第一大消费市场，而且根据麦肯锡的预测，到 2035 年，我国消费市场总规模将超过欧洲和美国消费市场规模的总和。① 因此，民族地区的现代化，就必须跳出本地消费市场的空间和规模局限，融入全国统一大市场，充分利用我国超大市场规模优势拉动经济高质量发展。

二是我国居民消费结构的加快升级为民族地区现代化建设创造了巨大的新消费空间。按照经济发展的国际经验，人均 GDP 超过 5000 美元后，居民的消费结构开始加速升级，主要表现为两方面的演进趋势：一方面居民开始更多地追求个性消费、品质消费和品牌消费，《中国青年报社》社会调查中心的调查显示，购买商品时，32.5% 的受访青年更看重品牌，52.6% 的受访青年更看重品质②；另一方面居民的服务性消费占比不断提高并超过物质性消费，2019 年我国居民人均服务性消费支出占比已经达到了 45.9%，超过居民吃穿用等物质消费。2019 年民族地区人均 GDP 虽然已经超过 5000 美元，进入消费结构升级的加速期，但全国人均 GDP 已经相继越过了 8000 美元和 10000 美元两个消费结构升级的关键台阶，因而全国消费结构升级所形成的巨大市场新需求，可以与民族地区现有的旅游、文化、健康、养老、体育等资源优势和产业优势相适应，满足人民对美好生活的需要。民族地区的资源优势和产业优势与全国居民消费结构升级在更高水平上的对接，就可以推动民族地区的产业结构升级，实现新旧动能转换，加快现代化建设进程。

三是生态功能区的国家定位为民族地区现代化建设创造了广阔的绿色消费空间。党的十九届五中全会依据全国一盘棋的基本原则，提出了城市化地区、农产品主产区、生态功能区三大功能区的国土空间开发保护新格局。民族地区拥有全国 75% 的草原、66% 的水、42.2% 的森林，无疑成为国家宝贵的生态功能区。随着消费结构的加速升级，居民对生态产品的需求大幅上升，如未来 15 年到 30 年间，我国农业 90% 以上的发展将来自特色农业、绿色农业产品；另据美国国际棉花协会公布的调查数据：我国 62% 的中等收入群体愿意在支付同样价格的情况下，购买更加生态及环保的服装。这都为民族地区的生态产品提供了巨大的需求空间，从而有力推动民族地区生态产业化和产业生态化发展，加快民族地区的现代化进程。

---

① 《麦肯锡全球研究院院长：2035 年中国消费市场总量超欧美总和》，中国新闻网，https：// author. baidu. com/home？from = bjh_article&app_id = 1600695032132903。
② 《这代年轻人消费更理性：买更合适的商品过更聪明的生活》，新华网，http：//education. news. cn/2018－10/23/c_129977235. htm。

　　四是推进"一带一路"高水平建设为民族地区现代化建设创造了国内国际相互促进的新市场空间。"一带一路"高水平建设，把民族地区推向了全面对外开放的前沿阵地，这就使民族地区一方面可以依托国内产业和产品的竞争优势，积极扩大对外贸易和投资，带动当地经济发展，如中欧班列已经形成的"三大通道、四大口岸、五个方向、六大路线"的发展格局，就使民族地区依托内地迅速助推了阿拉山口、满洲里、二连浩特、霍尔果斯四大口岸的对外开放和经济发展；另一方面，民族地区可以依托内地大市场优势，积极组织国际产品和服务进口，以及国际直接投资与合作，如据国际货币基金组织的数据，我国进口占全世界进口的比重已经从 2008 年的 6.7% 提高到 2018 年的 11%，预计 2～3 年内将会超越美国，成为世界最大的进口国，这无疑会有力推动民族地区的对外开放，加快民族地区的现代化进程。

（二）畅通国内大循环带来的巨大产业发展空间

　　把民族地区的现代化建设纳入国家构建新发展格局的总体布局中加以推进，就是要求民族地区充分发挥自身的比较优势，大力发展特色优势产业，在解决人民对美好生活需要的难点、痛点、堵点中畅通国内大循环，为民族地区现代化提供产业支撑。

1. 服务业的巨大发展空间为民族地区大力发展服务业创造了可能

　　随着我国居民服务性消费在消费结构中占比的不断提高，服务业将释放出巨大的发展空间，推动民族地区服务业的大发展。具体体现在以下几个方面。

　　一是服务业增加值所占比重的不断提高为民族地区扩张服务业总量创造了可能。随着我国人均 GDP 在 2011 年达到 5000 美元，对服务性消费需求不断增加以来，服务业快速发展，2013 年服务业增加值占 GDP 的比重首次超过工业，到 2019 年已经达到 53.9%。但是，我国服务业的占比仍然远低于美国、英国、法国等发达国家 70% 以上的水平，而且还低于世界 64.96% 的平均水平。按照到 2035 年基本实现现代化的发展目标，我国服务业占比至少应该达到世界平均水平以上，这意味着服务业占比还需要提高 10 个百分点以上，从而释放出巨大的发展空间。从民族地区服务业的发展水平来看，民族 8 省区服务业增加值的占比分别为，云南 52.64%、内蒙古 49.56%、广西 50.72%、贵州 50.27%、新疆 51.63%、宁夏 50.26%、青海 50.72%、西藏 54.42%。可见，除西藏外民族各省区均低于全国水平，这意味着民族地区服务业蕴含着巨大的发展潜力。

　　二是现代服务业的巨大发展空间为民族地区发挥资源优势发展特色优势服务业创造了可能。①按照经济发展的一般规律，人均 GDP 达到 5000 美元后，旅游

度假经济开始步入加速发展期，经过几年的快速发展，2019 年我国旅游业对
GDP 的综合贡献占 GDP 总量的 11.05%，成为推动经济增长的重要支柱产业。随
着民族地区基础设施的完善，民族地区旅游业进入快速发展期，2019 年民族地
区旅游总收入都出现高速增长，如贵州 30.1%、广西 34.4%、云南 22.7%，表
明民族地区的旅游业进入发展快车道。②随着居民对文化需求的旺盛，文化产业
快速发展，2005～2018 年文化产业增加值年均增长达到 18.9%，2019 年文化产
业增加值占 GDP 的比重达到 4.5%，但还没有成为支柱产业，与美国、日本等发
达国家占比达到 20% 以上差距更大，从而表明我国文化产业的发展空间巨大。
另据中国文化产业协会的数据，在文化产业中，文化服务业发展相对滞后，占比
为 40.6%，低于文化制造业的 42.4%，意味着文化产业的发展重点是文化服务
业。从文化产业发展的区域差异来看，在文化产业的营业收入中，西部占比仅为
9.7%，远远低于东部的 73.5%，也低于中部的 15.7%。① 从民族地区来看，文
化产业发展的空间更大，如云南作为多民族文化的集聚地，2017 年文化产业增
加值占全省 GDP 比重为 3.16%，远低于全国的水平。③健康产业是被世界称为
具有广阔发展前景的兆亿产业，但我国的健康产业发展严重不足，据世界卫生组
织的数据，我国人均健康支出不足美国的 5%，是世界人均健康支出的 20%。因
此，《国务院关于促进健康服务业发展的若干规定》提出的发展目标是，健康产
业规模到 2020 年达到 8 万亿元以上，到 2030 年达到 16 万亿元，10 年实现翻番，
呈现出巨大的发展空间。据《大健康产业蓝皮书：中国大健康产业发展报告
（2018）》数据显示，2016 年我国大健康产业增加值规模占 GDP 的比重为
9.76%②，民族地区大健康产业资源条件较好的云南省 2016 年生物医药和大健康
产业实现增加值占全省 GDP 的比重为 5.15%，远低于全国的平均水平，更低于
美国 17% 的水平，表明民族地区大健康产业的发展空间巨大。④自 2014 年 10 月
国务院发布《关于加快发展体育产业促进体育消费的若干意见》以来，我国体育
产业实现了年均近 20% 的高速增长，2019 年体育产业增加值占 GDP 的比重达到
1%，但还远不及美国的 3%，表明仍具有较大增长空间。据测算，到 2030 年我
国体育产业的总规模将从 2017 年的 2.2 万亿元增加到 2025 年的 5 万亿元；我国
体育强国建设纲要确定到 2035 年体育产业增加值占 GDP 的比重达到 4%。因此，
民族地区体育产业大有可为，如《内蒙古自治区关于加快发展体育产业促进体育
消费的实施意见》明确提出要把体育产业作为新的经济增长点，到 2025 年体育

---

① 国家统计局：《2019 年全国规模以上文化及相关产业企业营业收入增长 7.0%》，国家统计局网
站，http://www.stats.gov.cn/tjsj/zxfb/202002/t20200214_1726365.html。

② 《〈大健康产业蓝皮书：中国大健康产业发展报告（2018）〉指出——我国大健康产业增加值规模
占 GDP 的比重提高到 9.76%》，人民网，http://world.people.com.cn/n1/2019/0102/c190972 - 30499628.
html。

产业总规模占 GDP 比重达到 1.4% 以上。

三是战略性新兴服务业的快速增长为民族地区发挥资源优势发展战略性新兴服务业创造了可能。随着我国新旧动能转换的加快，战略性新兴服务业保持快速增长，2015～2019 年，全国战略性新兴产业中规模以上服务业企业营业收入年均增速达 15.1%，比同期全国规模以上服务业企业增速高约 3.5 个百分点。随着新一代信息技术和人工智能的快速发展，以及我国对战略性新兴产业支持力度的加大，战略性新兴服务业将继续保持高于工业战略性新兴产业的速度快速增长。民族地区战略性新兴服务业企业营业收入增长速度远远低于全国水平，需要借势快速发展。

2. 改造传统产业的巨大发展空间为民族地区推进新型工业化创造了可能

随着居民消费向个性消费、品质消费和品牌消费的转型升级，由此爆发的巨大新需求为传统产业改造创造了广阔的发展空间，将有力促进民族地区的新型工业化。具体体现在以下几个方面。

一是提高产品品种的丰富度为民族地区发展民族特色商品创造了可能。按照经济发展的国际经验，人均 GDP 达到 8000 美元以后，消费者开始追求个性消费、创意消费，从而进入个性化消费时代。在我国，由于作为消费主体的 80 后、90 后、95 后基本都是独生子女，个性化消费的趋势更加明显，据电商平台 2020 年 1 月 9 日数据显示，为满足个性化需求，2019 年全年共发布了超过 1 亿款的新产品。海淘网的数据也表明：以往由巨头企业、头部品牌主导的消费格局已经转变为越来越多的个性化美好小众进入海淘。在 2019 年天猫 "618" 期间，589 个国货美妆产品成交额同步增长 100% 以上，增速超过 1000% 的有 183 个，主要是小众品牌。基于居民消费方式的改变，拼多多推出了定制化产品计划，2021～2025 年间，将开拓 10000 亿元定制化产品增量市场，推出 10 万款定制化产品，协助 5000 家制造业企业，并通过百亿补贴推进定制化品牌。①

二是提高产品品质的满意度为民族地区把资源优势转化为产品优势创造了可能。针对居民品质消费的新需求，2018 年《政府工作报告》要求全面开展质量提升行动，推进与国际先进水平对标达标，实施中国制造的品质革命。我国消费者近年来之所以大量购买海外产品，关键原因就是对我国产品的品质满意度不高，据商务部 2018 年 5 月发布的《主要消费品供需状况统计调查分析报告》显示：超过 70% 的消费者认为，品质是购买进口文教体育休闲用品、化妆品、家

---

① 《拼多多发布新品牌计划 2.0 未来五年推出 10 万款定制化产品》，证券时报网，https：//baijiahao. baidu. com/s？id = 1681224459046253564&wfr = spider&for = pc。

居和家装用品的主要因素。① 华为之所以在西方发达国家的打压下依然逆势增长，就是因为华为在全世界 5G 微波做得最好。民族地区拥有丰富的生态资源优势，通过生态产业化和产业生态化，就可以生产出消费者品质消费所需要的安全、健康的商品。

三是提高产品品牌的认可度为民族地区把文化资源转化为产品品牌优势创造了可能。按照经济发展的国际经验，人均 GDP 达到 10000 美元以后，消费者开始追求品牌，据《2020 中国互联网消费生态大数据报告》数据，我国消费者对中国品牌的关注度在十年间从 38% 提升到了 70%②，特别是"90 后"和"95 后"对国货新品牌的认可度不断提高，如在 2020 年"双 11"天猫新品牌专门会场上成交过亿的品牌里，有 16 个是入驻天猫不到 3 年的新品牌，其中大部分是本土品牌。消费者对产品品牌的追求，必然推动品牌产品的快速发展，如安踏在 2018 年超越阿迪达斯成为中国第二大运动品牌③，公司股价在 2020 年涨幅超过 50%；拼多多 2020 年 11 月宣布，将在未来五年培养出一批年销 10 亿级的家纺品牌。消费者对品牌的认同很大程度上是对品牌所蕴含的文化的认同，因而民族地区就可以发挥多样化的民族文化资源优势，提高产品品牌认可度，推进民族地区的现代化。

3. 战略性新兴产业发展的巨大空间为民族地区大力发展新经济、推动新旧动能转换创造了可能

2020 年 9 月，国家发展改革委、科技部等四部委发布《关于扩大战略性新兴产业投资 培育壮大新增长点增长极的指导意见》，将迎来战略性新兴产业的新一轮投资热潮，培育壮大新经济增长极。具体体现在以下几个方面。

一是战略性新兴产业规模的快速扩张为民族地区"换道超车"创造了可能。经过近几年战略性新兴产业的快速增长，2019 年战略性新兴产业增加值占 GDP 的比重已经达到 11.5%，比 2014 年提高了 3.9 个百分点，成为推动经济高质量发展的重要动力。按照日本战略性新兴产业的发展经验，从日本 1980 年提出技术立国后，日本高新技术产业在制造业产值中所占的比重从 1981 年的 17% 提升到了 1992 年的 31%。我国 2019 年高技术制造业增加值占规模以上工业增加值的比重为 14.4%，接近日本 1981 年的水平，这预示着我国未来 15 年将迎来战略性

① 《商务部发布〈主要消费品供需状况统计调查分析报告〉》，中国政府网，http：//www. gov. cn/ xinwen/2018 - 05/28/content_5294195. htm。

② 第一财经商业数据中心：《新消费引领下的"风"与"变"2020 中国互联网消费生态大数据报告》，https：//pdf. dfcfw. com/pdf/H3_AP202012181441558493_1. pdf? 1608307770000. pdf。

③ 《国产运动品牌黑马：市值突破 3000 亿，超越阿迪达斯成全球第二》，新业财经网，https：//bai-jiahao. baidu. com/s? id =1695483154676409323&wfr = spider&for = pc。

新兴产业翻番的快速增长。

二是战略性新兴产业质量的迅速提升为民族地区在同一起跑线上抢占未来大市场创造了可能。顺应新一轮科技革命发展趋势，加快进入世界科技创新前沿，并推动新技术应用，加快形成新产业、新业态等新经济，将为我国高质量发展开辟出巨大的发展空间。例如，人工智能的发展，将在未来 10 年为全球新增 13 万亿美元的经济规模；到 2030 年，全球包括 AI 和 5G 在内的数字经济总体规模将达到 40 万亿美元。

从以上分析可以看出，民族地区的现代化建设，虽然会受到已有发展基础和资源不足的严重制约和阻碍，但只要民族地区勇于解放思想，积极主动融入国内大循环为主体，国内国际双循环相互促进的新发展格局中获取资源、利用资源、整合资源，实现顺势发展、借势发展、造势发展，完全能够到 2035 年同步实现现代化。贵州省的发展就是一个非常有利的证明。资料显示，从 2010 年到 2019年，贵州省地区生产总值增长了 265%，位居全国第一。10 年前，贵州的人均GDP 全国倒数第一，如今已超越甘肃、山西、吉林、黑龙江、广西和河北，呈现出了"换道超车"的快速发展格局。

四、纳入国家新发展格局、推动民族地区同步现代化的政策建议

民族地区要充分利用全国居民消费结构升级带来的巨大消费需求，以及新需求拉动的巨大产业发展空间，发挥自身的资源优势、区位优势、组合优势等竞争优势，实现"换道超车"，加快现代化进程。

（一）发挥资源优势融入国内大循环

充分发挥民族地区的资源优势，高端嫁接居民的个性消费、品质消费、品牌消费，推进高质量发展，为民族地区的现代化提供强有力的现代产业体系支撑。

1. 大力发展服务业，提升服务业对民族地区经济增长的贡献度

顺应居民服务性消费占比不断提高的升级趋势，抢占服务消费大市场，把旅游、文化、健康、养老、体育等产业迅速发展成为支柱产业和特色优势产业。一是发挥旅游资源优势，做强做大旅游产业。民族地区拥有的丰富旅游资源优势，将在未来 15 年引致全国甚至全球对民族地区旅游的爆发性成长，因为民族地区独特的多样化旅游资源优势，能够更好地满足居民的旅游观光、度假等多样化的

旅游需求，因而与东部旅游资源相比，更能够增加旅游的宽度和厚度，特别是随着民族地区机场、高铁、高速等基础设施的逐步完善，为充分发挥旅游资源优势创造了重要的交通条件。二是发挥特色文化优势，做大做强文化产业。民族地区拥有文化多样性的资源优势，可以很好地满足人民对美好生活，特别是个性消费、创意消费兴起带来的文化多样性的需求，从而促进民族地区文化产业的大发展，迅速成长为支柱产业。三是发挥环境资源优势，做大健康、养老、养生产业。民族地区拥有优质的自然环境资源优势，是发展生物医药，特别是中药和健康、养老、养生等产业难得的自然生态条件，而且随着新一代信息技术的快速发展和医疗体制改革的深化，养老所需要的医护条件会变得更加简单方便，这都将为民族地区发展健康、养老、养生产业创造难得的机遇。四是发挥民族传统体育资源优势，大力发展体育产业。民族地区拥有多样性的民族传统体育资源，这为举办民族传统体育比赛和体育交流，发展体育服务业创造了良好的条件。此外，民族地区良好的自然生态条件也为举办全国性的各种体育赛事和体育交流，高端嫁接全国体育消费，发展民族地区体育产业创造了独特的条件。

2. 加快传统产业改造，推进民族地区新型工业化、信息化、城镇化和农业现代化同步发展

发挥民族地区资源优势改造传统产业，强力打造具有民族特色的产品品种、品质、品牌。一是运用现代技术改造民族传统产业，推进民族特色商品的优化升级，扩大民族特色商品的品种丰富度，提升居民对民族特色商品的品质满意度和品牌认可度，成为民族地区发展的重要特色优势产业。二是运用生态元素改造传统产业，推出更多的生态产品，赋予产品的生态安全健康品质和打造产品的生态品牌，迅速做大做强绿色产业，使其成为民族地区具有竞争力的优势产业。三是运用文化元素改造传统产业，推出更多的文化创意产品和个性化产品；充分发挥本民族的优秀文化，赋予产品特定的文化内涵，推出系列具有民族文化的产品品牌。

3. 大力发展战略性新兴产业

发挥民族地区的资源环境比较优势，以点带面，迅速做大做强战略性新兴产业。一是发挥民族地区的资源优势迅速发展战略性新兴产业。民族地区拥有丰富的绿色能源资源，发挥这一资源优势，就可以迅速做大做强新能源产业，如云南推出打造世界一流"绿色能源"产业发展战略，使能源成为超越烟草、旅游、矿产等产业的云南第一大支柱产业。二是发挥民族地区的环境优势迅速壮大战略性新兴产业。战略性新兴产业的发展，无论是研发，还是制造和应用，都对环境条件提出了很高的要求，其中自然环境是一个重要条件。民族地区充分利用良好的自然环境，就可以高端嫁接出战略性新兴产业，为现代化提供强大的新动能。例如，贵州利用大自然恩赐的冬暖夏凉的气候条件，集聚了国内外一大批大数据企业，大力发展大数据产业，并推动大数据与实体经济的深度融合，推动贵州高质量跨越式发展。

（二）发挥区位优势联通国内国际双循环

推动共建"一带一路"高质量发展是我国实施更大范围、更宽领域、更深层次对外开放，建设更高水平开放型经济新体制的重要内容。改革开放以来以沿海为重点的对外开放，促进了东部沿海地区的率先发展，以丝绸之路经济带高质量发展驱动的沿边开放，必将有力推动西部地区与东部地区同步实现现代化。

沿边开放使边境地区作为以往对外开放的边缘地带转变为新时代对外开放的中心地带，新疆凭借独特区位优势和向西开放的重要通道，成为丝绸之路经济带核心区；广西凭借与东盟国家陆海相邻的独特优势，成为西南、中南地区开放发展新的战略支点和21世纪海上丝绸之路与丝绸之路经济带有机衔接的重要门户；云南凭借独特的区位优势，成为面向南亚、东南亚的辐射中心。因此，民族地区要充分发挥国家推进向西开放而形成的区位优势，依据国家向西开放的总体布局，联通国内国际双循环，带动民族地区快速发展。

1. 丰富对外开放载体，形成民族地区多层次开放体系

一是加大现有对外开放载体的建设力度。我国边境地区的对外开放经历了边境贸易、口岸经济、跨境经济合作区或边境经济合作区三个不同的发展阶段。这三个对外开放载体，适用于民族地区发展对外开放的不同阶段，既可以并行，也可以继起，从而使民族地区的对外开放形成多层次的载体，支撑民族地区联通国内国际双循环。二是探索新的对外开放载体。在构建更高水平对外开放新型体制下，边境地区还可以借助区域中心的带动和辐射作用，探索以我为中心的区域经济一体化，构建区域跨国产业链供应链，优化我国产业链供应链的国际布局，这既有利于突破美国等国对我国现代化的遏制，还可以带动"一带一路"周边国家发展，推动国际经济秩序的重构。

2. 提升对外开放层次，推动民族地区对外开放高质量发展

一是提升民族地区作为向西开放对外贸易中心的规模和质量。发挥国内超大市场规模优势，扩大"一带一路"周边国家对我国的进口规模和质量，特别是在中美贸易战的大背景下，对弥补我国的经济短板，打破美国的遏制，具有重要意义；发挥我国产业门类齐全、产品具有竞争力的优势，扩大我国对"一带一路"

周边国家的出口，促进我国对外贸易的稳定发展；发挥国内产业结构加快升级的优势，促进我国对外贸易的结构升级，推进更高水平的国际贸易平衡。二是提升贸易中心的服务功能。对外贸易中心规模的扩大和质量的提升，必然要求相应的现代服务体系支撑，因而发挥对外贸易中心的优势，加快现代服务体系建设，形成我国向西开放的服务中心。三是提升贸易中心的生产功能。向西开放的贸易中心建设，不仅仅是全国商品的中转站、集散地，还要成为本地优势产业和特色产业商品的生产中心，形成一、二、三产业融合发展。这就需要发挥民族地区的比较优势，大力发展优势特色产业，形成千亿和万亿的产业群。

3. 创新开放型经济体制，释放民族地区对外开放制度红利

一是通过发挥我国在"一带一路"建设中的引领作用，积极扩大沿边、沿江开放。一方面借助内地的产业和市场优势推进我国形成沿海、沿边、沿江全面对外开放的新体制；另一方面促进"一带一路"周边国家的经济社会发展，在与周边国家共同发展中推进对外贸易和投资的发展。二是通过深入全面参与国际循环，形成以开放促改革的新格局，一方面按照市场经济的一般规律进一步完善社会主义市场经济体制；另一方面推动在市场准入、产权制度、要素市场、"放管服"等关键领域的改革探索，更好释放改革对现代化建设的红利。

4. 打造内陆开放和沿边开放高地，加快民族地区对外开放中心建设

一是依据国家向西开放的总体部署，加大新疆丝绸之路经济带核心区、云南辐射中心和广西重要门户建设力度，通过做大经济总量，增强经济实力，形成区域经济高峰，提升向西开放经济中心的引领性、标志性、辐射性和带动性。二是加快民族地区城市群建设，形成西部区域中心城市。城市的成功就是民族地区发展的成功，也是联通国内国际双循环的成功。只有不断提升民族地区中心城市的集聚效应，才能将人口和产业集聚在民族地区。如贵阳的快速发展，人口已经从净流出转为净流入。三是加大产业园区建设。产业园区对区域和城市经济发展的贡献度较高。2013～2017 年连续五年间，国家级开发区贡献的生产总值占全国比重在 22.4% 以上。因此，民族地区可以发挥向西开放的区位优势，充分利用两个市场、两种资源加大国家级开发区、高新区、跨境经济合作区等产业园区建设，使其成为内陆开放和沿边开放高地的重要支撑。

（三）发挥组合优势嵌入国内国际产业链供应链

民族地区要融入国内大循环和联通国内国际双循环加快现代化进程，还必须发挥民族地区的组合优势，优化国内国际产业链供应链布局，形成功能互补、相

互促进的一体化发展格局，推动民族地区同步实现现代化。

1. 发挥市场与政府的组合优势，推进国内产业链供应链在民族地区的优化布局

一是发挥民族地区具有的人工、土地、资本等低要素成本优势，主动承接国内东部产业转移；二是发挥国家推进西部大开发给予的支持政策优势，吸引东部企业向西部产业转移或到西部投资办企业；三是发挥国家实施的省际对口支援优势，推动东部地区产业主动向民族地区转移。通过发挥市场与政府的组合优势，就可以使民族地区与东部地区形成稳固的产业链供应链，一方面民族地区可以搭上东部地区率先实现现代化的快车；另一方面增强我国产业链供应链的安全可控，畅通国内大循环。

2. 发挥民族地区经济、政治、文化、语言、交通的组合优势，推进与发达国家，特别是"一带一路"周边国家产业链供应链的优化布局

一是发挥国内超大市场规模优势和民族地区要素成本低、交通便利，以及积极推进区域贸易自由化和投资便利化的组合优势，吸引发达国家到民族地区投资，特别是投资我国战略性新兴产业和科技研发中心建设，推进民族地区的产业升级和科技创新。随着《中欧投资协定》谈判完成，实现中欧两大经济体的资金互补、资源互补和技术互补，可以为民族地区带来与欧盟合作的新机遇。二是发挥我国在推进丝绸之路经济带高质量发展的引领优势和民族地区具有的跨境经济合作区、边境经济合作区、口岸经济等多层次对外开放载体优势，与丝绸之路经济带周边国家深化务实合作，促进共同发展，构建区域经济一体化发展格局，优化我国产业链供应链的国际化布局。三是发挥文化、语言、交通等组合优势，把我国部分劳动密集型和资源密集型产业转移到丝绸之路经济带周边国家，进一步降低我国企业的生产成本，一方面提升我国产业的国际竞争力，另一方面通过加大对丝绸之路经济带周边国家的投资，促进当地国家的经济发展，使我国可以在更高水平上与丝绸之路经济带周边国家进行务实合作。

参 考 文 献

［1］曹萌、丛溆洋：《东北边境少数民族地区公共文化服务体系建设现状、问题与对策》，载于《民族教育研究》2011 年第 2 期。

［2］常红：《〈大健康产业蓝皮书：中国大健康产业发展报告（2018）〉指出——我国大健康产业增加值规模占 GDP 的比重提高到 9.76%》，人民网，http：//world. people. com. cn/n1/2019/0102/c190972 – 30499628. html。

［3］陈国亮、陈建军：《产业关联、空间地理与二三产业共同集聚——来自中国 212 个城市的经验考察》，载于《管理世界》2012 年第 4 期。

［4］程晨、张毅、陈丹玲：《地方集聚对经济发展质量的影响——以长江经济带为例》，载于《城市问题》2020 年第 4 期。

［5］丛海彬、段巍、吴福象：《新型城镇化中的产城融合及其福利效应》，载于《中国工业经济》2017 年第 11 期。

［6］邓仲良、张可云：《中国经济增长的空间分异为何存在？——一个空间经济学的解释》，载于《经济研究》2020 年第 4 期。

［7］翟爱梅、景显恩：《省际城市化效率与经济增长关系实证研究》，载于《城市问题》2014 年第 8 期。

［8］第一财经商业数据中心：《新消费引领下的"风"与"变"2020 中国互联网消费生态大数据报告》，https：//pdf. dfcfw. com/pdf/H3＿AP2020121814 41558493＿1. pdf？1608307770000. pdf。

［9］段巍、王明、吴福象：《中国式城镇化的福利效应评价（2000—2017）——基于量化空间模型的结构估计》，载于《经济研究》2020 年第 5 期。

［10］方创琳、关兴良：《中国城市群投入产出效率的综合测度与空间分异》，载于《地理学报》2011 年第 8 期。

［11］顾伟玺：《人民日报新知新觉：用制度保障社会主义先进文化繁荣发展》，载于《人民日报》2019 年 12 月 20 日。

［12］郭卫民：《国家民委介绍中国政府扶持人口较少民族发展有关情况》，中国网，http：//www. china. com. cn/zhibo/2005 – 09/06/content＿8784761. htm？show = t。

［13］国家民委：《兴边富民行动向纵深推进》，国家民委网站，https：//www. neac. gov. cn/seac/c100474/201710/1083760. shtml。

［14］国家统计局：《2019 年全国规模以上文化及相关产业企业营业收入增长7.0%》，2020 年 2 月 14 日，http：//www. stats. gov. cn/tjsj/zxfb/202002/t20200214_1726365. html。

［15］黄宝锋、蔡晓华：《东港擦亮现代农业发展的"金名片"》，东北新闻网，http：//www. moa. gov. cn/xw/qg/201805/t20180529_6144984. htm。

［16］李强、陈宇琳、刘精明：《中国城镇化推进模式研究》，载于《中国社会科学》2012 年第 7 期。

［17］《习近平：全面贯彻新时代党的治藏方略建设团结富裕文明和谐美丽的社会主义现代化新西藏》，中国西藏网，http：//www. tibet. cn/cn/zt2020/xzzth/news/202008/t20200829_6844731. html。

［18］《中华人民共和国国民经济和社会发展第十四个五年规划和 2035 年远景目标纲要》，中国政府网，http：//www. gov. cn/xinwen/2021 − 03/13/content_5592681. htm。

［19］《战略性新兴产业助推哈密经济高质量发展》，今日哈密网，http：//www. jrhm. cn/2020/0513/21371. html。

［20］罗惠翾：《边境地区铸牢中华民族共同体意识的几个关键问题》，载于《西北民族研究》2020 年第 2 期。

［21］吕俊彪、赵业：《"文化兴边"：兴边富民行动的另类选择》，载于《广西壮族自治区民族研究》2019 年第 1 期。

［22］吕腾龙、常雪梅：《黑龙江力抓边境地区基层党组织建设》，中国共产党新闻网，http：//dangjian. people. com. cn/n1/2019/1014/c117092 − 31399159. html。

［23］麦肯锡全球研究院院长：《2035 年中国消费市场总量超欧美总和》，搜狐网，https：//www. sohu. com/a/351385801_115433。

［24］缪小林、赵一心：《地方债对地区全要素生产率增长的影响—基于不同财政独立性的分组考察》，载于《财贸经济》2019 年第 12 期。

［25］《内蒙古边境地区脱贫攻坚取得新进展》，内蒙古民委网站，http：//mw. nmg. gov. cn/zwgk/zdxxgk/ywxx/202103/t20210316_1172277. html。

［26］《商务部发布〈主要消费品供需状况统计调查分析报告〉》，中国政府网，http：//www. gov. cn/xinwen/2018 − 05/28/content_5294195. htm。

［27］《习近平在第三次中央新疆工作座谈会上强调坚持依法治疆团结稳疆文化润疆富民兴疆长期建疆努力建设新时代中国特色社会主义新疆》，新华网，http：//www. xinhuanet. com/politics/leaders/2020 − 09/26/c_1126544720. htm。

［28］世界银行：《2009 年世界发展报告：重塑世界经济地理》序，胡光宇译，清华大学出版社 2009 年版。

［29］万庆、吴传清、曾菊新：《中国城市群城市化效率及影响因素研究》，载于《中国人口·资源与环境》，2015 年第 2 期。

［30］王飞：《兴边富民行动绩效评估》，中国经济出版社 2016 年版。

［31］王抒婧：《丹东制造向"工业4.0"挺进》，东北新闻网，http：//liaoning. nen. com. cn/system/2018/05/15/020505589. shtml。

［32］《这代年轻人消费更理性：买更合适的商品过更聪明的生活》，新华网，http：//education. news. cn/2018 – 10/23/c_129977235. htm。

［33］王兴瑞：《坚决打赢脱贫攻坚战！新疆取得了扎扎实实的成效》，搜狐网，https：//m. sohu. com/a/318140577_118570。

［34］吴卓胜、杨明、任立勇、郭子毅、赵烨：《新疆哈密市产业带动就业拉动稳定增收助力脱贫》，央广网，https：//baijiahao. baidu. com/s？id = 1634935597722525445&wfr = spider&for = pc。

［35］《西双版纳：新消费将成为景洪市经济发展的新热点》，西双版纳傣族自治州人民政府网，http：//www. xsbn. gov. cn/214. news. detail. dhtml？news_id = 34512。

［36］习近平：《决胜全面建成小康社会夺取新时代中国特色社会主义伟大胜利——在中国共产党第十九次全国代表大会上的报告》，中国政府网，http：//www. gov. cn/zhuanti/2017 – 10/27/content_5234876. htm。

［37］《习近平主持中央政治局常委会会议并发表重要讲话》，中国政府网，http：//www. gov. cn/xinwen/2020 – 12/03/content_5566906. htm。

［38］《习近平在第三次中央新疆工作座谈会上发表重要讲话》，中国政府网，http：//www. gov. cn/xinwen/2020 – 09/26/content_5547383. htm？gov。

［39］《习近平在全国民族团结进步表彰大会上的讲话》，新华社，https：//baijiahao. baidu. com/s？id = 1645814662663164355&wfr = spider&for = pc。

［40］《习近平在中央第七次西藏工作座谈会上强调》，新华社，https：//baijiahao. baidu. com/s？id = 1676340932684067036&wfr = spider&for = pc。

［41］肖文、王平：《我国城市经济增长效率与城市化效率比较分析》，载于《城市问题》2011 年第 2 期。

［42］《中国六年来累计投入近 3.7 亿元开展兴边富民行动》，中国政府网，http：//www. gov. cn/jrzg/2006 – 01/30/content_175584. htm。

［43］杨青山、张郁、李雅军：《基于 DEA 的东北地区城市群环境效率评价》，载于《经济地理》2012 年第 9 期。

［44］杨舒涵：《边境少数民族地区教育脱贫攻坚政策实践与效能研究》，载

于《教育文化论坛》2020 年第 1 期。

［45］杨腾荣等：《瑞丽市委主要领导调研姐告时提出：全面提升姐告边境贸易区功能定位》，瑞丽江网，http：//www.ruili.gov.cn/jrrl/rldz/content－161－3401－1.html。

［46］杨雪楠：《兜底保障再提标、兴边富民见成效 2019 年黑龙江的民生暖心答卷》，人民网，http：//m.people.cn/n4/2020/0108/c1435－13574378.html。

［47］《"十二五"时期伊吾县经济社会发展成果丰硕》，伊吾县政府网，http：//www.xjyiwu.gov.cn/info/1826/72297.htm。

［48］《国产运动品牌黑马：市值突破 3000 亿，超越阿迪达斯成全球第二》，新业财经网，https：//baijiahao.baidu.com/s？id＝1695483154676409323&wfr＝spider&for＝pc。

［49］岳弘彬：《习近平在第三次中央新疆工作座谈会上强调，坚持依法治疆团结稳疆文化润疆富民兴疆长期建疆，努力建设新时代中国特色社会主义新疆》，载于《人民日报》2020 年 9 月 27 日。

［50］张桂林：《边境小城阿拉山口变迁记》，新华社，http：//politics.people.com.cn/n/2013/0810/c70731－22515091.html。

［51］张国峰、李强、王永进：《大城市生产率优势：集聚、选择还是群分效应》载于《世界经济》2017 年第 8 期。

［52］张丽君、吴本健、王飞、马博：《中国少数民族地区扶贫进展报告（2019）》，中国经济出版社 2020 年版。

［53］张丽君、赵钱、巩蓉蓉：《兴边富民行动 20 年政策实施效果评价及展望研究——基于陆地边境 140 个县域经济的调查》，载于《中央民族大学学报》（哲学社会科学版）2020 年第 6 期。

［54］张明斗、周亮、杨霞：《城市化效率的时空测度与省际差异研究》，载于《经济地理》2012 年第 10 期。

［55］《新疆 259 个抵边村寨农网改造升级工程全部投运》，中国政府网，http：//www.gov.cn/xinwen/2020－06/30/content_5522991.htm

［56］《拼多多发布新品牌计划 2.0 未来五年推出 10 万款定制化产品》，证券时报网，https：//baijiahao.baidu.com/s？id＝1681224459046553564&wfr＝spider&for＝pc。

［57］郑清风、胥金章：《新疆军区建起"万里边防文化长廊"》，光明新闻网，https：//www.gmw.cn/01gmrb/2000－01/04/GB/gm%5E18291%5E12%5EGMC4－018.htm。

［58］《数字经济成为新疆经济发展强劲动力》，载于《新疆经济报》2018 年 10 月 1 日。

［59］《深化"三大主体功能区"推动绿色转型发展》，中国青年网，ht-tp：//news. youth. cn/jsxw/201508/t20150813_6995573. htm。

［60］周逢民、张会元、周海：《基于两阶段 DEA 模型的我国商业银行效率评价》，载于《金融研究》2010 年第 11 期。